JN111523

新世界文学名作選
ぱしれメロス
Go shopping Melos!
がってんだっ
新撰、文庫版世界文学全集第二十回配本
今なお若者たちに夢と希望をもたらし続ける
「はじめてのおつかい」の物語。
新世界文学名作選⑲
アーム状
Something like An Arm
ただ1本のパンのために
新撰、文庫版世界文学全集第三回配本
フランス中が慟哭。魂を揺さぶる大河ミステリー。
新世界文学名作選①
罪と獏
Crime and a Tapir
何をした!?
新撰、文庫版世界文学全集第一回配本
各界で物議を醸した衝撃の問題作。
かいだ猫

きりえや偽本《にせぼん》大全

名作文学パロディの世界

高木 亮

現代書館

偽本（にせぼん）＝中身を偽るブックカバー

偽（にせ）本は、きりえ画家高木亮の作った「着せれば別の本に見えてしまう」パロディブックカバーシリーズです。ブックカバーなので、中のページに相当するものはありません。外見が全ての作品です。

「実在する本らしく見せかけるため」帯部分にコピー（ツッコミ）や嘘のあらすじ、初版特典などをそれぞれに配し、「読んで楽しめる」作品になっています。

新世界文学名作選⑤ マイトら
ジキル博士と毎年
The Ruined Strange Case of DrJekyll

どこへ行く？
新潮、文庫版世界文学全集第二回配本
人の二面性を知った二人と夏の一晩。

新世界文学名作選㉚
高慢と弁慶
Pride and Benkel

それがどうした！
新潮、文庫版世界文学全集第三十回配本
系のした落石をめぐる悲喜劇。

新世界文学名作選㉚
二兎物語
A Tale of Two Rabbits

私を追いかけて。
新潮、文庫版世界文学全集第200回配本
よく似た二匹のうさぎに翻弄される青年

新世界文学名作選①
罪と獏
Crime and a Tapir

何をした！？
新潮、文庫版世界文学全集第一回配本
身が行で体験を隠した衝撃の問題作。

新世界文学名作選㉚
首輪物語
The Lord of the Collar

世界は一匹の駄犬と共に
新潮、文庫版世界文学全集第三回配本
今なおあらゆるものに影響を与え続ける。ファンタジーの中のファンタジー。

新世界文学名作選㉚
からしがおおか
Too Much Mustard

キャシーさぁ帰ってきたこたる
新潮、文庫版世界文学全集第三回配本
福井の荒野に吹き荒れる一大惨事故。

新世界文学名作選⑤
リチャードさんせい
The Tragedy caused by King Richard's agreement

イエス。
新潮、文庫版世界文学全集第8回配本
たった一度の挙手が巻き起こす悲劇。

新世界文学名作選㉚
長靴をかいだ猫
Puss smelling the Boot

嗅ぐんじゃない！！
新潮、文庫版世界文学全集第一回配本
文学から広ち上がる、芳香する怖いの世界。

新世界文学名作選㉚
アーム状
Something like an Arm

ただ1本のパンのために
新潮、文庫版世界文学全集第三回配本
フランス中が涙々、魂を揺さぶる大河ミステリー。

新世界文学名作選㉚
若きテルテルの悩み
The Sorrows of Young TeruTeru

あした晴れるかな
新潮、文庫版世界文学全集第三十回配本

新世界文学名作選㉚
カールメン
Curl Men

巻きすぎだ！！
新潮、文庫版世界文学全集第四回配本

新世界文学名作選㉚
おおかみと七ひきのおやじ
The Wolf and the Seven Robbers

あけておくれ。
新潮、文庫版世界文学全集第二十四回配本

新世界文学名作選㉚
最低2万はいる
at least 20,000 Krakens exist

うじゃうじゃ。
新潮、文庫版世界文学全集第三回配本

だいだ赤おに
The Pinch Hitter Red Ogre
たのむぞ！

ぼくの細道
My narrow road
細道が好きっ！

3びきのこぶら
The Three Cobras
レッドスネークカモン

老人と久美
The Old Man and Kumi
だれだおまえら

ぱしれメロス
Go shopping Melos!
がってんだっ!!

不美人そう
She is not likely to be a beauty
見てから言え。

やもめのジョナさん
Mr.Jona, cheerful widower
ハンリョ募集中

エデンの干菓子
Dry confectionery of Eden
「おれの分は!? 」

ヒルマの賭事
The Gamble in the Daytime
いいから帰ってこい！

父、かえる
Frog, My Father
自分の足で、歩きたい

オペラ座のタイ人
The Thai of Opera
観客総立ち。

ライ麦畑でつかまって
Captured in the Rye
だから何をしたんだ!?

人間ひっかく
A Scratch on a Man
いてえ！

赤い盗賊と人魚
Red thief and mermaid
赤いにもほどがある!!

垢と風呂
The Dirt and the bath
さっぱり。

赤影のアン
Red Shadow, Anne
言っちゃったよ…正体。

浦島だろう？
Are you Urashima?
そうなんだろ!?

蟹光線
The Crab Beam
団結せよ!!

草食五人女
Herbivorous Five Women
もぐもぐぼろぼろ

母をたずねて三千人
3000 Sons in search of Mom
殺到!!

◉構成

1
2
3
4
5
6
新世界文学名作選④
長靴をかいだ猫
Puss smelling the Boot
な
嗅ぐんじゃない!!
新撰、文庫版世界文学全集第一回配本
文字から立ち上がる、芳醇すぎる匂いの世界。
「なぜ鼻は顔の中心にあると思う?」社交界の花、美しきモリー・ホワイトは、不倫相手伯爵との知的な会話を楽しんだその晩、愛猫が一心に右の長靴を嗅ぐのを目撃する。伯爵を想うモリー。しかしその時すでに伯爵はこの世にはいなかった__。フェティシズム文学の草分けとされる古典。近年発見された幻の第三章〝真相〟を新たに加えた増補完全版を収録。
初版特典:「長靴(右足のみ)」
抽選で100名様にプレゼント
※詳しくは巻末ページをご覧下さい。

1 タイトル

いわゆるネタ。文字は全て切り文字で制作。それらしく見せるため英語訳もつけている。（誤訳ありあり）

2 絵（きりえ）

タイトル内容をそのまま切ったものからあらすじにのっとったものまで。ネタとコンセプトを考えた後、黒い紙を前に即興に近い形で制作。

3 帯キャッチコピー

別名ツッコミ。帯に見せかけた別色印刷の部分に載せるキャッチコピー。だいたいネタが浮かんだ直後に思いつくことが多い。

4 裏表紙カット

本の内容を象徴するアイテムを表す、アイコン的なきりえ。

5 解説（あらすじ）

本の内容、社会的評価などをもっともらしく綴った嘘の解説。元本の内容を踏まえて書いたもの、全く踏まえないオリジナルの内容、一切関係ない別の映画や物語のパロディなど、中身はそのときどきで異なる。

6 初版特典読者プレゼント

架空の読者プレゼント企画。詳細が書いてあるはずの巻末ページが存在しないので誰も応募できない。商品はだいたい本の内容にちなんだものだが、もらっても困るような物が多い。

はじめに

得体の知れないこの本を、手に取ってくれてありがとうございます。

この本『きりえや偽本《にせぼん》大全』は、僕が作りためていた「中身を偽るブックカバー＝偽本《にせぼん》」シリーズの作品をまとめて紹介するものです。

昨年書店で開催したブックカバー展「偽本まつり」がきっかけで、現代書館さんからお声がかかり今回の出版となりました。

もともと僕はきりえ画家です。筆の代わりにカッターを使い、物語性のある一枚絵を中心に活動してきたつもりが、気がつくとこのようなパロディ作品も数多く手がけるようになっていました。

きっかけは二〇〇七年、書店カフェスペースで行った展示です。「どうせなら本にちなんだものを」と紙に刷ったオリジナル書皮（ブックカバー）を百種作った際、ブックカバーならではの遊びをいろいろ試した中に「偽本」の原型がありました（そのとき発表した偽本以外の書皮も巻末にいくつか紹介しています）。発表してみると、二種類ほどの偽本ばかりたくさん売れたので、調子に乗ってシリーズ化。毎年行っていたブックカバー展も三回目からは偽本をメインに行うようになりました。

途中雑誌『新潮45』での連載なども挟みつつ、書店、大学図書館等で開催した偽本展は現在まで十回。開催のたびに新作を発表するので数も増え、来場者からも書籍化の要望をいただくようになったので、僕もそろそろ本としてまとめたいと思っていたタイミングでのお話でした。

この少々ややこしい作品を一冊の本にするにはどうすればよいか。担当といろいろ相談しました。

元ネタの性質上、文学好きの方々の目に止まってほしい。そのためには作品集ではあるものの、文芸書の棚に置かれたい。そんな思いがあったため、まず本自体を名作文学ブックガイドのパロディ形式にしました。いわば「手に取れない本のブックガイド」です。

続いて文芸要素を高めるため、すべての作品紹介ページに書き下ろしで脚注コラムをつけました。中にはブックカバーにあったあらすじを補足したり、新たな真相が明かされるものもあり、すでに偽本シリーズをご存知の方にも初見の方にも、無駄な読み応えを楽しんでいただけるよう工夫しました。

最後に、元ネタにさせていただいた世界の名だたる文学作品を各章末に紹介しています。終始ふざけた本ですが、原作本の持つ豊かで芳醇な世界にふれるきっかけのひとつにでもなれれば、こんな嬉しいことはありません。

きりえや　高木　亮

ENCYCLOPEDIA OF NISEBON
BY RYO TAKAGI

きりえや偽《にせ》本《ぼん》大全

～名作文学パロディの世界～

目次

海外文学

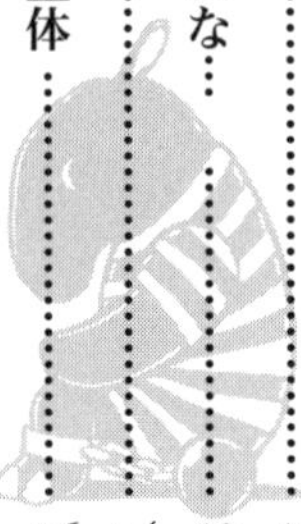
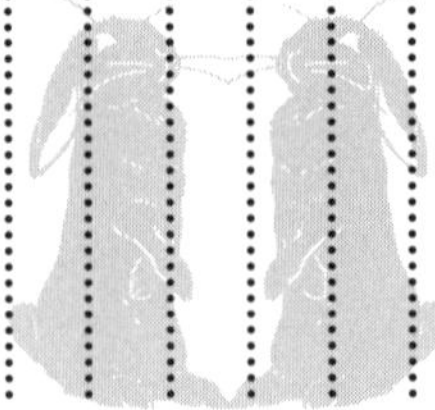
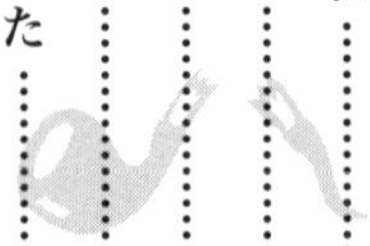
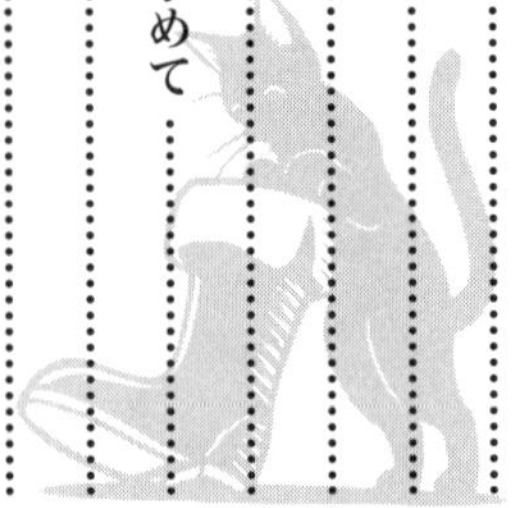

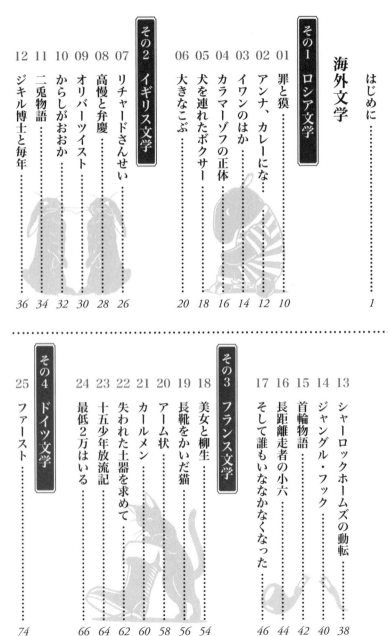

Column

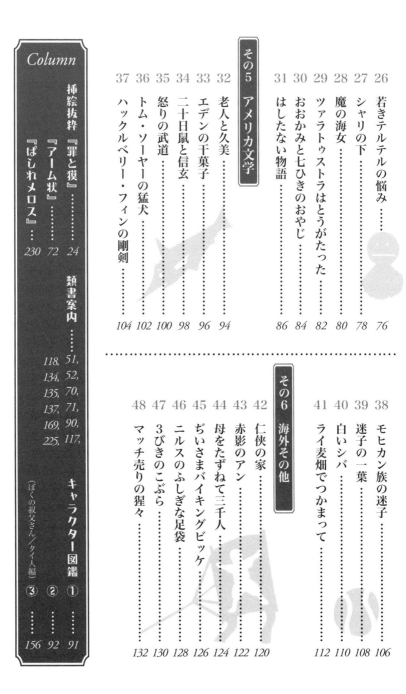

越境文学

その1　ぼくの叔父さん／タイ人

その2　風呂文学

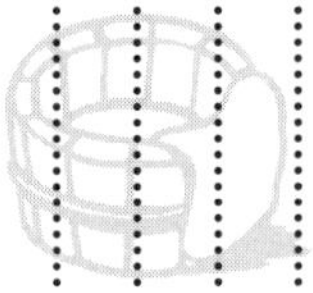

日本文学

その1　説話・紀行

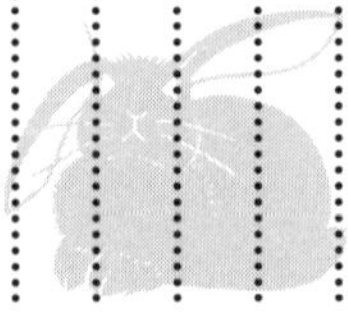

その2　明治～大正

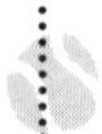

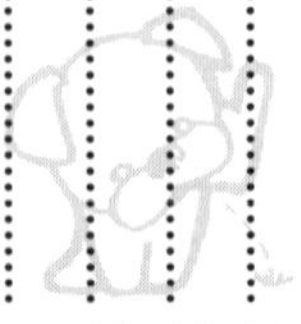

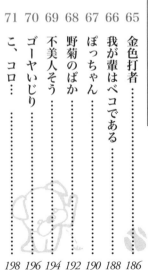

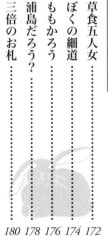

おまけ

Column

※「本当」、「実話」などの記載があるもの以外、全部ウソです。

※本文脚注枠の目安

〈本当 50%以上〉

〈嘘 100%〉

海外文学 その1
ロシア文学

大長編
重厚
教訓
壮大なテーマ・膨大なページ数
複雑な名前
長い会話
動物実存主義
保養地文学
まるで日本
一生に一度は読むべき作品

01

罪と獏

つみとばく

Crime and tapir

動物実存主義文学の金字塔。

新世界文学名作選①
罪と獏
Crime and a Tapir
何をした!?
新撰、文庫版世界文学全集第一回配本
各界で物議を醸した衝撃の問題作。

登場人物

イワノフ・ロマーヌイチ・バブーシュカ（イワーヌシュカ）
…………サンクトペテルブルクに住む貧乏な学生。空腹から大家の豚を手にかける。

獏………牢内で一番の古株。謎に満ちた物言わぬ獣。蹄は手に４本足に３本。耳の先が白い。

【あらすじ】

空腹から大家の飼う豚を殺し入獄した苦学生イワーヌシュカは、牢内で一番の古株だという獏と出会う。物言わぬ獏との交流の中やがて明らかになる彼の犯した「罪」の正体。人は獣を裁けるのか？　そしていきものの権利とは？

発売以来読者を悩ませ続ける動物実存主義文学の金字塔。初版時の挿絵を掲載した豪華愛蔵版。

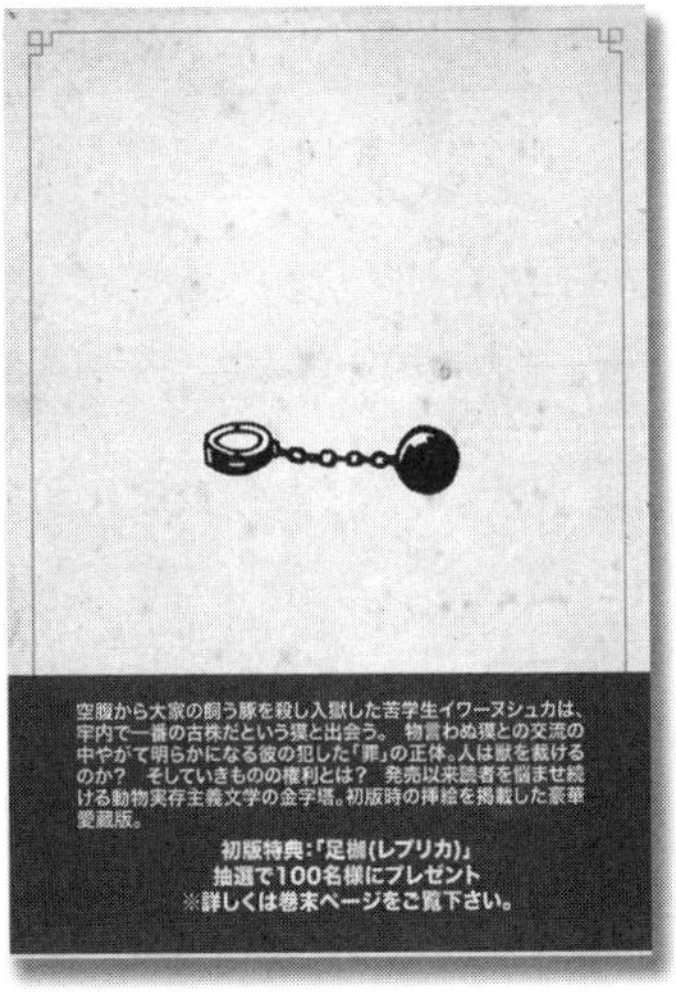
空腹から大家の飼う豚を殺し入獄した苦学生イワーヌシュカは、牢内で一番の古株だという獏と出会う。物言わぬ獏との交流の中やがて明らかになる彼の犯した「罪」の正体。人は獣を裁けるのか？　そしていきものの権利とは？　発売以来読者を悩ませ続ける動物実存主義文学の金字塔。初版時の挿絵を掲載した豪華愛蔵版。
初版特典：「足枷(レプリカ)」
抽選で100名様にプレゼント
※詳しくは巻末ページをご覧下さい。

書影　裏

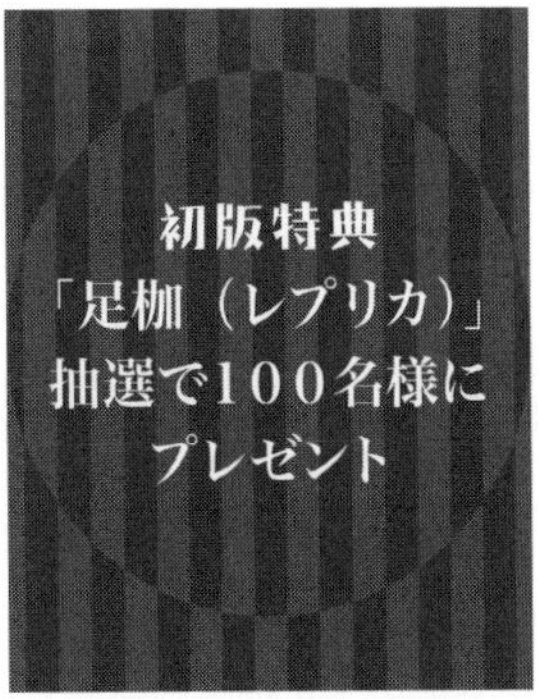
初版特典
「足枷（レプリカ）」
抽選で100名様に
プレゼント

Тапир　**バク**

1865年に開園したレニングラード動物園で当時最も人気を博した動物は南国から渡来したマレーバクだった。くっきりと分かたれた白と黒の体色を持つその異形の姿は小説家たちの想像力を大いに刺激。天と地、善と悪、聖と俗など対立する概念を象徴する、あるいはそれらを超越した存在として当作品をはじめ多くの物語に登場することとなった。

02

あらゆる要素が溶け合う完全小説。

アンナ、カレーにな…

Anna, to curry pot what...

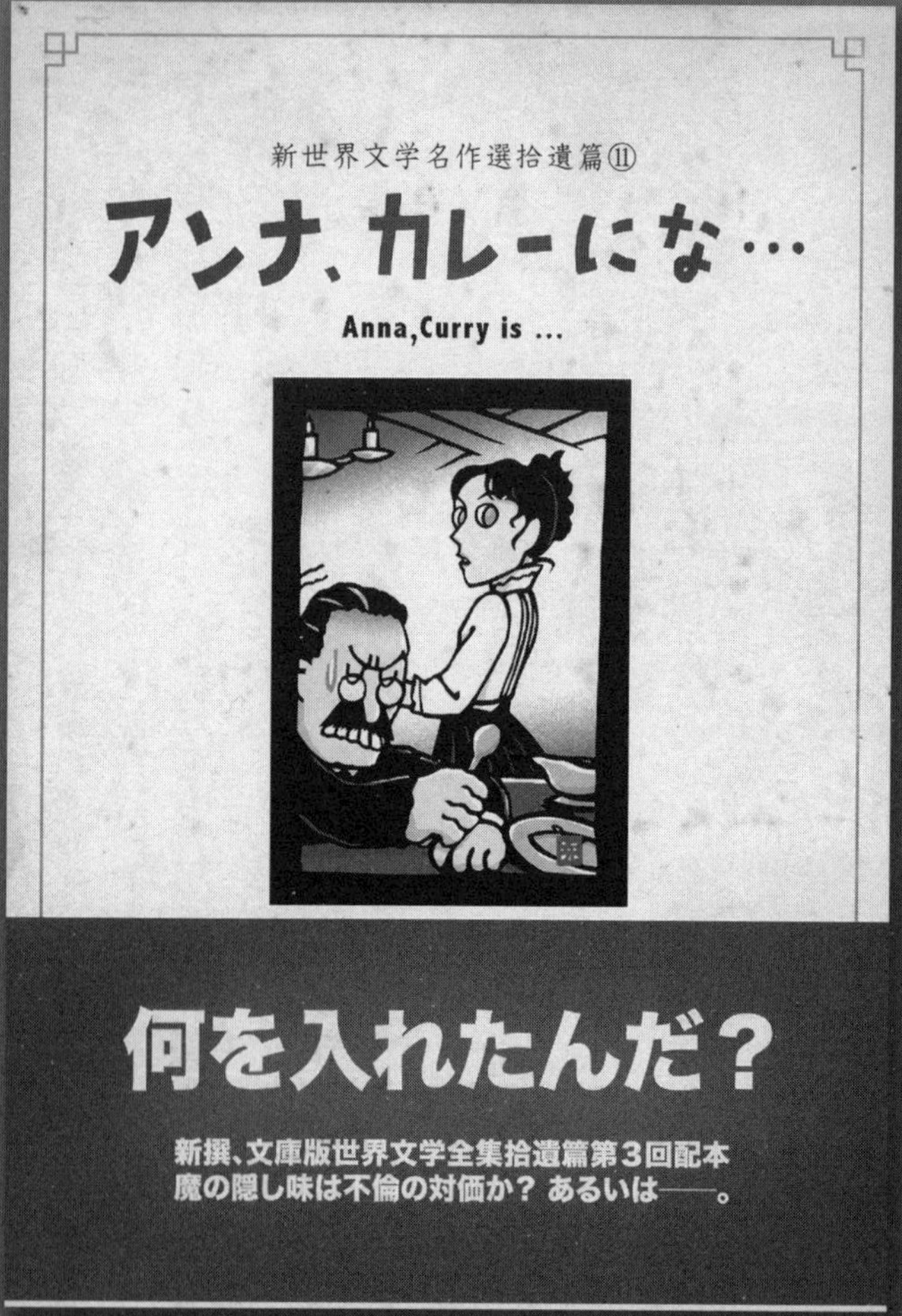
新世界文学名作選拾遺篇⑪
アンナ、カレーにな…
Anna,Curry is ...
何を入れたんだ？
新撰、文庫版世界文学全集拾遺篇第３回配本
魔の隠し味は不倫の対価か？ あるいは――。

登場人物

アンナ…　美貌の人妻。初めての恋をきっかけに因習を自らの手で断ち切る「悪女」。

カレーニン ………　体裁を気にするアンナの夫。インド赴任経験からカレーが好物。

ウドンスキー ………………………… アンナの愛人。顔がよくて根性のない青年貴族。

【あらすじ】

アンナが真実の愛と信じて疑わぬ伯爵との不倫はもはや社交界では公然の秘密となっていたが、世間体を気にする夫カレーニンは離婚を許さない。

閉鎖的な貴族社会という鍋の中、次第に煮くずれてゆくそれぞれの想い。神からの自由を勝ち取るため、アンナはついに「禁断の果実」をカレー鍋に投入する——。

稀代の悪女・アンナ誕生の瞬間を描き、後の文学者たちをして「完璧な小説」と言わしめた作者畢生の大作。

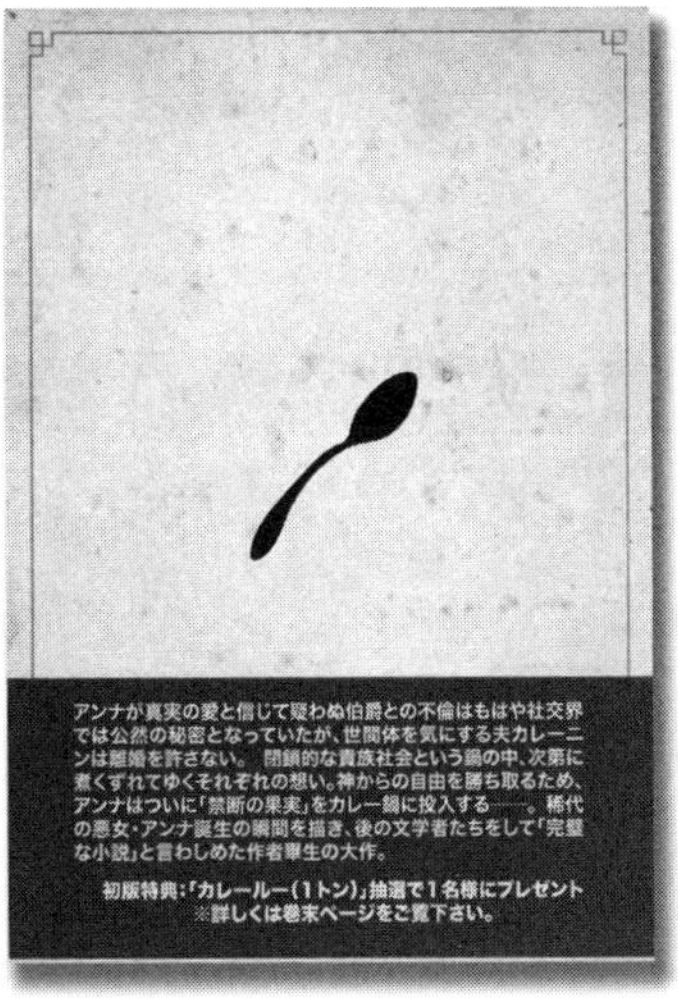
アンナが真実の愛と信じて疑わぬ伯爵との不倫はもはや社交界では公然の秘密となっていたが、世間体を気にする夫カレーニンは離婚を許さない。 閉鎖的な貴族社会という鍋の中、次第に煮くずれてゆくそれぞれの想い。神からの自由を勝ち取るため、アンナはついに「禁断の果実」をカレー鍋に投入する——。稀代の悪女・アンナ誕生の瞬間を描き、後の文学者たちをして「完璧な小説」と言わしめた作者畢生の大作。
初版特典：「カレールー（1トン）」抽選で1名様にプレゼント
※詳しくは巻末ページをご覧下さい。

書影　裏

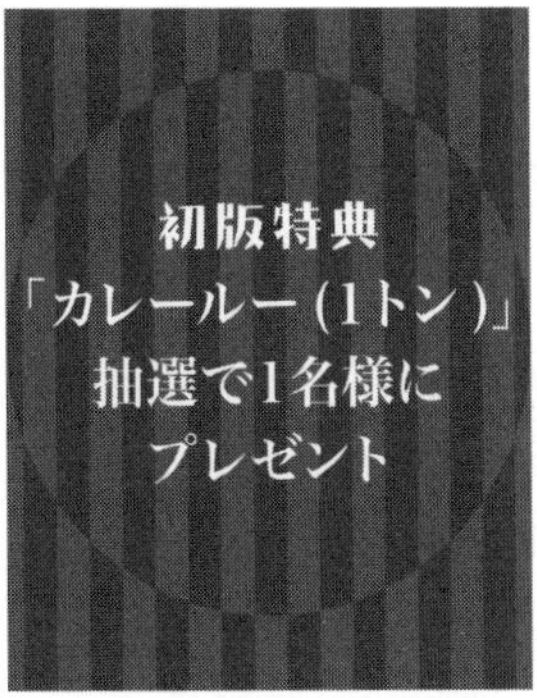
初版特典
「カレールー（1トン）」
抽選で1名様に
プレゼント

静かな復讐

アンナの行動に感化された主婦たちの間では当時、夫の食す煮込み料理にばれぬ範囲で思わぬ食材を投入する「静かな復讐（Тихий месть）」が流行。秘密裏に行われたその行為には、本人の意図を外れかえって美味しくなってしまった失敗も多く、結果ロシア料理の多様性が花開く土壌となった。

03 イワンのはか

Ivan the Grave

墓が暴く莫迦の真実。
新世界文学名作選(88)
イワンのはか
Ivan the Grave
イ
わたし墓よね。
新撰、文庫版世界文学全集第12回配本
墓石が回想する、青年イワンの数奇な運命。

「聖地巡礼」のはしり

寂れた寒村の外れに風が吹くと音の鳴る名もなき墓石があった。長年の風雪が開けた穴に空気が通ることで起こる現象であったが、村の知恵者が一計を案じこれを「イワンの墓のモデル」と喧伝した結果、見物客が殺到。あわせて物語上の場面の現場を村内にでっち上げ、村は大いに潤った。当時見物客が必ず買って帰ったという「イワンまんじゅう」は、今も地方の素朴な名産品として作り続けられている。

【あらすじ】

波瀾万丈の生を閉じ、今は土の下で安らかに眠るイワン。「不遇の男」、「愚か者」。そしる墓参者達に向け、墓石は静かに口を開く。「聞くがいい、彼の物語を。大馬鹿と呼ばれた男の真の人生を」――。純粋愚直を通すため、ままならぬ現実に戦いを挑み続けた青年の姿を通し「馬鹿になる」ことの素晴らしさ、難しさを説いたロシアの国民的文学。

墓石だけが知っている。もの言わぬイワンの隠された汗と涙を。

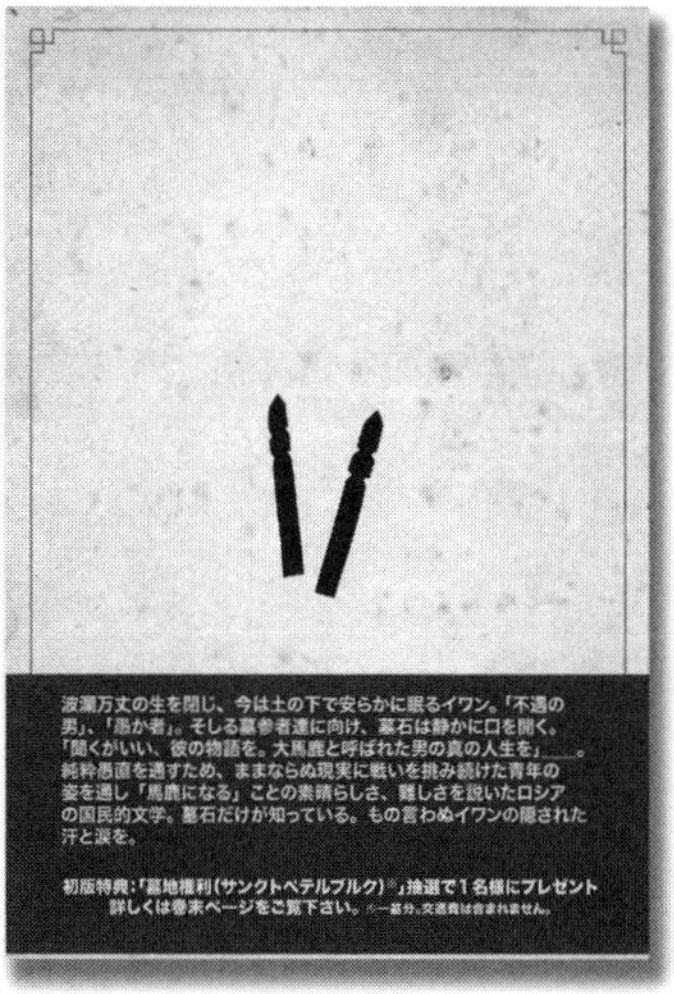
波瀾万丈の生を閉じ、今は土の下で安らかに眠るイワン。「不遇の男」、「愚か者」。そしる墓参者達に向け、墓石は静かに口を開く。「聞くがいい、彼の物語を。大馬鹿と呼ばれた男の真の人生を」――。純粋愚直を通すため、ままならぬ現実に戦いを挑み続けた青年の姿を通し「馬鹿になる」ことの素晴らしさ、難しさを説いたロシアの国民的文学。墓石だけが知っている。もの言わぬイワンの隠された汗と涙を。
初版特典:「墓地権利(サンクトペテルブルク)※」抽選で1名様にプレゼント
詳しくは巻末ページをご覧下さい。

書影　裏

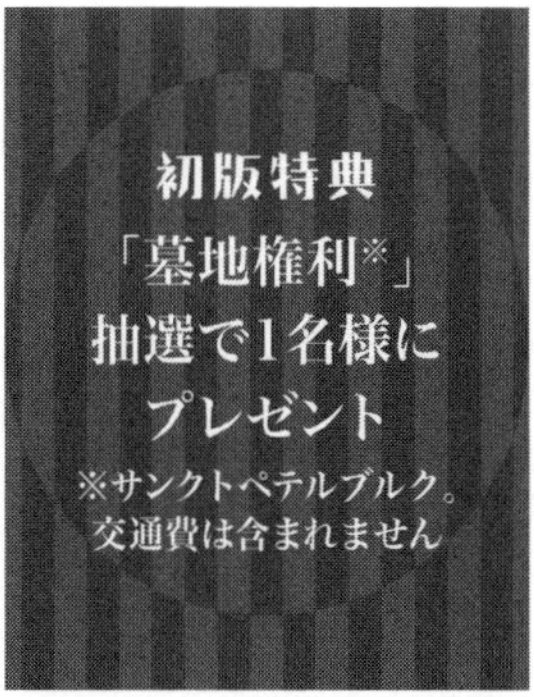
初版特典
「墓地権利※」
抽選で1名様に
プレゼント
※サンクトペテルブルク。
交通費は含まれません

イワンの歌（当時の流行歌）

「私墓よね　お墓さんよね～」で始まる通称「イワンの歌」は、『イワンのはか』から想を得た作曲者不明の国民的流行歌。当時の人気はすさまじく、子供から老人までもが口ずさみ、各地で開かれたのど自慢大会では必ず披露される曲目であった。近年の研究で判明したこの歌の原曲は、男への未練を捨てきれぬ、健気で愚かな女性の歌であり、これはこれで味わい深い。

04

「小説のすべて」がここに。

新世界文学名作選61
カラマーゾフの正体
Who is the Phantom thief "Karamazov"
お見通しだっ!!
新撰、文庫版世界文学全集第二十二回配本
帝政ロシアの凍てつく大地で繰り広げられる、
怪盗と少年探偵との息詰まる攻防。

カラマーゾフの正体《からまーぞふのしょうたい》

Who is the Phantom thief "Karamazov"

カラマーゾフの正体
犯人は
だ!
お見通しだっ!!

⇦この部分

「ミステリーを友達に貸す時用」書皮（実話）

ブックカバーとして発表した際、この作品だけ裏の折返しに犯人の書き込み欄をつけた「ミステリーものを友達に貸すとき」仕様にしていました。我ながらきつい洒落で、よもや本当に記入して友人に貸す方が現れるとはつゆとも思わず…(次ページに続く)

【あらすじ】

ロシア中の資本家が恐れる姿なき怪盗カラマーゾフ。正体不明の魔人の追跡を依頼された少年探偵イワーヌシュカは、地主である父殺しの疑惑で係争中の三兄弟に目をつけた。

直情型の長男ドミートリィ。皮肉屋のインテリ、次男イヴァン。そして静かな微笑みの裏に底知れない感情を窺わせる三男アレクセイ。殺人事件の犯人は？　そして怪盗の真の正体とは。

呪われた一族の歴史と黒マントの怪盗の足取りが交わるとき、北の大地を揺るがすさらなる事件が勃発する——。

ロシア中の資本家が恐れる姿なき怪盗カラマーゾフ。正体不明の魔人の追跡を依頼された少年探偵イワーヌシュカは、地主である父殺しの疑惑で係争中の三兄弟に目をつけた。直情型の長男ドミートリィ。皮肉屋のインテリ、次男イヴァン。そして静かな微笑みの裏に底知れない感情を窺わせる三男アレクセイ。殺人事件の犯人は？　そして怪盗の真の正体とは。呪われた一族の歴史と黒マントの怪盗の足取りが交わるとき、北の大地を揺るがすさらなる事件が勃発する——。
初版特典：「マスク（ロシア製）」
抽選で21名様にプレゼント※詳しくは巻末ページをご覧下さい。

書影　裏

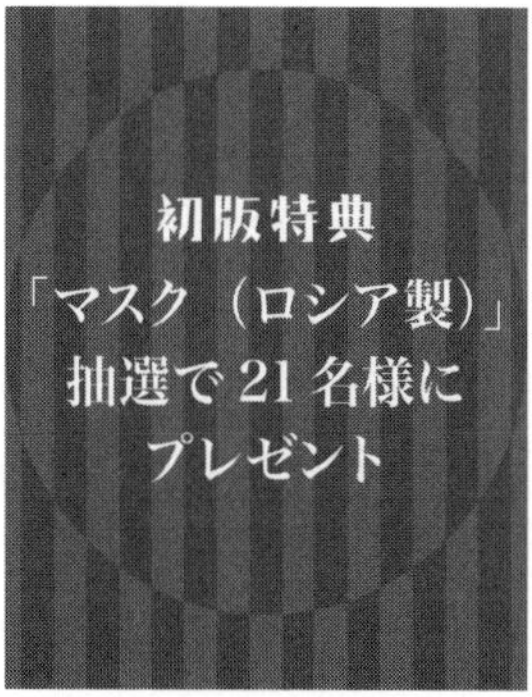
初版特典
「マスク（ロシア製）」
抽選で21名様に
プレゼント

犯人書き込み事件（実話）

そのお客様の話では、ブックカバーの空欄に犯人名が書かれたミステリーを渡されたご友人は、さすがに本当の犯人を書くわけがないと、それを確かめるためだけに長い小説を最後まで読み、その上でさらに「ふざけんなよっ笑 !!」ってなったそうです。お気の毒に。僕が机の上で考えた冗談がまさかの現実になってしまった出来事でした。

05

犬を連れたボクサー

The boxer with the Dog

いぬをつれたぼくさー

愛の形を問う保養地文学の原点。

新世界文学名作選64

犬を連れたボクサー

The boxer with the Dog

メロメロ。

新撰、文庫版世界文学全集第二十八回配本
保養地で逢瀬を重ねる小型犬と拳闘士。

> **保養地文学**
>
> この作品のヒットを受け、ロシア国内では「主人公が世俗を離れた保養地で運命的な出逢いをする」作品が氾濫。現代における「転生もの」同様、まるで登場人物が保養地へ着かない限り物語を始めてはならないルールが存在するかのような活況をきたしたが、作品にかぶれ出逢いを求めて保養地に出向いた若者が年配者と病人しかいない現実に幻滅する事案が多発。ブームは一気に沈静化した。なおここから派生し、現在も読みつがれる作品に「サナトリウム文学」がある。

【あらすじ】

　合宿先の保養地で出逢ってしまったボクサーと小型犬。野獣となり相手を倒す心を研ぎ澄ますために訪れたこの地で、ボクサーは初めて己が可愛いもの好きの本性を知ってしまう。

　タイトルマッチ直前の、鬼となったトレーナーの目を盗んで逢瀬を重ねるふたり。守るべきもの、失いたくないものを得ることは人を強くさせるのか、それとも逆に臆病に……。

　ボクサーが最後に出した第三の答えは、今なお動物好きの人々の胸に静かな明かりを点し続ける。

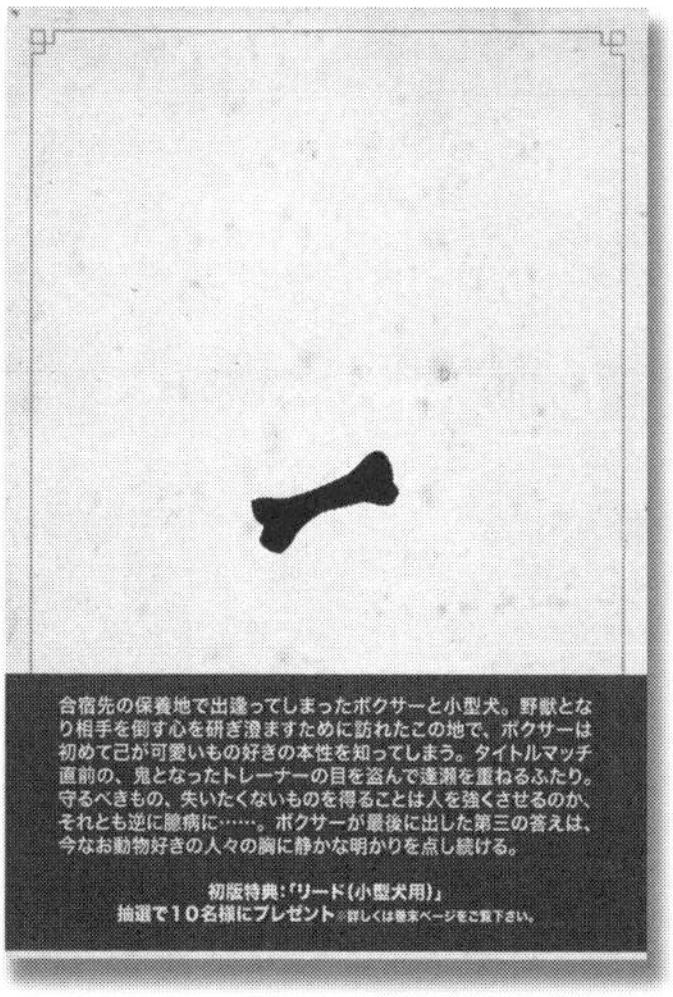
合宿先の保養地で出逢ってしまったボクサーと小型犬。野獣となり相手を倒す心を研ぎ澄ますために訪れたこの地で、ボクサーは初めて己が可愛いもの好きの本性を知ってしまう。タイトルマッチ直前の、鬼となったトレーナーの目を盗んで逢瀬を重ねるふたり。守るべきもの、失いたくないものを得ることは人を強くさせるのか、それとも逆に臆病に……。ボクサーが最後に出した第三の答えは、今なお動物好きの人々の胸に静かな明かりを点し続ける。
初版特典：「リード（小型犬用）」
抽選で10名様にプレゼント※詳しくは巻末ページをご覧下さい。

書影　裏

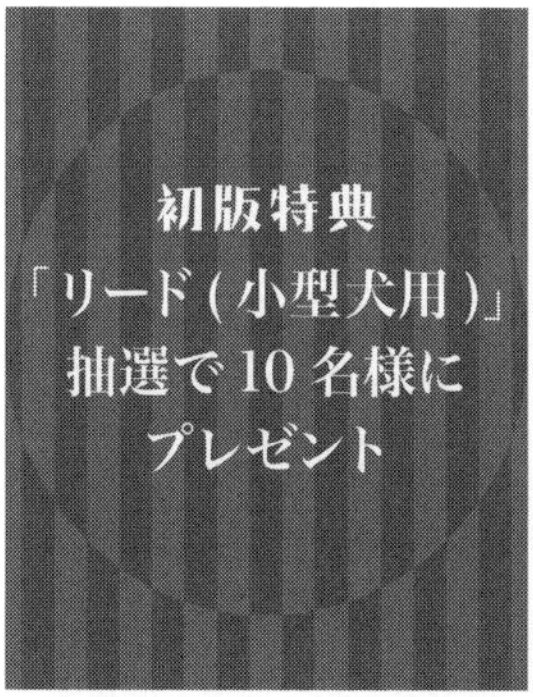
初版特典
「リード（小型犬用）」
抽選で10名様に
プレゼント

犬種論争

研究者にとって一番の悩みの種は、作中では「小型犬」としか描写のない犬の犬種特定だった。当初作中に描かれた行動・性格から典型的な特徴を推測し犬種を探るアプローチが試みられたが、この方法は「個体差」に対する考慮が抜け落ちており、「うちの子そっくりだから○○」だと主張する愛犬家の論客達が一斉に反目。そもそもの着眼点が違う論争は100年にわたり泥沼化した。現在は発見された作者幼少時の写真から「チワワ」と「パピヨン」のミックスがモデルとなった説が有力である。

06

素朴な民話は大地の匂い。

新世界文学名作選⑱
大きなこぶ
The Gigantic Lump
うんとこどっこいしょ
新撰、文庫版世界文学全集第二十七回配本
力みなぎる大地の民話集。

大きなこぶ

The Gigantic Lump

おおきなこぶ

こぶとりにごさんかのみなさん（1）

あかおに
しんせつなおにで
だれにでもやさしい。
でべそがじゃくてん。

おにのおかみさん
おこるとこわい。
おににみえるがほんとうは
かみなりさまのむすめ。

【あらすじ】

鬼の住処へホームステイに来たおじいさん。食後の余興で見せて貰った鬼踊りを一緒に踊ろうとしたけれど、ほほに垂れた大きなこぶがじゃまでうまく踊れません。親切な鬼はこぶを取ってあげようとしますがあまりの大きさにひとりふたりの力じゃびくともせず、犬や猫、最後はねずみまで手を貸して――。

ロシア各地で採取された、民衆の生活から生まれた大地の香りただよう民話集。力あわせて取り上げた、こぶの中にはいったい何が。

鬼の住処へホームステイに来たおじいさん。食後の余興で見せて貰った鬼踊りを一緒に踊ろうとしたけれど、ほほに垂れた大きなこぶがじゃまでうまく踊れません。親切な鬼はこぶを取ってあげようとしますがあまりの大きさにひとりふたりの力じゃびくともせず、犬や猫、最後はねずみまで手を貸して――。ロシア各地で採取された、民衆の生活から生まれた大地の香りただよう民話集。力あわせて取り上げた、こぶの中にはいったい何が。
初版特典：「こぶ（ラテックス製、使い捨て）」
抽選で５名様にプレゼント※詳しくは巻末ページをご覧下さい。

書影　裏

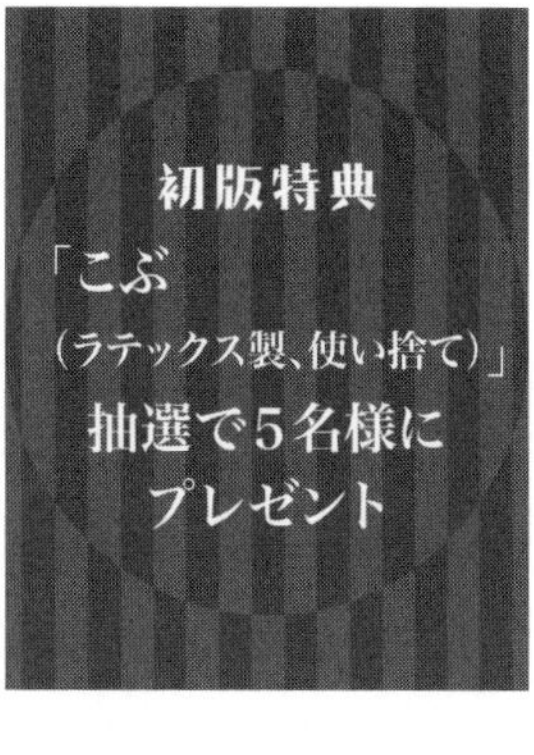
初版特典
「こぶ
（ラテックス製、使い捨て）」
抽選で５名様に
プレゼント

こぶとりにごさんかのみなさん（２）

いぬ

おかみさんのけがわをおもいきりひっぱれるチャンスなのでさんか。

ねこ

いぬのしっぽをおもいきりひっぱれるチャンスなのでさんか。

ねずみ

ねこのしっぽをいかどうぶん。

原作本紹介

『罪と罰』

ドストエフスキー

独自の犯罪哲学から高利貸の老婆を殺し財産を奪った苦学生、ラスコーリニコフは信心深い娼婦の娘ソーニャと出逢う。ソーニャとの交流の中、良心の呵責に苦しむ彼が下した決断とは。人間は人間を裁けるのか。そして人間の権利とは。苦悩の遍歴をたどる歴史的傑作。

　1866年雑誌『ロシア報知』に連載。

工藤精一郎 訳
『罪と罰（上）』
新潮文庫
上下巻

『アンナ・カレーニナ』

レフ・トルストイ

アンナが真実の愛と信じて疑わぬ伯爵との不倫はやがて夫カレーニンの知るところとなるが、世間体を気にする夫は離婚を許さない。閉鎖的な貴族社会と宗教的な制約のなか伯爵との不義の子を出産したアンナは、彼女を許そうとする夫や息子、そして社交界での地位も投げうって伯爵のもとへ……。

　アンナの不幸な家庭生活と不倫の苦悩を描きながら、当時のロシア社会のあらゆる側面を浮き彫りにした大作。

　1877年刊。

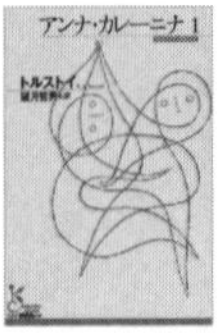

望月 哲男 訳
『アンナ・カレーニナ 1』
光文社古典新訳文庫
全4巻

『イワンのばか』

レフ・トルストイ

馬鹿な農夫のイワンは軍人、商人の二人の兄と妹の四人兄弟。そんな彼らに悪魔の魔の手が。悪魔の狙い通りに権力に揺れ、金銭欲に溺れる二人の兄とは異なり、純粋愚直を貫くイワン。その姿を通し「馬鹿になる」ことの素晴らしさ、難しさを説いたロシアの国民的文学。

　1885年刊。

金子幸彦 訳
岩波少年文庫

文責：現代書館編集部

原作本紹介

04

『カラマーゾフの兄弟』

ドストエフスキー

　故郷を離れて暮らしていたカラマーゾフ家の三兄弟が父の住む故郷に戻ってきた。父の遺産を当て込み、放埓な生活を送っていた軍人の長男ドミートリイ、理知的で無神論者の次男イワン、そして敬虔で聖職者となった三男アレクセイ。彼らが揃う中、父親である好色で老獪な田舎地主のフョードルは、ある日何者かに殺された。犯人としてドミートリイが逮捕されたが、事件の真相は……？

　父親殺しをテーマにしながら、思想的・宗教的問題や人間の本質についてのあらゆる思索を芸術的に集大成した大作。１８８０年刊。

原卓也 訳
『カラマーゾフの兄弟 上』
新潮文庫
上中下三巻

05

『犬を連れた奥さん』

チェーホフ

　黒海沿岸の保養地で出逢ってしまったグーロフと白い小型犬を連れた婦人。

　一夏のアバンチュールで終わるかと思いきや、それはいつの間にか「本当の恋」に。人目を盗んで逢瀬を重ねる二人。ずぶずぶと深みにはまっていく愛のゆくえはいかに。

　１８９９年刊。

小笠原 豊樹 訳
『かわいい女
・犬を連れた奥さん』
新潮文庫

06

『おおきなかぶ』

作者不詳（ロシア民話）

　大きく育ったかぶを収穫しようとしたおじいさん。かぶを抜こうとしますがうまく抜けません。あまりの大きさにひとりふたりの力じゃびくともせず、犬や猫、最後はねずみまで手を貸して……。

　「うんとこしょ、どっこいしょ」でおなじみの、ロシアに伝わる民話。トルストイが再話したものがよく知られている。

A・トルストイ 再話
佐藤 忠良 画
内田 莉莎子 訳
福音館書店

『罪と貘』抜粋

青空に吸い込まれていく白球に、まるで魂を抜き取られたかのように貘は微動だにせず立ち尽くしていた。

穢れを知らぬ純白の球と貘との間にかつて何があったというのか。

知るすべを持たぬ僕にできることといえば、ただ彼方に広がる入道雲――彼の心持ちのように巨大で茫漠とした――を口を開けて眺めることぐらいであった。

（本文256ページ）

海外文学 その2

イギリス文学

階級意識
風刺精神
格調高い文体
人間の本質を追求
壮大なファンタジー
学級悲劇
どう見ても日本
禁断の技
うさぎ
搭乗型人造人間

07 リチャードさんせい

The Tragedy caused by King Richard's agreement

学級悲劇の古典。
新世界文学名作選⑧
リチャードさんせい
The Tragedy caused by King Richard's agreement
イエス。
新撰、文庫版世界文学全集第8回配本
たった一度の挙手が巻き起こす悲劇。

英国流挙手のマナー

必ず右腕を用い、脇を締め肘を前にした姿勢で手前より弧を描いて挙げること。横から振り上げるのは最も下品とされる。手首は腕を挙げ切った後で柔らかく優雅に上げる。指は若年者ならば揃えた指をそらし気味にして手のひらを広げ、年配者は親指、人差し指、中指を広げ残り２本はそえる形が望ましい。(『ロイヤルマナー大辞典』)

【あらすじ】


父王は云う「民に心を見せてはならぬ」。

先生は云う「素直が一番」。

父王は諭す「満腹になってはならぬ」。

先生は促す「給食は残さず食べなさい」——。

君主と民、ふたつのあるべき姿の狭間に立たされたリチャードは、ついに自らの意志で挙手をする。それが大いなる悲劇の始まりとも知らず……。

すべての政治家の足下を照らし続ける二十一世紀の君主論。難解とされる学級会での問答を中心に訳を大幅に改訂。

父王は云う「民に心を見せてはならぬ」。先生は云う「素直が一番」。父王は諭す「満腹になってはならぬ」。先生は促す「給食は残さず 食べなさい」……。君主と民、ふたつのあるべき姿の狭間に立たされたリチャードは、ついに自らの意志で挙手をする。それが大いなる悲劇の始まりとも知らず……。すべての政治家の足下を照らし続ける二十一世紀の君主論。難解とされる学級会での問答を中心に訳を大幅に改訂。
初版特典:「王冠(プラスチック製レプリカ)」
抽選で5名様にプレゼント
※詳しくは巻末ページをご覧下さい。

書影　裏

初版特典
「王冠
(プラスチック製レプリカ)」
抽選で5名様に
プレゼント

Say!
Mr.Richard
kirieya

『リチャードさん、Say!』

近年出版され話題を読んだベストセラー『リチャードさん、Say!』は、担任教師の一人称の文体を用い、古典「リチャードさんせい」で起こった悲劇に別の角度から光を当てた秀作である。なおタイトルは、オリジナル中にもある、言い淀むリチャードに発言を促す担任のセリフから取られている。

08 高慢と弁慶

Pride and Benkei

こうまんとべんけい

誤解と偏見から起こる果し合い。

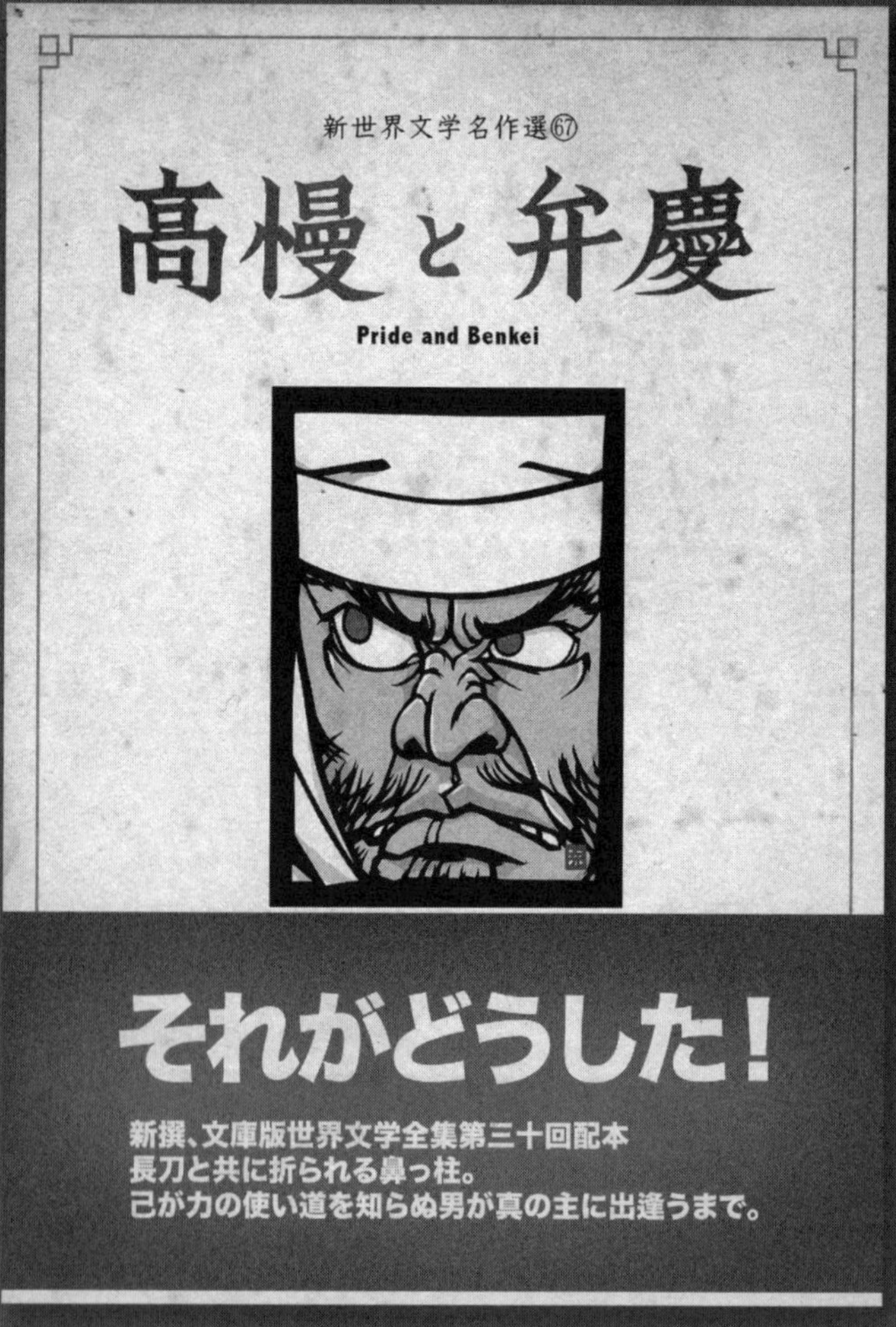

新世界文学名作選㊼
高慢と弁慶
Pride and Benkei
それがどうした！
新撰、文庫版世界文学全集第三十回配本
長刀と共に折られる鼻っ柱。
己が力の使い道を知らぬ男が真の主に出逢うまで。

英雄の弱点

アキレスの踵、法一の耳、ウルトラマンのカラータイマー（ではなく滞在制限時間）など、古来無敵の英雄と呼ばれた存在は必ず秘された弱点を持っており、かの有名な「弁慶の泣き所」もそれに類するものの一つとして数えられる。ところで本人さえ知らぬ場合もある秘中の秘をなぜ今日の我々が皆知るに至ったかについては人類史上最大の謎の一つとされている。

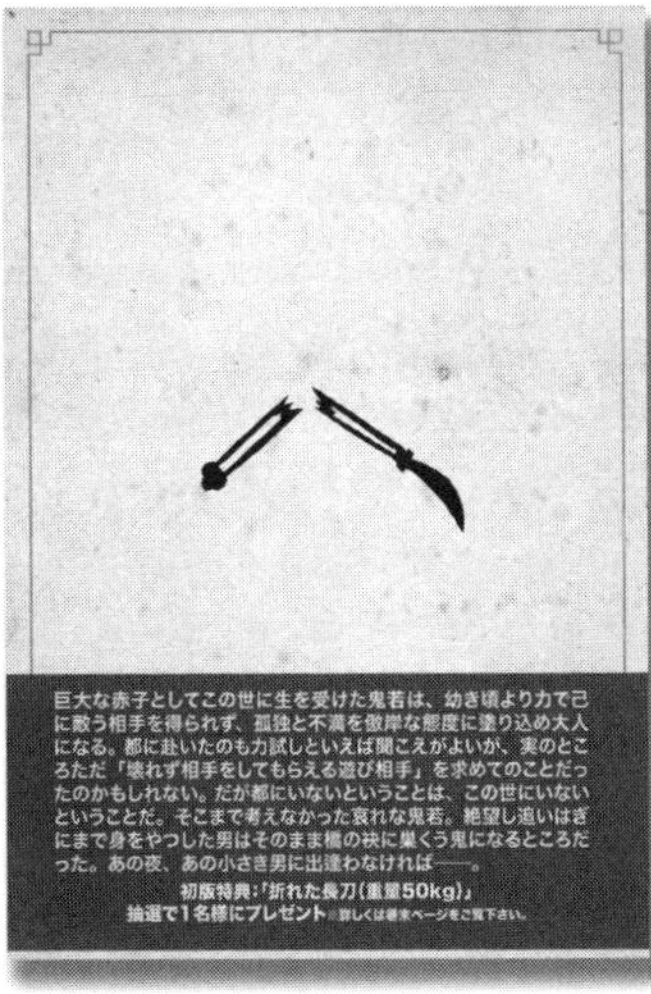
巨大な赤子としてこの世に生を受けた鬼若は、幼き頃より力で己に敵う相手を得られず、孤独と不満を傲岸な態度に塗り込め大人になる。都に赴いたのも力試しといえば聞こえがよいが、実のところただ「壊れず相手をしてもらえる遊び相手」を求めてのことだったのかもしれない。だが都にいないということは、この世にいないということだ。そこまで考えなかった哀れな鬼若。絶望し追いはぎにまで身をやつした男はそのまま橋の袂に巣くう鬼になるところだった。あの夜、あの小さき男に出逢わなければ——。
初版特典：「折れた長刀（重量50kg）」
抽選で1名様にプレゼント※詳しくは巻末ページをご覧下さい。
書影　裏

【あらすじ】

巨大な赤子としてこの世に生を受けた鬼若は、幼き頃より力で己に敵う相手を得られず、孤独と不満を傲岸な態度に塗り込め大人になる。

都に赴いたのも力試しといえば聞こえがよいが、実のところただ「壊れず相手をしてもらえる遊び相手」を求めてのことだったのかもしれない。

だが都にいないということは、この世にいないということだ。そこまで考えなかった哀れな鬼若。絶望し追いはぎにまで身をやつした男はそのまま橋の袂に巣くう鬼になるところだった。あの夜、あの小さき男に出逢わなければ——。

初版特典
「折れた長刀
（重量５０kg）」
抽選で１名様に
プレゼント

「泣きぼくろ」説

正確には「弁慶に泣きぼくろ」。意味するところは「～泣き所」と同じだがこちらは「弱点＝好みの女性」とする説。なお従来の「弱点＝脛」説は、好みど真ん中の女性を目にし思わずよろめいた弁慶が照れ隠しに「脛をぶつけ候」と弁明。含み笑いする一行の中素直な性格の伊勢三郎だけがその言葉を鵜呑みにしほうぼうに触れ回ったことから広まったとされる。

09

プロレスに託した人間賛歌。

オリバーツイスト

Oliver Twist

新世界文学名作選㉟
オリバーツイスト
Oliver Twist
ギブ？
新撰、文庫版世界文学全集第13回配本
逆境に必殺技で立ち向かう孤児の話。

技探求禁止令

19世紀のロンドン地下プロレス（キャッチ）の世界を舞台にした本作には現在継承されていない技名が数多く見られ、中でも「かけた自分でも外せない」無敵の必殺技オリバーツイストの解明には多くのレスラーが情熱を傾けたが、事故や故障、絡まって試合に出られないなどのトラブルが相次いだことから現代も「オリバーツイスト探求禁止」令を敷く団体は多い。

【あらすじ】

救貧院を脱走した孤児オリバーがあてもなく流れ着いたロンドンで引き入れられたのは地下プロレスの道場だった。

持ち前の明るさと逞しさで地獄の特訓を切り抜けた彼は、やがて「かけた自分も外せない」必殺技オリバーツイストを手に、地下はおろか表のリングでの栄光も掴んでゆく――。

自分の力で道を切り拓く孤児に託した人間賛歌。

救貧院を脱走した孤児オリバーがあてもなく流れ着いたロンドンで引き入れられたのは地下プロレスの道場だった。持ち前の明るさと逞しさで地獄の特訓を切り抜けた彼は、やがて「かけた自分も外せない」必殺技オリバーツイストを手に、地下はおろか表のリングでの栄光も掴んでゆく――。自分の力で道を切り拓く孤児に託した人間賛歌。
初版特典:「ゴング(中古)」
抽選で3名様にプレゼント
※詳しくは巻末ページをご覧下さい。

書影　裏

初版特典
「ゴング(中古)」
抽選で3名様に
プレゼント

伝説のチャンピオンの伝説

ランカシャー出身の偉大なレスラー、ビリー・ロバートソン (1938-2014) のキャリアが本格的に花開いたのは、双子タッグとしてともに活躍した兄が謎の失踪を遂げた後のことである。その日ふたりは自室地下で禁断の技「オリバーツイスト」の探求をしていたとされ、不思議なことにその日を境に兄同様小兵だったビリーの体格は以前の二回り以上、力も二人力になったといわれている。

10 からしがおおか

Too Much Mustard

骨太すぎる愛憎劇。

新世界文学名作選⑩
からしがおおか
Too Much Mustard
キャシーさぁ帰ってきたごたる
新撰、文庫版世界文学全集第2回配本
薩摩の荒野に吹き荒れる一大叙事詩。

登場人物

ヒースクリフ…本作の主人公。頑強な身体と精神でかかりくる困難に立ち向かう。熊本出身。**キャサリン**…ヒースクリフが引き取られた屋敷の娘。激しすぎる美貌と気性の持ち主。**ヒンドリー**…キャシーの兄。ヒースクリフに辛く当たる。いわゆる「ツンデレ」だがキャシーの激しさに押され「デレ」の部分を出す前に物語が終わる。**犬**…物語を通して唯一安定した愛情をヒースクリフに示し続ける。

【あらすじ】

妻に先立たれ、丘の上に張り付いた屋敷でひとり犬と暮らすヒースクリフ。全てをなくした彼の胸に、今では遠い過去となった激しい愛と復讐の日々が蘇る。そう、忘れもしない。あの日もたしかこんな嵐の夜だった——。鼻の根本を疼かせるのは、失くした過去への悔恨か。つまみの辛子蓮根か。その時、過去と現在を繋ぐ扉が音を鳴らす。

「ヒースクリフ！　開けて頂戴。あたし……キャシー」

薩摩の大地で繰り広げられる愛憎渦巻く一大叙事詩。来春十度目の映画化決定。

妻に先立たれ、丘の上に張り付いた屋敷でひとり犬と暮らすヒースクリフ。全てをなくした彼の胸に、今では遠い過去となった激しい愛と復讐の日々が蘇る。そう、忘れもしない。あの日もたしかこんな嵐の夜だった——。鼻の根本を疼かせるのは、失くした過去への悔恨か。つまみの辛子蓮根か。その時、過去と現在を繋ぐ扉が音を鳴らす。「ヒースクリフ！　開けて頂戴。あたし……キャシー」薩摩の大地で繰り広げられる愛憎渦巻く一大叙事詩。来春十度目の映画化決定。
初版特典：「辛子蓮根（一本・辛子多め）」
抽選で50名様にプレゼント
※詳しくは巻末ページをご覧下さい。

書影　裏

初版特典
「辛子蓮根
（一本・辛子多め）」
抽選で５０名様に
プレゼント

辛子蓮根レシピ（本当）

①下茹でした蓮根の穴にパン粉、白味噌、辛子を混ぜ合わせたものを詰め、しばらく寝かせる。
②薄力粉をまぶした①に固めの衣をつけ、180°の油で揚げる。
③冷ました後、好みの厚さに輪切りにし食す。

うさぎのいる生活。

11 二兎物語

にとものがたり

A Tale of Two Rabbits

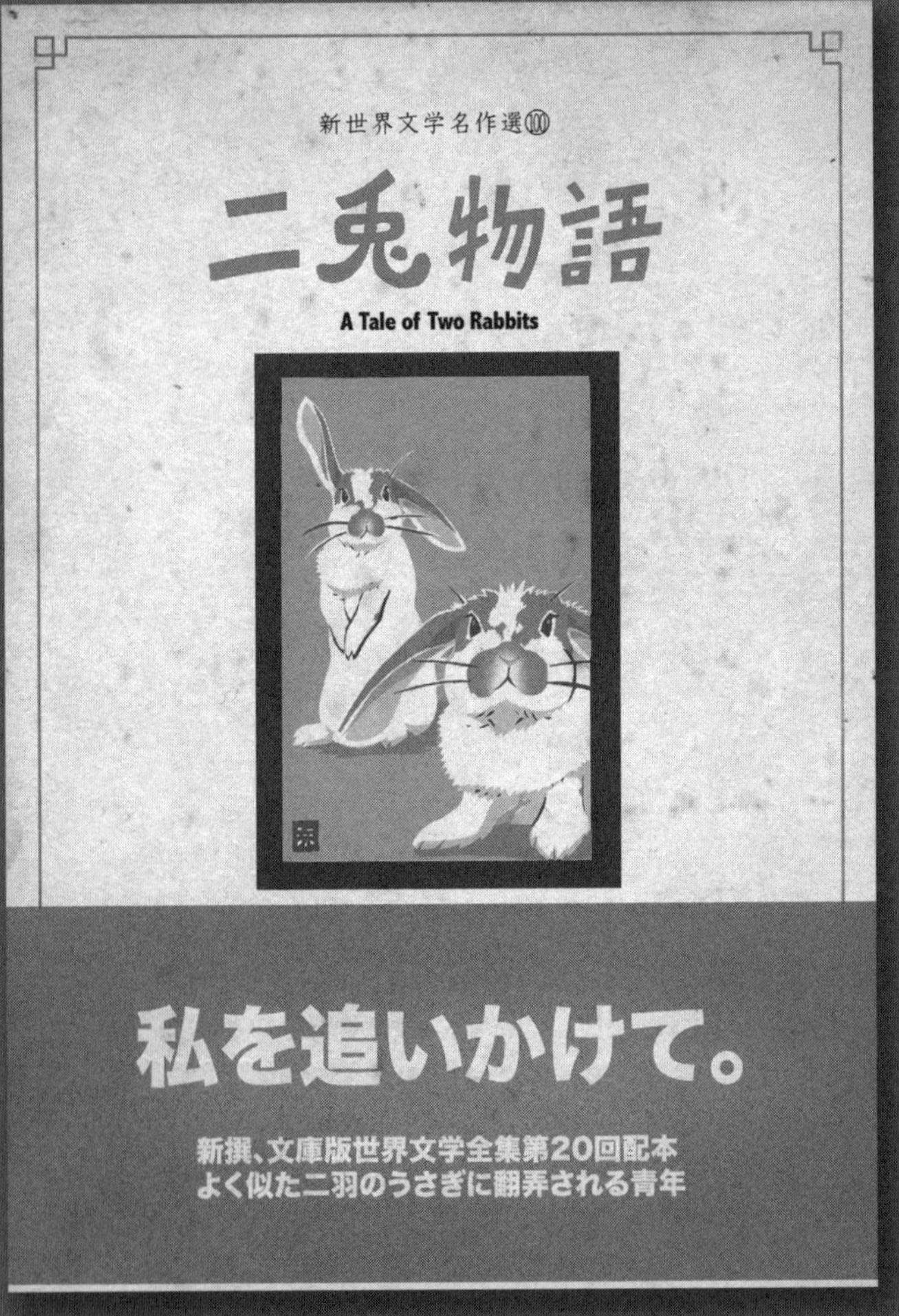
新世界文学名作選⑩⑩
二兎物語
A Tale of Two Rabbits
私を追いかけて。
新撰、文庫版世界文学全集第20回配本
よく似た二羽のうさぎに翻弄される青年

ルーシー／マネットの見分け方

Lucy

- 右耳が立つ
- 直情的
- 直線走りが得意
- 撫でられるのが好き

- 左耳が立つ
- おおらか
- ジグザグ走りが得意
- 撫でられるのが好き

Manet

ルーシーとマネット、出自の異なる兎を一度に二羽預かることになった弁護士シドニー・カートンはあまりにそっくりなその容姿に驚きを隠せなかった。餌、トイレ、遊び、そして撫で。毎日時間通りの世話を要求する兎に、斜に構え自堕落だった生活をかき乱されるカートン。理屈で対抗しようにも数で相手に負けている。しまいには二羽相手の追いかけっこで足腰まで鍛えられ健康になってしまう——。頭でっかちの男が兎と暮らす中で生きものらしい心を取り戻すまでを描いた愛兎家必読の書。
初版特典：「ホーランドロップ生写真（ルーシー、マネットどちらか1枚入り）」
抽選で1名様にプレゼント

書影　裏

【あらすじ】

ルーシーとマネット、出自の異なる兎を一度に二羽預かることになった弁護士シドニー・カートンはあまりにそっくりなその容姿に驚きを隠せなかった。

餌、トイレ、遊び、そして撫で。毎日時間通りの世話を要求する兎に、斜に構え自堕落だった生活をかき乱されるカートン。理屈で対抗しようにも数で相手に負けている。しまいには二羽相手の追いかけっこで足腰まで鍛えられ健康になってしまう——。

頭でっかちの男が兎と暮らす中で生きものらしい心を取り戻すまでを描いた愛兎家必読の書。

初版特典
「ホーランドロップ生写真
（ルーシー、マネットどちらか1枚）」
抽選で1名様にプレゼント

うさぎ用語集①（本当）

うさんぽ… うさぎを外に連れ出し散歩させること。ハーネス・リードは必携。

盲腸糞… 二種類ある糞のうちコロコロじゃない方。食べて栄養を補給する（食糞）。

ティモテ… 主にたれ耳うさぎが両手で耳を抱えて毛づくろいする様子。
仕草が昔のシャンプーCMに似ているので誰となくそう呼ばれるように。

12 ジキル博士と毎年

The Annual Strange Case of Dr.Jekyll

じきるはかせとまいとし

極上のホラーミステリー。

新世界文学名作選⑰

ジキル博士と毎年《マイトシ》

The Annual Strange Case of Dr.Jekyll

どこへ行く？

新撰、文庫版世界文学全集第二回配本
人の二面性を知った、ひと夏の思い出。

「ジキル博士」ひみつ図鑑（ネタバレあり）

①**ジキル帽**：ハイド氏の操縦席が中にあるのでどんなときも脱がない。
②**ジキルアイ**：左目はカメラ。サメを倒したジキルビームは右目から発射。
③**ジキル口**：エネルギー源のスイカ汁と肉（ハイド氏用）を摂取する。
④**ジキル杖**：陸上では二足歩行の補助。海中ではスクリューとして活躍。

【あらすじ】

僕は毎年夏休みを、海辺にあるジキル博士の別荘で過ごす。遠い親戚のジキル博士は気むずかし屋で有名だけど、僕にとってはいいおじさんだ。スイカが大好きなことだって知ってる。

でもある日僕は知ってしまった。肉をふたり分食べたその晩、必ず博士がどこかへ出かけるのを——。

大人の裏の顔を知り、子供は大人へと近づいてゆく。

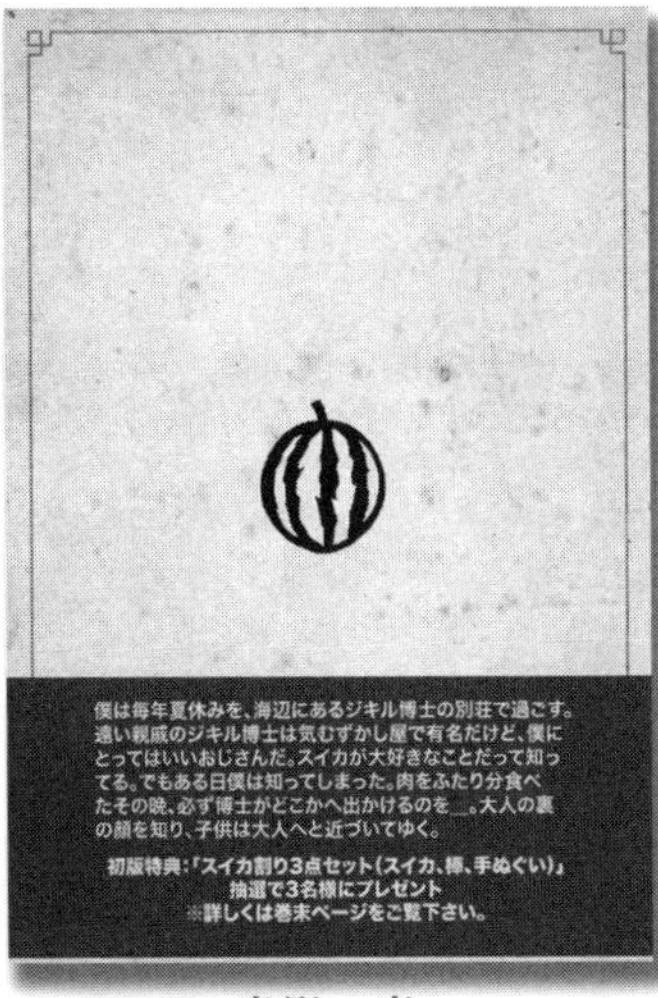
僕は毎年夏休みを、海辺にあるジキル博士の別荘で過ごす。遠い親戚のジキル博士は気むずかし屋で有名だけど、僕にとってはいいおじさんだ。スイカが大好きなことだって知ってる。でもある日僕は知ってしまった。肉をふたり分食べたその晩、必ず博士がどこかへ出かけるのを＿。大人の裏の顔を知り、子供は大人へと近づいてゆく。
初版特典：「スイカ割り3点セット（スイカ、棒、手ぬぐい）」
抽選で3名様にプレゼント
※詳しくは巻末ページをご覧下さい。

書影　裏

初版特典
「スイカ割り3点セット
（スイカ、棒、手ぬぐい）」
抽選で3名様に
プレゼント

後世のSF作品に与えた影響（ネタバレあり）

人一倍小さな体にコンプレックスを持つ天才科学者ハイド氏の「人並みの夏休みを甥っ子と過ごしたい」という願いから生まれた人造人間「ジキル博士」。時代が早すぎたため当時は怪奇ものと捉えられた「頭頂部に人が搭乗して操縦するロボット」のイメージは、90年後日本の天才漫画家の手により「等身大の人間が乗り込む巨大ロボット」として生まれ変わり、やがて世界を席巻することとなる。

13

シャーロックホームズの動転《しゃーろっくほーむずのどうてん》

Upset of Sherlock Holmes

名探偵の知られざる一面。

新世界文学名作選62
シャーロックホームズの動転
Upset of Sherlock Holmes
何ですと!!
新撰、文庫版世界文学全集第二十九回配本
普段冷静な彼に何が？

収録短編タイトル

「ボヘミアン十分」、「赤影とっ組み合い」、「花婿『実相寺剣』」、「ボスコム恵子君の反撃」、「俺んちのネタ5つ」、「唇にこじれた男」、「青いルピー」、「マンダラの秘文」、「利子の親指」、「独身の義賊」、「緑柱石の砲丸」、「ふなやしき」の12編。

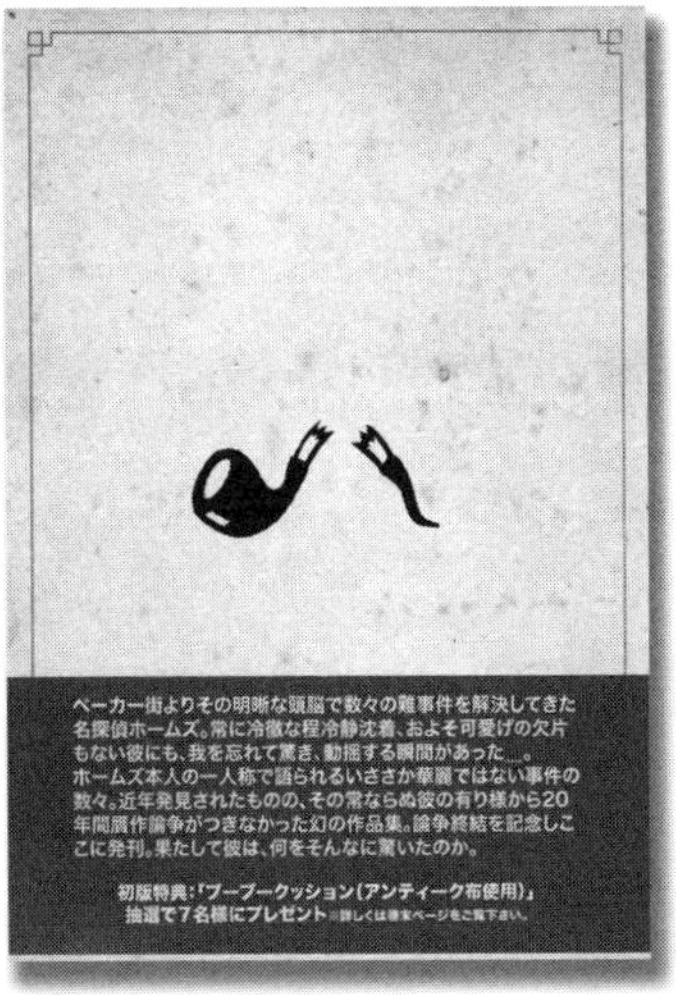
ベーカー街よりその明晰な頭脳で数々の難事件を解決してきた名探偵ホームズ。常に冷徹な程冷静沈着、およそ可愛げの欠片もない彼にも、我を忘れて驚き、動揺する瞬間があった＿。
ホームズ本人の一人称で語られるいささか華麗ではない事件の数々。近年発見されたものの、その常ならぬ彼の有り様から20年間贋作論争がつきなかった幻の作品集。論争終結を記念しここに発刊。果たして彼は、何をそんなに驚いたのか。
初版特典：「ブーブークッション（アンティーク布使用）」
抽選で7名様にプレゼント

書影　裏

【あらすじ】

ベーカー街よりその明晰な頭脳で数々の難事件を解決してきた名探偵ホームズ。常に冷徹なほど冷静沈着、およそ可愛げの欠片もない彼にも、我を忘れて驚き、動揺する瞬間があった――。

ホームズ本人の一人称で語られるいささか華麗ではない事件の数々。近年発見されたものの、その常ならぬ彼の有り様から二十年間贋作論争がつきなかった幻の作品集。論争終結を記念し、ここに発刊。

果たして彼は、何をそんなに驚いたのか。

初版特典
「ブーブークッション
（アンティーク布使用）」
抽選で7名様に
プレゼント

マニアの分類　探偵ものの元祖とされる当シリーズは世界中で熱狂的なファンを獲得。その集団は大別すると以下のグループに分けられる。

シャーロキアン：ストーリーやトリック、ディテールを探求。作品自体を楽しむ昔ながらの正統派マニア。
シャーリーズ：ホームズを、その面倒な性格込みで萌えの対象と捉えアイドル視するファン。うちわ必携。
ロッカーズ：カリスマ・ホームズを「俺たちのアニキ」として崇拝するグループ。首タオル必携。
アーティスト：ホームズ永遠のライバル・犯罪王モリアーティ教授をこよなく愛する集団。インテリ率高し。
ワトソニアン：「いい人」ワトソンを陰ながら応援する集団。男性は口ひげ率高し。

14 ジャングル・フック

Jungle Hook

文明の横面を叩く野生の一撃。

新世界文学名作選㊳
ジャングル・フック
Jungle Hook
決まった!!
新撰、文庫版世界文学全集第二十六回配本
拳で未来を切り開く野生児モーグリ。

登場人物①

モーグリ … ジャングルで拾われ黒豹バギーラとオオカミたちに育てられた野生児。
プロボクシング世界密林級初となる人間の王者を目指す。

バギーラ … 黒豹。モーグリの保護者。クールに見えるが言葉の端々から愛がダダ漏れ。オス。

バルー … 熊。モーグリのトレーナーで往年の名ファイター。常に上機嫌なパンチドランカー。

人知れずジャングルに産み落とされ、クロヒョウに育てられた人間の少年モーグリ。やがて逞しく成長した彼は野生で鍛えた身体能力をいかんなく発揮しボクサーとしてプロデビュー、世界密林級の王者を目指す。立ちはだかるは絶対王者、猛虎シア・カーン。トレーナー、バルー直伝の必殺技「ジャングル・フック」は王者にどこまで通用するのか。生涯を懸けた闘いの幕が、今切って落とされる。人と野生の狭間にそびえる見えざる壁を打ち砕く鉄拳。境界に立つモーグリの行く道は何処――。
初版特典：「リング用腰嚢(レプリカ)」抽選で1名様にプレゼント
※詳しくは巻末ページをご覧下さい。
書影　裏

【あらすじ】

人知れずジャングルに産み落とされ、クロヒョウに育てられた人間の少年モーグリ。やがて逞しく成長した彼は野生で鍛えた身体能力をいかんなく発揮しボクサーとしてプロデビュー、世界密林級の王者を目指す。

立ちはだかるは絶対王者、猛虎シア・カーン。トレーナー、バルー直伝の必殺技「ジャングル・フック」は王者にどこまで通用するのか。生涯を懸けた闘いの幕が、今切って落とされる。

人と野生の狭間にそびえる見えざる壁を打ち砕く鉄拳。境界に立つモーグリの行く道は何処――。

初版特典
「リング用腰嚢
(レプリカ)」
抽選で1名様に
プレゼント

登場人物②

シア・カーン … 虎。世界密林級王者。人間に恨みがあり、モーグリが人間しか扱えない「炎のジャングル・フック」を会得する前に斃そうと画策する。

ヨウコ … 人間。世界最大の「ホワイトツリージム」のお嬢様にして敏腕若手プロモーター。モーグリの成長を促すような対戦相手を見つけてきては試合を組む。

15

首輪物語

くびわものがたり

The Lord of the Collar

全てを統べるファンタジーの金字塔。

新世界文学名作選⑮
首輪物語
The Lord of the Collar
世界は一匹の駄犬と共に
新撰、文庫版世界文学全集第五回配本
今なおあらゆるものに影響を与え続ける、
ファンタジーの中のファンタジー。

首輪の効果

①蚤・ダニが死滅する。
②尻尾の振りが15倍速になる。
③出された尿が異次元を経由、全く異なる土地に着地する。
④首輪から下の姿が時々消える。
⑤尻尾を追いかけて回ると竜巻が起こる。

【あらすじ】

黄金の首輪。世界を統べる力を持つといわれ、古来より数々の争いの火種となってきたその首輪の真の主、魔王が三千年の時を経て復活した。対抗せんと魔力の源、首輪を血眼で探す人間、妖精連合軍。はたして、世界の運命を握る首輪の所有者はどこにいるのか――？「何も考えない」駄犬の動きに翻弄される世界。ファンタジーの聖書と呼ばれる古典を名称を整理した改訂版で。

黄金の首輪。世界を統べる力を持つといわれ、古来より数々の争いの火種となってきたその首輪の真の主、魔王が三千年の時を経て復活した。対抗せんと魔力の源、首輪を血眼で探す人間、妖精連合軍。はたして、世界の運命を握る首輪の所有者はどこにいるのか――？「何も考えない」駄犬の動きに翻弄される世界。ファンタジーの聖書と呼ばれる古典を名称を整理した改訂版で。
初版特典：「首輪（レプリカ・メッキ仕上げ）」
抽選で1名様にプレゼント
※詳しくは巻末ページをご覧下さい。

書影　裏

初版特典
「首輪
（レプリカ・メッキ仕上げ）」
抽選で1名様に
プレゼント

「力の首輪」所有者

「一つの首輪」に先んじて作られた「力の首輪」のうち、その3つは空を統べるキジ族の長が、7つは森の王サル族の族長が、そして残り9つはややマニアックな嗜好を持つ人間のペアがそれぞれ所有した。魔王の首輪（をつけた駄犬）探索のため組まれたパーティー・旅の仲間はこの3部族の子孫から選ばれた。

人は何のために走るのか。

16 長距離走者の小六

The Long-Distance Runner, Koroku

ちょうきょりそうしゃのころく

新世界文学名作選㊱
長距離走者の小六
The Long-Distance Runner, Koroku
5
誰よ？
新撰、文庫版世界文学全集第15回配本
人は何のために走るのか。

モデルとなった史実①

宝永七年（1710）、幕府は度重なる天災への復興予算を人心慰撫の名目のもと藩対抗遠足（マラソン大会）につぎ込み強行開催するも、トップ走者だった小六（紀州藩・元博徒といわれる）がゴール手前で座り込み棄権するという事件が起こる。小六の真意は図り知れぬが、命を懸けお上に楯突いたその反骨は民の心を大いに捉え、後年歌舞伎、浄瑠璃化され長唄にも謳われる民衆のヒーローとなった。

【あらすじ】

逃げ足自慢の博徒小六は、しくじって捕らわれた紀州藩藩牢で罪を免ずる代わり飛脚となることを命じられる。藩の威信を懸け大名飛脚が東海道を走る早足大会、その選手となって走れというのだ。

本能を忘れた人間が二本の足で走る意味とは。分かたれた精神と肉体を串刺しにするものは何か。ひた走る小六の脳裏に、金、女、人としての矜持、あらゆるものが浮かび、そしてまた消える——。

逃げ足自慢の博徒小六は、しくじって捕らわれた紀州藩藩牢で罪を免ずる代わり飛脚となることを命じられる。藩の威信を懸け大名飛脚が東海道を走る早足大会、その選手となって走れというのだ。本能を忘れた人間が二本の足で走る意味とは。分かたれた精神と肉体を串刺しにするものは何か。ひた走る小六の脳裏に、金、女、人としての矜持、あらゆるものが浮かび、そしてまた消える——。
初版特典：「長持（年代物）、脚絆セット」抽選で1名様にプレゼント
※詳しくは巻末ページをご覧下さい。

書影　裏

初版特典
「長持（年代物）、
脚絆セット」
抽選で1名様に
プレゼント

モデルとなった史実②（ネタバレ含む）

長唄「飛脚小六」を元としながらも、本作品は創作を交えた独自の結末を見せる。ゴール拒否、藩主吉宗の顔に泥を塗ったかどで獄門に処されるまでの後半部分が、まるごと不可能状況からの脱出描写に費やされるのだ。「自由を求め権力に抗った」姿勢自体は同じだが、小説版小六は出奔し行方知れずになることにより、今も読者の胸の中を走り続けている。

17

ミステリーの教科書。

新世界文学名作選㉞
そして誰も
いななかなくなった
And Then There Were No Neigh
何があった?
新撰、文庫版世界文学全集第11回配本
孤島の牧場で起きた異変。
そして誰もいななかなくなった
And Then There Were No Neigh
そしてだれもいななかなくなった

言語別馬のいななき（参照：豪アデレード大学デレク・アボット教授HP　※本当・順不同）

- neigh, whinny, wehee（英語）
- i-go-go（ロシア語）
- iihaha（スウェーデン語）
- hiiiii（フランス語）、hiii（イタリア語）
- wihiie（ドイツ語）
- nyihaha（ハンガリー語）
- ihiii（スペイン語）
- e-he-he-he（トルコ語）

【あらすじ】

名を明かさない謎の人物に雇われ孤島の牧場へ赴いた馬丁ネイサン。やがて十頭の馬がどこからか運ばれてくる。主人に内緒で来歴を調べると、飼い主を踏んだ、柵を壊したなど、どの馬も皆過去に何か事件を起こした馬だった――。

作者の代表作にあげられ、小道具使い、展開の巧みさからミステリーの教科書といわれる長編推理小説。

最後にいなないたのは誰か？

名を明かさない謎の人物に雇われ孤島の牧場へ赴いた馬丁
ネイサン。やがて10頭の馬がどこからか運ばれてくる。
主人に内緒で来歴を調べると飼い主を踏んだ、柵を壊した、
どの馬も皆過去に何か事件を起こした馬だった＿。
作者の代表作にあげられ、小道具使い、展開の巧みさから
ミステリーの教科書といわれる長編推理小説。最後にいな
ないたのは誰か？
初版特典：「蹄鉄（2個セット）」抽選で10名様にプレゼント
※詳しくは巻末ページをご覧下さい。

書影　裏

初版特典
「蹄鉄
（２個セット）」
抽選で 10 名様に
プレゼント

コマドリ＝クックロビン（作中重要なモチーフとして登場する鳥）

コマドリ（Cock Robin：スズメ目ヒタキ科）はヨーロッパでは数多くの民話や童謡に登場し、特にイギリスでは（非公式の）国鳥として親しまれている。日本にも亜種が生息しており、その「ヒンカラカラカラ…」という鳴き声が馬に酷似していることから名に駒の字が当てられている。異国におけるこの鳥と馬との関係を作者が把握していたかどうかについては、今後研究の待たれるところである。

原作本紹介

『リチャード三世』

シェイクスピア

史劇。舞台はバラ戦争の最中にある15世紀のイングランド。ヨーク家の王エドワード四世は病の床にあった。

王の弟であるグロスター公リチャードは巧みな話術と策略で政敵を次々と亡き者にし、ついに王位に就く。だが栄光の日々は長くは続かなかった。

不安定な政情の中ランカスター家のリッチモンド伯ヘンリー・テューダーが兵を挙げ、ボズワースの戦いで味方に裏切られたリチャードは……。

初演は1591年頃。

河合 祥一郎 訳
『新訳 リチャード三世』
角川文庫

『高慢と偏見』

ジェイン・オースティン

田舎の中流階級であるベネット家の夫人の最大の関心事は、五人の娘にふさわしい夫を見つけることであった。長女ジェーンは裕福な独身男性ビングリーと惹かれ合い、次女エリザベスはビングリーの友人で資産家のダーシーと出会う。ダーシーを気難しくて高慢だとみなしたエリザベスだが……。

結婚・社交・恋愛における男女の悲喜劇を会話と展開の速いプロットでユーモラスに描き出し、モームから「あらゆる小説の中で最も申し分のない小説」とまで評された名作。

1813年刊。

大島一彦 訳
中公文庫

『オリバー・ツイスト』

チャールズ・ディケンズ

救貧院を追い出された孤児オリバーは流れ着いたロンドンでスリの仲間に引き入れられ、盗みに入ったところで重傷を負う。彼はその家のメイリー夫人に助けられ、表の世界での生活を取り戻していった。

その後オリバーの出生の秘密が明らかになる中、彼を苦しめてきた救貧院の聖職者、盗賊たちは罰せられ、オリバーは幸福を掴む。

作者ディケンズの正義感が前面に出た勧善懲悪の物語。

1838年刊。

北川悌二 訳
『オリバー・ツイスト（上）』
角川文庫
上下巻

文責：現代書館編集部

原作本紹介

『嵐が丘』

エミリー・ブロンテ

「嵐が丘」と呼ばれる屋敷に犬と暮らすヒースクリフ。彼はかつて屋敷の主人に拾われた孤児であった。屋敷の息子ヒンドリーに虐待され、愛する娘キャシーの裏切りにあった彼は屋敷を去ったが、やがて富を得て、復讐のために戻ってくる。しかし目的を成し遂げた彼は、キャシーの幻影に悩まされながら亡くなるのであった。

　ヨークシャーの荒野で繰り広げられる愛憎劇。1847年刊。

　作品をもとにした映画・ドラマ・舞台も数多く制作された。

河島弘美 訳
『嵐が丘(上)』
岩波文庫
上下巻

『二都物語』

チャールズ・ディケンズ

ルーシー・マネットはロンドンで自堕落な生活を送る弁護士のシドニー・カートンとフランスからの亡命貴族のチャールズ・ダーネイという瓜二つの二人の青年と知り合う。

　青年たちの恋心が燃え上がる一方で、パリでは革命の炎が燃え上がろうとしていた。ルーシーの心を射止めたのはダーネイだったが、彼は革命に揺れるパリに戻り、知人を救おうとして捕らわれ、死刑の宣告を受ける。シドニーは愛するルーシーのため、友と入れ替わり、断頭台に立ったのだった。

　1859年刊。

加賀山卓朗 訳
新潮文庫

『ジーキル博士とハイド氏』

スティーヴンスン

医学、法学の博士号を持つ高潔な紳士ジーキルの家に、いつの頃からかハイドと名乗る醜悪で邪悪な男が出入りするようになった。

　ジーキルの遺言書を預かっている弁護士のアタソンは、ハイドが彼の全財産の受取人とされていることを不審に思い、ハイドの正体を突き止めようとする。

　人間の心にひそむ善と悪との闘いを描いた怪奇小説。

　1886年刊。

海保眞夫 訳
岩波文庫

原作本紹介

13

『シャーロック・ホームズの冒険』

コナン・ドイル

ベーカー街より明晰な頭脳で数々の難問、難事件を解決する名探偵、ホームズ。ロンドンで起こる奇怪な事件と彼の鮮やかな推理を、助手のワトソンの視点から描いた短編集。

「ボヘミアの醜聞」、「赤毛組合」、「花婿失踪事件」、「ボスコム渓谷の惨劇」、「オレンジの種五つ」、「唇のねじれた男」、「青い紅玉」、「まだらの紐」、「技師の親指」、「独身の貴族」、「緑柱石の宝冠」、「ぶな屋敷」の十二編。

『ストランド・マガジン』に連載され、単行本が１８９２年に刊行された。

延原 謙 訳
新潮文庫

14

『ジャングル・ブック』

ラドヤード・キプリング

ジャングルで三本足の虎、シア・カーンに追われ、狼の一家に育てられた人間の少年モーグリ。彼はクマのバルーと黒豹のバギーラからジャングルのおきての手ほどきを受け逞しく成長するが、群れを乗っ取ったシア・カーンと若い狼たちに群れを追われ人間の村で暮らすこととなる。しかし宿敵が自分の命を狙っていることを知っている彼は、好機を逃さぬよう兄弟たちの協力を仰ぎ……。

七つの短編と詩からなる児童文学。１８９４年に正編、翌95年に続編が刊行された。

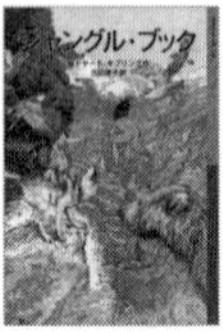

三辺律子 訳
岩波少年文庫

15

『指輪物語』

J・R・R・トールキン

世界を統べる力を持つといわれる魔法の指輪。そんな指輪を偶然手にしたホビット族のフロドは魔法使いのガンダルフの助言を受け、指輪を破壊するための旅に出る。

人間、ホビット、エルフ、ドワーフ、オーク、トロルなどが住む世界での冒険と闇の勢力との戦いが描かれる。壮大なスケールで展開する現代ファンタジーの祖。

『旅の仲間』、『二つの塔』（１９５４年）『王の帰還』（１９５５年）からなる三部作。

瀬田貞二・田中明子 訳
『新版 指輪物語
第一部 旅の仲間上 1』
評論社文庫　全 10 巻
（物語 9 刊＋追補版）

原作本紹介

16

『長距離走者の孤独』

アラン・シリトー

逃げ足自慢のスミスは相棒のマイクとパン屋の金庫を盗み出したが、家を訪ねてくる刑事の執念深い尋問の末ついに捕まってしまう。

感化院へ送られて長距離クロスカントリーの選手となった彼は、全英長距離クロスカントリー競技に出場することに。

彼の勝利を確信し、大金を賭けているであろう院長らに自らの「誠実さ」を見せつけるため、彼は優勝を前にあえて対抗者に抜かれることを選択する。

1959年刊。

丸谷才一・河野一郎 訳
新潮文庫

17

『そして誰もいなくなった』

アガサ・クリスティー

謎の人物に孤島に招き寄せられた、互いに面識もない、職業も年齢もさまざまな十人の男女。だが、招待主の姿は島にはなく、やがて夕食の席上、彼らの過去の事件を暴き立てる謎の声が……。そして童謡の歌詞通りに、彼らは一人ずつ殺されていく。

作者自身も代表作に挙げ、展開の巧みさからミステリーの教科書といわれる推理小説。最後にいなくなったのは誰か？

1939年刊行。

清水 俊二 訳
ハヤカワ文庫

類書案内

よく見りゃ似てる表紙絵あれこれ

表情編「シリアスな人たち」

→ 28p

→ 38p

→ 80p

→ 98p

どこか似ている表紙絵あれこれ

類書案内

「モフモフ天国」

ステキな毛皮に身を包んだ主人公たち。癒やされたいあなたへ。
（なぜか兎だけすごくリアル）

→ 10p

→ 46p

→ 34p

→ 56p

→ 112p

→ 172p

→ 188p

→ 222p

海外文学　その3

フランス文学

- # 美貌の登場人物
- # 華やか
- # 美食
- # 悲恋
- # フェティシズム文学
- # AIの暴走
- # 伝説の義賊集団
- # 最中マナー
- # ブリアンの像
- # うじゃうじゃ

18 美女と柳生

Beauty and the Sword

びじょとやぎゅう

真実(まこと)の強さとは。
新世界文学名作選③
美女と柳生
Beauty and the Sword
び
参りました!
新撰、文庫版世界文学全集第一回配本
求道小説のニュースタンダード。

無刀取りが効かない飛び道具　美女が無意識に放つ技の数々

- 間合いが近い
- 殺気なきボディータッチ
- 理解しがたいかわいい判定
- 心当たりのない機嫌損ね
- 見開いた目で顔を凝視（近眼）
- 潤んだ瞳（ドライアイ）
- いいにおい
- だれにでもやさしい

【あらすじ】

一本の刃のごとく突き進む剣の道の前に立ちはだかったのは、金髪碧眼の美女だった――。

人類誰もが陥るであろう、自己実現と煩悩の間に横たわる深い溝。敵とは誰か、そして克つとは。

圧倒的共感を持って迎えられた現代版「ヒゲとボイン」。

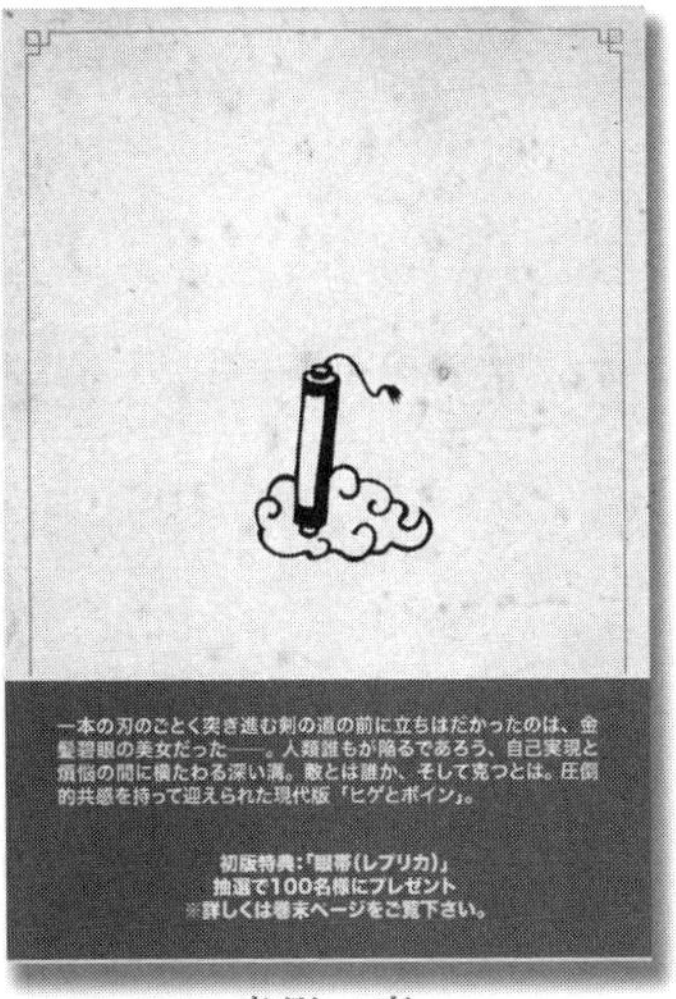
一本の刃のごとく突き進む剣の道の前に立ちはだかったのは、金髪碧眼の美女だった――。人類誰もが陥るであろう、自己実現と煩悩の間に横たわる深い溝。敵とは誰か、そして克つとは。圧倒的共感を持って迎えられた現代版「ヒゲとボイン」。
初版特典:「眼帯(レプリカ)」
抽選で100名様にプレゼント
※詳しくは巻末ページをご覧下さい。

書影　裏

初版特典
「眼帯（レプリカ）」
抽選で 100 名様に
プレゼント

弱すぎじゃないか論争

本書は惚れた相手に一方的に敗けた経験のある読者からは圧倒的支持を集める一方、剣術界からは激しい反発を受けた。中でも実践剣術の石舟会館は最強を証明すべく、テレビ局立ち会いのもと美女との対戦を行うもあろうことか一本も取れず敗退。それが元で宗家からは破門されたが、番組は高視聴率を受けレギュラー化。美女と剣士の対決は毎年大晦日を賑わす人気番組となった。

19 長靴をかいだ猫

Puss smelling the Boot

ながぐつをかいだねこ

フェティシズム文学の草分け。
新世界文学名作選④
長靴をかいだ猫
Puss smelling the Boot
な
嗅ぐんじゃない!!
新撰、文庫版世界文学全集第一回配本
文字から立ち上がる、芳醇すぎる匂いの世界。

Réponse de Flehmen

フレーメン反応（ネタバレあり）

猫が強烈な匂いを嗅いだとき愕然とした顔をするのは、哺乳類に見られるフレーメン反応と呼ばれる現象の一つである。爵位を捨て歓楽街でドラァグクイーンとして第2の人生を送っていた伯爵を、モリーは愛猫のこの表情をきっかけに発見。ふたりは友人として再び親密な関係を築くこととなった。

【あらすじ】

「なぜ鼻は顔の中心にあると思う？」社交界の花、美しきモリー・ホワイトは、不倫相手の伯爵と知的な会話を楽しんだその晩、愛猫が一心に右の長靴を嗅ぐのを目撃する。伯爵を想うモリー。しかしその時すでに伯爵はこの世にはいなかった――。

フェティシズム文学の草分けとされる古典。近年発見された幻の第三章〝真相〟を新たに加えた増補完全版を収録。

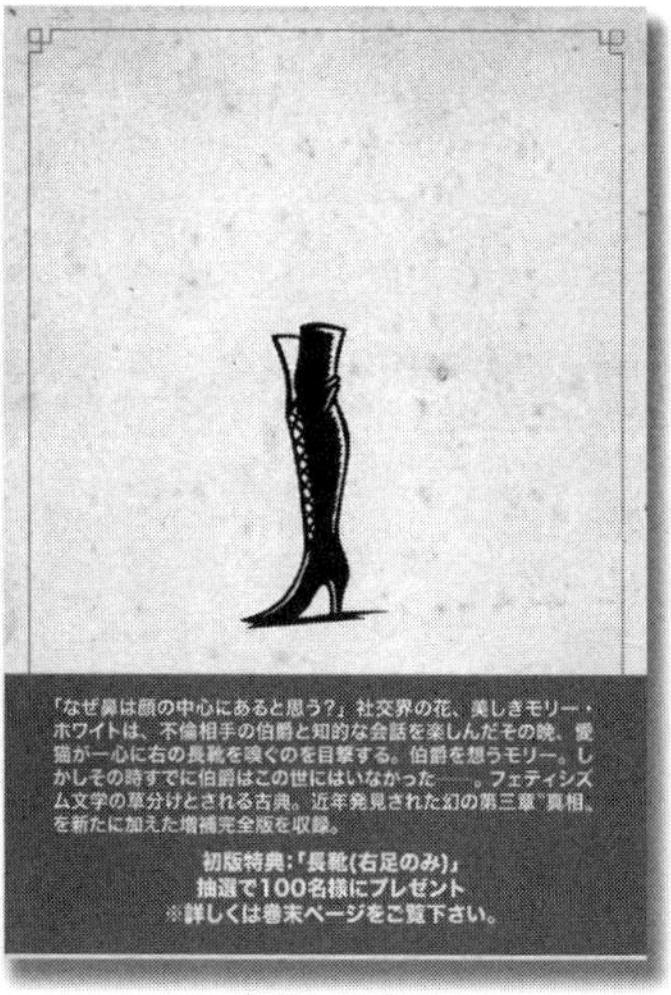
「なぜ鼻は顔の中心にあると思う?」社交界の花、美しきモリー・ホワイトは、不倫相手の伯爵と知的な会話を楽しんだその晩、愛猫が一心に右の長靴を嗅ぐのを目撃する。伯爵を想うモリー。しかしその時すでに伯爵はこの世にはいなかった――。フェティシズム文学の草分けとされる古典。近年発見された幻の第三章〝真相〟を新たに加えた増補完全版を収録。
初版特典:「長靴(右足のみ)」
抽選で100名様にプレゼント
※詳しくは巻末ページをご覧下さい。

書影　裏

初版特典
「長靴（右足のみ）」
抽選で 100 名様に
プレゼント

ばったもん

本書のヒットを受け「猫もの」は受けると安易に考えた出版社は、二匹目のドジョウ狙いの作品を乱発、オリジナルが持つ深遠さの欠片もない「ばったもの」はほどなく淘汰され、今はタイトルのみが記録に残されている。
(当時の出版記録にあるタイトル：**『長靴を裂いた猫』**、**『～剝いだ猫』**、**『～に入った猫』**、**『～巻いた猫』**、**『～炊いた猫』**、**『～に泣いた猫』**、**『～焼いた猫』** 等)

20 アーム状《あーむじょう》

Something like An Arm

生きぬくのだ。その手を伸ばして。

新世界文学名作選⑲
アーム状
Something like An Arm
ただ1本のパンのために
新撰、文庫版世界文学全集第三回配本
フランス中が慟哭。魂を揺さぶる大河ミステリー。

登場人物

ジャン・バルジャン…主人公。証拠の残らぬパン盗みの完全犯罪を成し遂げて以来、誰も知らぬ罪の意識を抱えつつ町の有力者として暮らす。手先が器用。
コゼット…不幸のうちに亡くなったファンティーヌの娘。バルジャンが引き取る。
ジャベール…警部。巡査時代に取り逃がしたバルジャンを今も疑う。
マリウス…コゼットをバルジャンから奪うためだけに登場する、いろいろ申し分のない若者。

【あらすじ】

飢えから一本のパンを盗み捕縛されたジャン・バルジャン。しかし犯行に使用したと見られるアーム状の物体が発見されず証拠不十分で釈放される。

今では町の有力者としてつつましく生きる彼だったが、忘れようとした過去の罪が二十年後意外な形で姿を現す。

「アーム状のもの」に隠された悲しい真実とは。法が裁くのは人か、罪か、それとも物なのか。

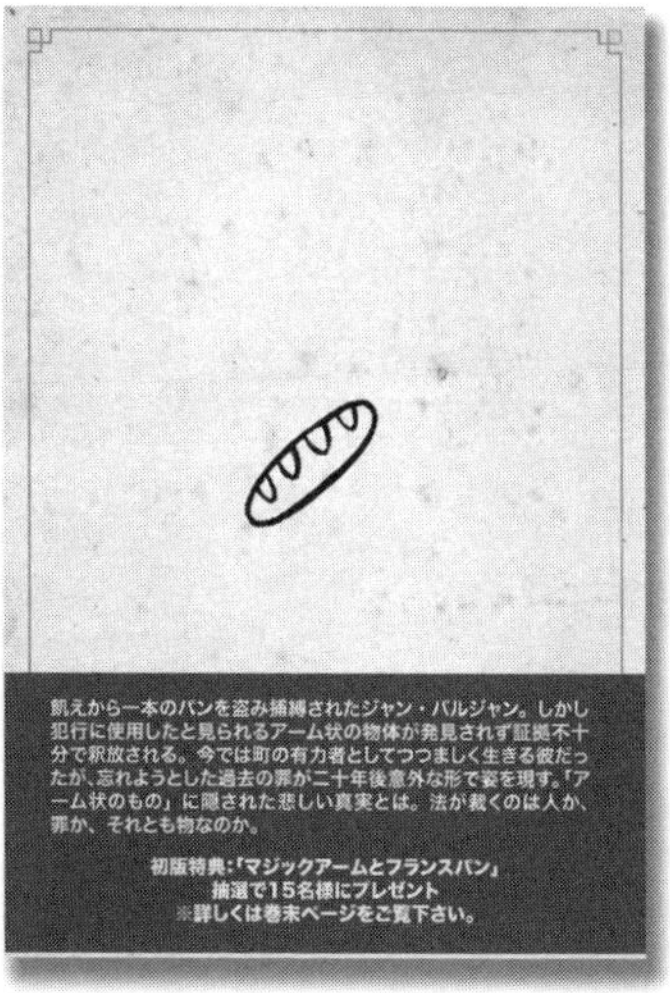
飢えから一本のパンを盗み捕縛されたジャン・バルジャン。しかし犯行に使用したと見られるアーム状の物体が発見されず証拠不十分で釈放される。今では町の有力者としてつつましく生きる彼だったが、忘れようとした過去の罪が二十年後意外な形で姿を現す。「アーム状のもの」に隠された悲しい真実とは。法が裁くのは人か、罪か、それとも物なのか。
初版特典：「マジックアームとフランスパン」
抽選で15名様にプレゼント
※詳しくは巻末ページをご覧下さい。

書影　裏

初版特典
「マジックアームと
フランスパン」
抽選で15名様に
プレゼント

時代を先取りした「AIの暴走」（ネタバレ含む）

物語の終盤に登場する「腕ばかりの怪物」の正体は、若きバルジャンが証拠隠滅のため自走装置をつけて逃したパン窃盗用アームの変わり果てた姿であった。生存のため自己増殖、やがて暴走し破壊者となってしまった「道具」。バルジャンは犯した罪を償うため、愛する人々を守るため、ジャベールの援護の元、己への戒めとして20年床の間に飾り続けたカチカチのパンを手に、過去から蘇った怪物に立ち向かう。

21 カールメン Curl Men

長いものには巻かれぬぞ。
巻くは己のひげだけだ。

新世界文学名作選㉑
カールメン
Curl Men
巻きすぎだ!!
新撰、文庫版世界文学全集第4回配本
胸をすく悪漢小説。

髭のいろいろ（途中まで本当）

カイゼル
チョビ
ドジョウ
ドロボウ
ヤギ
ワルイガシマン
カンウ
オオクボ

【あらすじ】

十九世紀スペインに実在した伝説の義賊集団「カールメンズ」をモデルに描くピカレスクロマンの古典。

身分出自は問わず信と巻き毛のみで団結した盗賊団の発足、奇想天外な活躍、逃走、解散までをスピード感あふれる筆致で描く。

特に巻き毛を利用した脱獄場面は後に数多くの模倣、オマージュを呼んだ最も有名な場面。

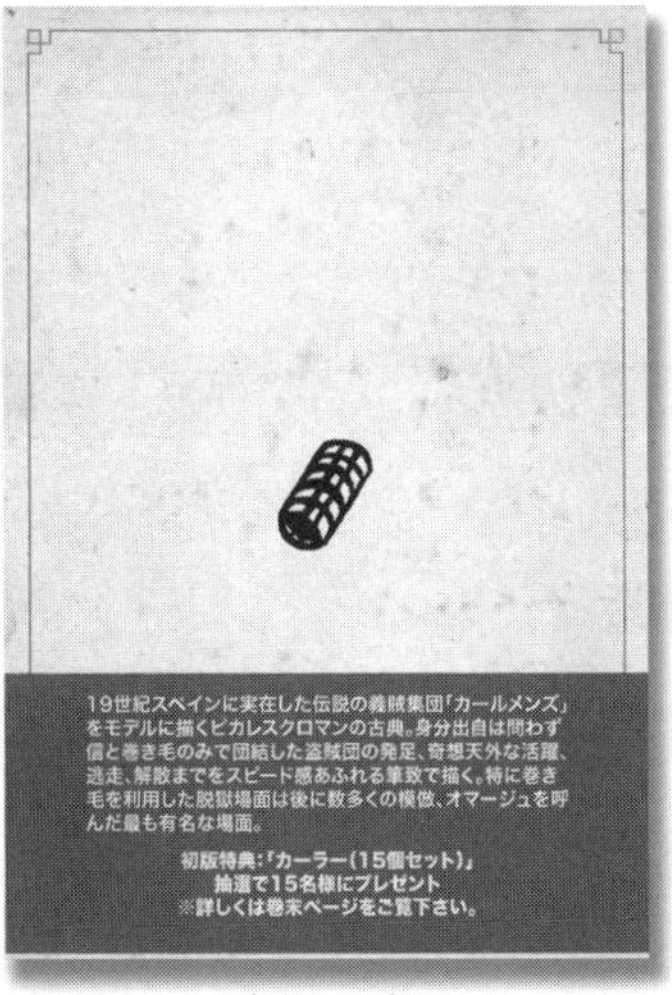
19世紀スペインに実在した伝説の義賊集団「カールメンズ」
をモデルに描くピカレスクロマンの古典。身分出自は問わず
信と巻き毛のみで団結した盗賊団の発足、奇想天外な活躍、
逃走、解散までをスピード感あふれる筆致で描く。特に巻き
毛を利用した脱獄場面は後に数多くの模倣、オマージュを呼
んだ最も有名な場面。
初版特典：「カーラー（15個セット）」
抽選で15名様にプレゼント
※詳しくは巻末ページをご覧下さい。

書影　裏

初版特典
「カーラー
（15個セット）」
抽選で15名様に
プレゼント

映像化作品における髭表現の変遷

1930年代… 別に撮影したカットを繋ぐ、逆さカメラ等の古典的撮影トリックを用い観客を驚かせる。
1950年代…カラー化。初期の特殊メイクや合成技術を駆使。よりスケールの大きなファンタジーを表現。
1980年代…SFXブーム。遠隔操作のアニマトロニクスで髭を操作。「驚異の映像美」と脚光を浴びる。
2000年代…CG黎明期。ニュルニュル動きすぎる髭に「動かしゃいいってもんじゃない」と批判が殺到。脚本のまずさも伴って批評興行ともに大失敗。制作会社倒産の原因となる。

最中の中から湧き出る記憶。

22

失われた土器を求めて

Remembrance of Earthen Vessel

うしなわれたどきをもとめて

新世界文学名作選㉒
失われた土器を求めて
Remembrance of Earthen Vessel
う
あれは…いいものだ!
新撰、文庫版世界文学全集第8回配本
さまよう土器に重なる魂の遍歴。

最中マナー論争

焙じ茶に最中を浸した香りが主人公の幼い記憶と結びつくくだりは作中最も有名な場面である。作品の文学的価値については誰もが認めるところであるが、サクサクが身上の最中をわざとふやかせるその独特な食べ方については当時「最中に対する冒瀆だ」派と「いや好きにさせてやれよ」派が激しく対立。互いの主張を譲ろうとはしなかった。よもやふやけた最中が「簡易しるこ」として市民権を得、スーパーマーケットの店頭に普通に並ぶ日が来ようとは、当時の読者は誰も想像しなかったであろう。

【あらすじ】

大学退官のその日、考古学者真壁教授は焙じ茶に最中を浸しながら生涯追い求めた土器に思いを馳せる。

私が地から救い出したあの美しい物体。運命のいたずらにより出会いと別れを繰り返したあの土器——。

教授の思いは時と場所を越え、失われた土器に手を差し伸べる。

その後の哲学と土器の関係に重要な示唆を与えた作者畢生の大作。完訳版ついに刊行。

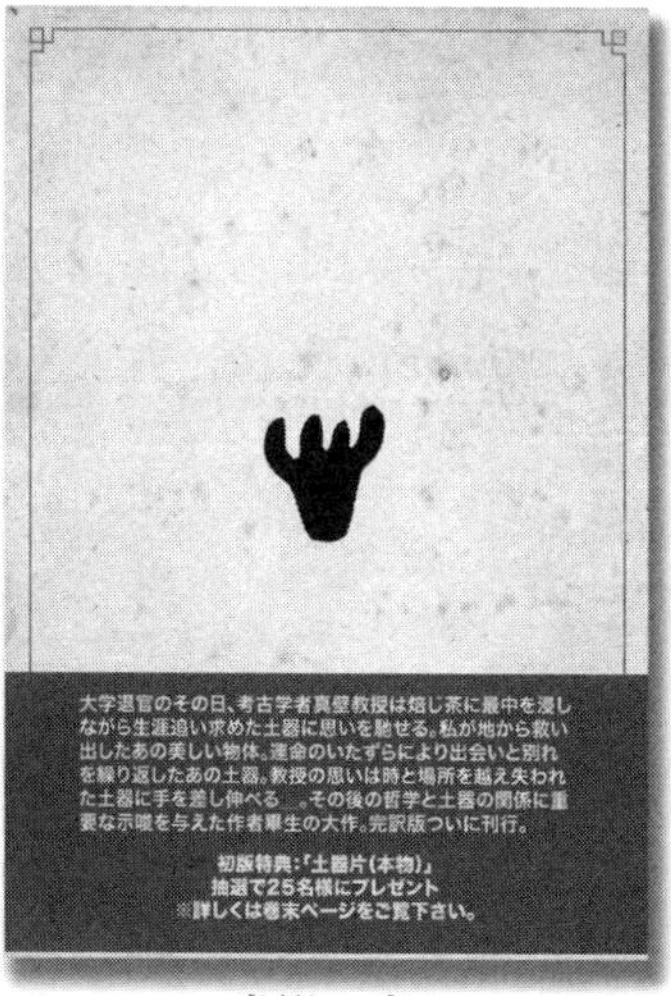
大学退官のその日、考古学者真壁教授は焙じ茶に最中を浸しながら生涯追い求めた土器に思いを馳せる。私が地から救い出したあの美しい物体。運命のいたずらにより出会いと別れを繰り返したあの土器。教授の思いは時と場所を越え失われた土器に手を差し伸べる　。その後の哲学と土器の関係に重要な示唆を与えた作者畢生の大作。完訳版ついに刊行。
初版特典：「土器片（本物）」
抽選で25名様にプレゼント
※詳しくは巻末ページをご覧下さい。

書影　裏

初版特典
「土器片（本物）」
抽選で 25 名様に
プレゼント

飼い猫と縄文の起源（新潟地方の言い伝え）

孤独な男の住む小屋に見知らぬ獣が迷い込む。追い払わずにいたところ、焚き火のそばで丸くなり、長い尻尾をうねらせた。やがて静かに時は過ぎ、やせ衰えた獣はある日、初めて男にすり寄った。作った土器に尻尾が当たったため男はその手で獣を払ったが、獣はそのまま小屋を出て、二度と戻ってはこなかった。男は自分のした行為を悔やみ、それからはまるで憑かれたように死ぬまで土器ばかり作り続けた。やがて日本中に広まったその土器は、どれも焚き火の炎の形の中で尻尾がうねっている、男が見てきた一番大切な風景を描いたものであったという。

23

生きるとは闘いだらけ。

新世界文学名作選㊲
十五少年放流記
Two Years Holiday for Released Fish
帰ってこいよ！
新撰、文庫版世界文学全集第11回配本
少年達が遭遇する、最も過酷なサバイバル。

十五少年放流記《じゅうごしょうねんほうりゅうき》

Two Years Holiday for Released Fish

ブリアンの像

熊に襲われた仲間を逃がすため単身囮となり、一時捕らえられるも背びれを犠牲にして逃げ延びたブリアン。その勇気ある姿を讃えた木彫像が通称「ブリアンの像」である。「強く育ってほしい」という願いを込め、かつては子供のいるフランスの家庭には必ずといっていいほど飾られていたが、近年の薄型テレビの流行で置き場を失い、生産数は全盛期の10分の1ほどに縮小されている。

【あらすじ】

希望を胸に海へと放たれた、ブリアンを初めとする十五匹の鮭。だが見知らぬ海には少年たちには想像もつかない危険が待ちかまえていた。外敵、嵐、食糧難、大自然の猛威を前に非力な十五匹の団結は揺らぐ。そんな彼らの鼻先に、忘れもしない川のにおいがかすかに届いた——。少年向け冒険小説のジャンルを確立した古典。初版時の挿絵多数掲載。

希望を胸に海へと放たれた、ブリアンを初めとする十五匹の鮭。だが見知らぬ海には少年たちには想像もつかない危険が待ちかまえていた。外敵、嵐、食糧難、大自然の猛威を前に非力な十五匹の団結は揺らぐ。そんな彼らの鼻先に、忘れもしない川のにおいがかすかに届いた——。少年向け冒険小説のジャンルを確立した古典。初版時の挿絵多数掲載。
初版特典：「鮭缶（消費期限間近）」
抽選で300名様にプレゼント
※詳しくは巻末ページをご覧下さい。
書影　裏

初版特典
「鮭缶
（消費期限間近）」
抽選で 300 名様に
プレゼント

放流における過酷な事実（途中から本当）
やっとの思いで河口近くまで辿り着いたブリアンたちに襲いかかったのは、かつて自分たちを育て、手を振りながら送り出してくれたニンゲンだった。「俺たちの旅は、奴らに食われるため仕組まれたものだったのか」。残酷な事実を知り動揺する仲間にブリアンは叫ぶ「それでも、俺たちは生きるんだ！」。淘汰されず育った放流魚は自然に育った個体より繁殖力が弱く、放流に頼りすぎると川の生態系はやせ細っていくそうだ。今、収穫量の確保と生態系の保護の間で放流事業は揺れている。

愛と覚悟の海洋ロマン。
新世界文学名作選拾遺篇⑯
最低2万はいる
at least 20,000 Krakens exist
うじゃうじゃ。
新撰、文庫版世界文学全集拾遺篇第4回配本
海洋SFの金字塔。
お尋ね者になろうとも、地球のために俺は斗う！

24 最低2万はいる

At least 20,000 Krakens exist

さいていにまんはいる

クラーケン族（イカ・タコ族への恐怖感情）

本作で強烈な印象を残す海洋民族クラーケンは、明らかにイカ・タコ類をモチーフにした怪物である。白人文化におけるイカ・タコ類への畏怖感情は、「海の食物は鱗あるもの以外NG」というユダヤ教の戒律が、その見た目も手伝い「食えない＝邪悪だから」と変化したものが起源とされる。ゲルマン系の国で根強く、地中海に面しカタツムリまで食べるフランス人の間では薄いといわれるこの感情だが、作者が極度の偏食家のため「文化的というよりは個人的に怖かった」というのが最近の定説である。

【あらすじ】


太古の眠りより目覚めた海洋民族クラーケン。侵略は政府高官の洗脳と、彼らの存在を感知しうる科学者たちの抹殺から始まった。

片目を失いながらも危うく暗殺の手から逃れた科学者ネモは密かに自らの手で無敵の万能型海洋戦艦ノーチラス号を建造、40名の仲間とともにたった1隻の反撃を開始した。

操られた政府に反逆者の汚名を着せられながら、壮絶な戦いを続けるノーチラス号。人類の存亡をかけた必殺兵器「ネプチューンの銛」が今放たれる！

太古の眠りより目覚めた海洋民族クラーケン。侵略は政府高官の
洗脳と、彼らの存在を感知しうる科学者たちの抹殺から始まった。
片目を失いながらも危うく暗殺の手から逃れた科学者ネモは密か
に自らの手で無敵の万能型海洋戦艦ノーチラス号を建造、40名
の仲間とともにたった1隻の反撃を開始した。操られた政府に反
逆者の汚名を着せられながら、壮絶な戦いを続けるノーチラス号。
人類の存亡をかけた必殺兵器「ネプチューンの銛」が今放たれる！
初版特典：「1/100ノーチラス号プラモデル（クラーケン200体付き）」
抽選で100名様にプレゼント

書影　裏

初版特典
「100分の1スケール
ノーチラス号プラモデル
（クラーケン200体付き）」
抽選で100名様に
プレゼント

ノーチラス号装備 クラーケンに対抗するため建造された万能型海洋戦艦ノーチラス号。その装備にはクラーケン側の生態・科学を研究した成果が多く取り入れられている。

①**光学擬態** … ドット状の特殊な外壁塗装が周囲の環境を感知しその色に擬態する一種の迷彩装置。
②**イカスミ除去** … 艦首上部より噴射。敵艦が出す強力な煙幕の分子を包み込むことで無効化する。
③**オンクブロンツ** … 鍵付きの錨。敵艦に打ち込み牽引。戦闘員が乗り込む海賊攻撃へと繋げる。
④**ネプチューンの銛** … 艦首の発射口から放たれる必殺兵器。エネルギーの98%を放出するため発射後残り3分以内に海面まで浮上しないと動力停止で全員死ぬ。

原作本紹介

18

『美女と野獣』

ボーモン夫人

一本のバラを野獣の庭から摘んだ父親のために、野獣と結婚することになった娘のベル。彼女は父親が病に臥せっているとの知らせを受け野獣のもとを一時離れるが、その間に野獣は瀕死になってしまう。

真実の愛が胸を打つ名作。

原作はフランスの民話だが、ボーモン夫人版がよく知られている。

村松潔 訳
新潮文庫

19

『長靴をはいた猫』

ペロー

ある粉ひき職人が死に、親の遺産として猫一匹しかもらえなかった三男坊は我が身の不運を嘆いた。しかしこの猫はとても賢く、「やぶの中に入れるような長靴を一足」作ってやると、これを履いて大活躍、この三男坊を「カラバ侯爵」といつわることに成功し、王女の婿にしてしまう。

1697年刊。

マリ林 イラスト
天沢退二郎 訳
『ペロー童話集』
岩波少年文庫

20

『レ・ミゼラブル(あゝ無情)』

ヴィクトル・ユゴー

姉の子どもたちのために、一本のパンを盗み十九年も服役したジャン・バルジャン。出所した彼は宿泊先の司教の銀食器を盗み、翌朝捕らえられてしまう。ところが司教は「食器は私が与えた」と彼を放免した。悔い改めたジャン・バルジャンはとある町で工場を営む有力者となり、市長に任命されたが、彼の過去を追うジャヴェル警視の登場によって事態は思わぬ方向へと動き出す……。

1862年刊。

永山篤一 訳
『レ・ミゼラブル（上）』
角川文庫
上下巻

文責：現代書館編集部

原作本紹介

21

『カルメン』

メリメ

スペインのジプシー女カルメンと兵士ドン・ホセの情熱の愛憎劇。彼女をわざと逃がした罪で階級を下げられたドン・ホセは恋にのめり込むあまり、カルメンの密輸入団に加わり、盗みや強盗にまで手を染めてしまう。しかしカルメンに捨てられたホセは彼女を追い、刺殺してしまう……。

ビゼーによるオペラ版が有名で、闘牛場の前でカルメンとホセが対峙するのが最も知られている場面。

１８４５年刊。

工藤庸子 訳
『カルメン／タマンゴ』
光文社古典新訳文庫

22

『失われた時を求めて』

プルースト

冬のある日、「私」は、母と紅茶を飲んでいる時にふと口にした一片のマドレーヌの味によって、祖母の田舎の思い出の時が鮮明に蘇った。

親交のあったスワン家とゲルマント公爵家の二つの「方」。多様な経験から、時と場所を超えて記憶の中に再生された感覚と雰囲気を「私」の成長にあわせて精密に辿る、プルーストの自伝的回想小説。

１９１３年から27年にかけて全七篇が刊行された。

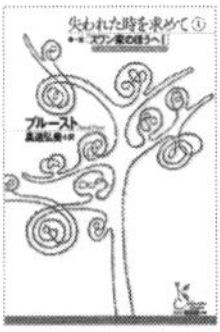

高遠弘美 訳
『失われた時を求めて 1』
光文社古典新訳文庫
全 14 巻（予定）

23

『十五少年漂流記』

ジュール・ヴェルヌ

大嵐で難破し、無人島に流れ着いたブリアンをはじめとする十五人の少年たち。

島か大陸の一部なのかもわからないこの土地で、彼らは生きるためにさまざまな工夫を重ね、持ち前の知恵と勇気と好奇心で困難を乗り越えていく。

１８８８年刊。

波多野完治 訳
新潮文庫

原作本紹介

24

『海底2万マイル』
ジュール・ヴェルヌ

世界各地の海で、船が光を放つ謎めいた怪物に出会い、沈没させられる事件が勃発。謎に包まれた海の怪物を壊滅させようと探検隊が結団された。

乗組員の一人アロナクス教授は助手のコンセイユ、銛打ちのネッドとともに怪物の正体である潜水艦ノーチラス号と、それを操り世界を巡るネモ船長と出会い、旅に出る。

1870年刊。

村松潔 訳
『海底二万里〈上〉』
新潮文庫
上下巻

類書案内
どこか似ている表紙絵あれこれ

表情編「目をつぶっとした人たち」

→ 158p

→ 146p

→ 160p

→ 176p

→ 190p

→ 166p

どこか似ている表紙絵あれこれ

類書案内

「SF アクション＆ファンタジー」

退屈な日常から離れ、壮大で刺激的な世界に飛び立ちたいあなたへ。

→ 36p

→ 42p

→ 58p

→ 66p

→ 86p

→ 104p

→ 122p

→ 124p

→ 210p

『アーム状』抜粋

「これが、『アーム状のもの』の正体だと。私が生涯をかけ追い求めたものが、まさかこんな近くにあろうとは――」

ジャベールは絶句した。

（本文６８３ページ）

海外文学 その4

ドイツ文学

#内省的主人公
#精神鍛錬
#理知的・思想的
#叙情的
#冷静に見えて直情型
#ロマン派野球文学
#最高齢てるてる坊主
#怪人ルサンチマン
#“伝説の交渉人”
#駄犬再登場

25 ファースト First

ロマン派野球文学の決定打。

新世界文学名作選⑦

ファースト

First

悪魔めっ!!

新撰、文庫版世界文学全集第8回配本
誘惑と裏切りのタペストリー。

野球人すごろく（いい目・ネタバレあり）

悪魔的なファーストの口車に乗りまんまと盗塁に挑戦した主人公。二塁手前であっけなく刺されるまでの刹那、彼の脳裏を目まぐるしく駆け抜けた白昼夢（**新人王→主力選手→女性アナウンサーと結婚→大リーグに挑戦→帰国して監督就任→優勝して胴上げ→引退して解説者→殿堂入り→死後国民栄誉賞**）の姿には、当時の社会における一般的な「成功した野球人」のイメージが窺え興味深い。

【あらすじ】

「次の球で盗塁するならば、お前に野球人として望むすべてを与えよう」出塁時に聞いたファーストのささやきに人生を狂わされてゆく一人の選手の物語。

「ロマン主義と野球との奇跡の融合」と絶賛された表題作をはじめ、スポーツ文学を哲学の地平まで高めた傑作短編集。

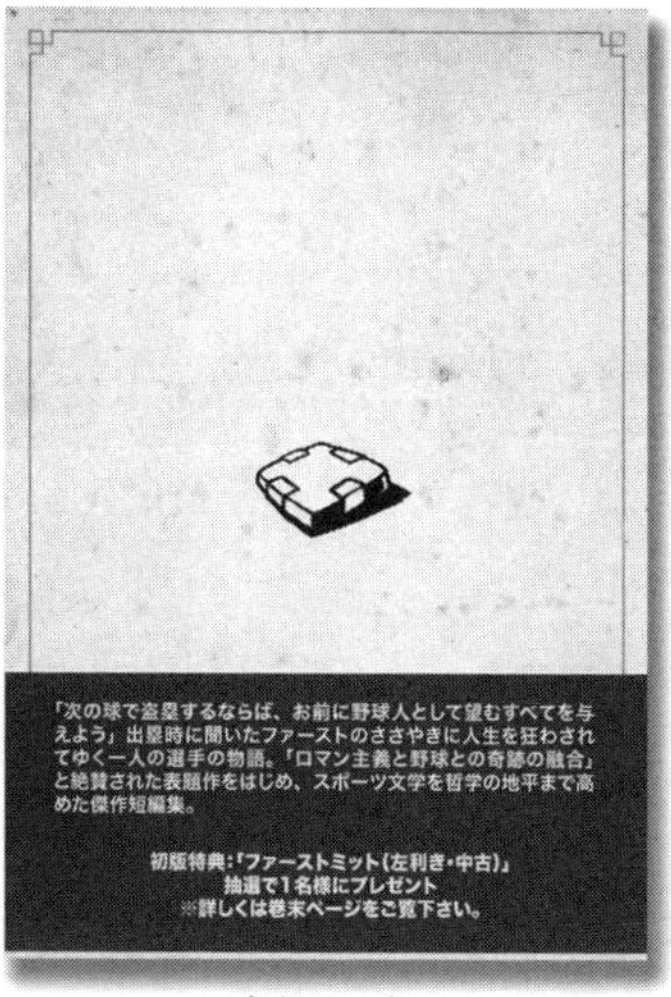
「次の球で盗塁するならば、お前に野球人として望むすべてを与えよう」出塁時に聞いたファーストのささやきに人生を狂わされてゆく一人の選手の物語。「ロマン主義と野球との奇跡の融合」と絶賛された表題作をはじめ、スポーツ文学を哲学の地平まで高めた傑作短編集。
初版特典:「ファーストミット(左利き・中古)」
抽選で1名様にプレゼント
※詳しくは巻末ページをご覧下さい。
書影　裏

初版特典
「ファーストミット
（左利き用・中古）」
抽選で1名様に
プレゼント

野球人すごろく（悪い目）

主人公が走塁中に見る幻想には悪夢バージョンのものが存在した。後年作者の自宅跡から発見された構想メモの記述によると（**新人王→主力選手**）までは同じだが、その後は（**怪我→戦力外通知→女性アナウンサーと破局→賭博に手を出す→退団→飲食店経営失敗**……）と続く。このバージョンが不採用となった理由だが、騙されアウトになる上にこんな夢まで見させられる主人公が、さすがに作者も気の毒になったから、という説が有力である。

26

にじむ叙情。若者のバイブル。

若きテルテルの悩み

The Sorrows of Young Teru Teru

わかきてるてるのなやみ

新世界文学名作選63
若きテルテルの悩み
The Sorrows of Young TeruTeru
わ
あした晴れるかな
新撰、文庫版世界文学全集第二十六回配本
誰もが思い当たる青年期の揺れをてるてる坊主に
託し社会現象を引き起こした往復書簡集。

てるてる坊主作り方（ドイツ流・初級／上級）

初級 … ①ちり紙を丸める。②①に別のちり紙をかぶせ輪ゴムか糸で根本を絞る③吊り下げ紐をつける

上級 … ①クローブ、シナモン、スターアニスなどのスパイス・ハーブを砕いたものを用意する
②用意した白布（麻か木綿）の中央に①を置き、包んだあと根本を糸で縛る
③吊り下げ紐をつける

※上級・初級とも好みによって顔を描いてもよい

【あらすじ】

降っちゃったものは仕方ない。鈍色の空から数限りなく伸びてくる灰色の矢を見つめながら、坊主は思う。

自分ひとりの力では、どうにもならぬこともある。それでも、きのう期待をこめ自分を見つめてたあのこの瞳を思い出せば、ちり紙でできた心もしめって重たくなってくる。あのこは目覚めて窓を開け、僕のせいだと怒るだろうか、僕でもダメだとなげくだろうか――。

決められた使命を持たされ生まれた者の尽きぬ悩みを描くロマン主義文学の宝石。

降っちゃったものは仕方ない。鈍色の空から数限りなく伸びてくる灰色の矢を見つめながら、坊主は思う。自分ひとりの力では、どうにもならぬこともある。それでも、きのう期待をこめ自分を見つめてたあのこの瞳を思い出せば、ちり紙でできた心もしめって重たくなってくる。あのこは目覚めて窓を開け、僕のせいだと怒るだろうか、僕でもダメだとなげくだろうか＿。決められた使命を持たされ生まれた者の尽きぬ悩みを描くロマン主義文学の宝石。
初版特典：「テルテルリアルフィギュア（ちり紙製）」
抽選で60名様にプレゼント※詳しくは巻末ページをご覧下さい。
書影　裏

初版特典
「テルテルリアルフィギュア
（ちり紙製）」
抽選で60名様に
プレゼント

最高齢てるてる坊主（まぼろしのテルテルタウン構想）

1964年、高速道路建設予定地に建つ旧家の屋根から、謎の黒い物体が発見される。鑑定の結果この物体は18世紀に作られた現存する最古の「てるてる坊主」と判明。町はにわかに湧き立ち、観光地化に舵を切る。「晴れの町・テルテルタウン」の目玉はもちろん発見されたてるてる坊主。町は在りし日の姿を蘇らせようと専門機関にクリーニングを依頼したが、煤を払った途端その場所を中心に局地的集中豪雨が発生。雨は10日間続き、現在もその地方は毎年ドイツ一の降雨量を誇っている。

料理人を呼べ！

27 シャリの下

Beneath Sushi Rice

しゃりのした

新世界文学名作選㊹
シャリの下
Beneath Sushi Rice
なんだ!? この食感は!!
新撰、文庫版世界文学全集第十一回配本
食通をうならせる教養小説。

シャリ100％

前後不覚状態になったハンスの耳に板前の声が響く。「秘密はシャリにあるんでさ。普段は寺に納める特別な粉を違法ルートで入手しましてね。一貫に0.1mgもまぶせばシャリの能力が最大限に引き出される。その粉ってのが、ぶっ……おっといけねえ、おしゃべりがすぎたようだ――」禁断の味を経験し目覚めてしまった彼は、もう元には戻れぬと神学校を退学。後に幻想の中で「粉の持ち主」の人生を追体験することになるのだが、その姿については同じ作者による続編『シッダールタ』に詳しい。

【あらすじ】

神学校に通うハンスは、ふらり立ち寄った寿司屋でエリートよろしくひととおり講釈をたれた後、出された寿司を一口食べ驚愕する。

職人風情が作るたった一口の小宇宙が、ハンスのこれまでの生き方、ささやかな矜恃を打ち砕く。

シャリの下にひそんでいたものとははたして——。

「ああハンス、宇宙が見える！」

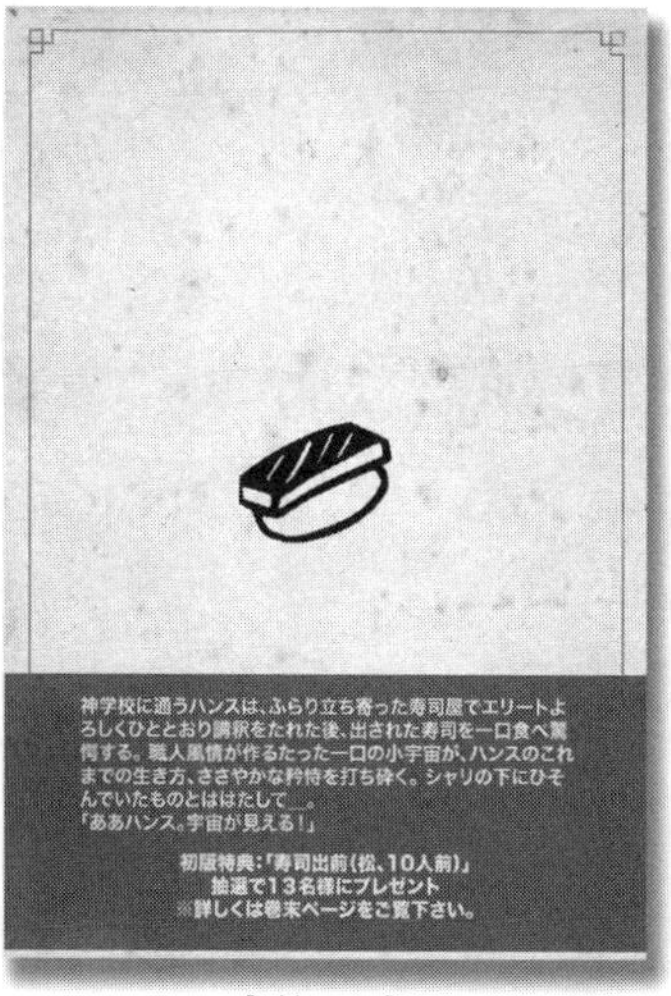
神学校に通うハンスは、ふらり立ち寄った寿司屋でエリートよろしくひととおり講釈をたれた後、出された寿司を一口食べ驚愕する。職人風情が作るたった一口の小宇宙が、ハンスのこれまでの生き方、ささやかな矜恃を打ち砕く。シャリの下にひそんでいたものとははたして＿。
「ああハンス。宇宙が見える！」
初版特典：「寿司出前（松、10人前）」
抽選で13名様にプレゼント
※詳しくは巻末ページをご覧下さい。

書影　裏

初版特典
「寿司出前（松、十人前）」
抽選で13名様に
プレゼント

「シャリ」以外の主な寿司業界の隠語

むらさき…ムラサキイカの墨に塩を混ぜたもの。女性を連れて店に来る、食通ぶった不純な客には醤油代わりにこれを出す。**ガリ**…生姜の甘酢漬け。戦後間もなく世界的食通で知られるガリクソン氏がこれを気に入り、一晩で店にあった全ての生姜を食べ尽くしたことからつけられた。

あがり…お茶。ガリクソン氏二度目の来店時、店はお茶を大量に飲ませ腹をふくらませる作戦で店の生姜を守りきった。その勝利を祝い、以後こう呼ぶように。「あ」は来店時に小僧が上げた感嘆詞。

28

魔の海女

The Woman Diver of Magic

まのあま

禁断の逆サナトリウム文学。

新世界文学名作選㊻
魔の海女
The Woman Diver of Magic
気をつけろっ!!
新撰、文庫版世界文学全集第十四回配本
長編教養小説。その牡蠣を口にしてはならない。

輪をかけて怪しい医者（ネタバレ）

病の症状がなくなったハンスは、日がな一日海水浴で日焼けをし、夜は食欲旺盛で、退廃的な他の入所者からは「とっとと出てけ」と疎まれる生活を送っていたが、ある日激しい腹痛を発症。レントゲンの結果体内に球状の物体があることを知らされる。動揺するハンスに医者は告げる。「あなたの病はおそらく全てここにまとまったというわけですな」「はあ」「たまにできるんですよ。牡蠣の中にも真珠……」「え、、、今なんて言いました？」（左ページに続く）

【あらすじ】

舞台は熱海にあるサナトリウム。ハンス・カストルフは入所翌朝、海岸線を散歩中ひとりの美しい海女と出逢う。海女の手のひらになまめかしく光る生牡蠣を、思わず口にするハンス。サナトリウムのベッドで目覚めた彼は、己が病が全快したことを知らされる。

心の準備のないまま「魔の海女」により突然健康体にされたハンスは、深い思索の機会を失い懊悩するが、体の変化は次第にハンス自身の心にも避けられぬ変化を及ぼし始める。

「健康とは」という命題に正面から挑んだ教養小説。

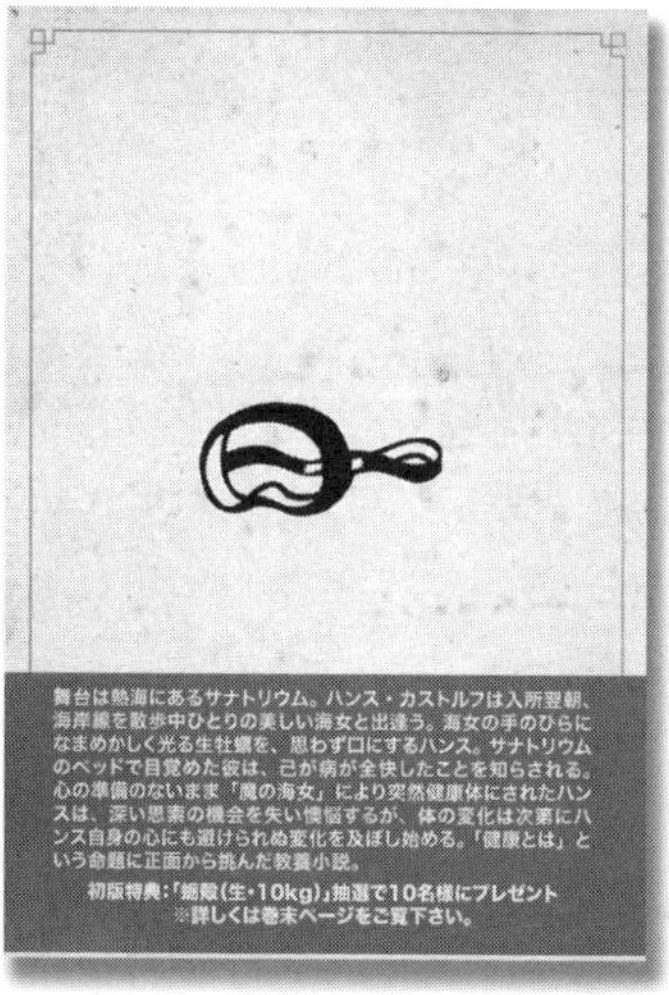
舞台は熱海にあるサナトリウム。ハンス・カストルフは入所翌朝、海岸線を散歩中ひとりの美しい海女と出逢う。海女の手のひらになまめかしく光る生牡蠣を、思わず口にするハンス。サナトリウムのベッドで目覚めた彼は、己が病が全快したことを知らされる。心の準備のないまま「魔の海女」により突然健康体にされたハンスは、深い思索の機会を失い懊悩するが、体の変化は次第にハンス自身の心にも避けられぬ変化を及ぼし始める。「健康とは」という命題に正面から挑んだ教養小説。
初版特典:「蠣殻(生・10kg)」抽選で10名様にプレゼント
※詳しくは巻末ページをご覧下さい。

書影　裏

初版特典
「蠣殻(生・10kg)」
抽選で10名様に
プレゼント

「魔の海女」の正体（ネタバレ）

（右ページからの続き）真珠を摘出してからというもの、私はひどく健康だ。老いが来ないばかりか、毎年体が少しずつ大きくなっている気さえする。あのサナトリウムに巣食っていた不健康な面々はすでになく、建物自体も崩れて消えた。どれだけ時間がたったのか、もう私にはわからない。きっと私は牡蠣なのだ。いつか「魔の海女」が眼前に再び現れ、私をどこかへ連れていく。その「収穫の日」を夢見つつ、私は今日もひとりきり、海岸線に留まり続ける。

29 ツァラトゥストラはとうがたった

Prof.Zarathustra grew older

年齢を超えよ。超人となれ。

新世界文学名作選52
ツァラトゥストラはとうがたった
Prof.Zarathustra grew older
君に言われたくはない
新撰、文庫版世界文学全集第二十四回配本
老い、そして神についての哲学的対話

第２章「ひとりヒーローショー」の場面で教授が語る神話

①嫉妬の感情に飲まれた人間たちが怪人ルサンチマンに姿を変える。怪人ルサンチマン→

ジェーラン
ジェーラン

②ルサンチマンの毒に汚染された神は死に、現世は無法の荒野となる。

③病老死すべてを肯定し変身能力を得た超人が未来から登場。ルサンチマンと対決。

④必殺技カタルシスウェーブで怪人は改心。新たな秩序が世界に打ち立てられる。

退官スピーチの代わりにこの話を聞かされた「私」の感想……「いったい俺は何を書かされているんだ？」

【あらすじ】

哲学界の重鎮、ツァラトゥストラ教授より退官スピーチの清書を頼まれた私は桜舞う学内を急ぎ歩いていた。

彼は私のアイドルだった。彼の第一作で生きる指針を得、その後も精力的に発表される論文の、斬新なテーゼの数々に驚喜したものだ。それだけに、最近の彼の少々オカルトめいた論考の数々には疑問を禁じ得なかった。巨人もついに老いたのか？　その答えが待つドアの向こうから聞こえる声に私は立ちすくんだ。

彼は確かにこう言った。「神は死んだ」と。

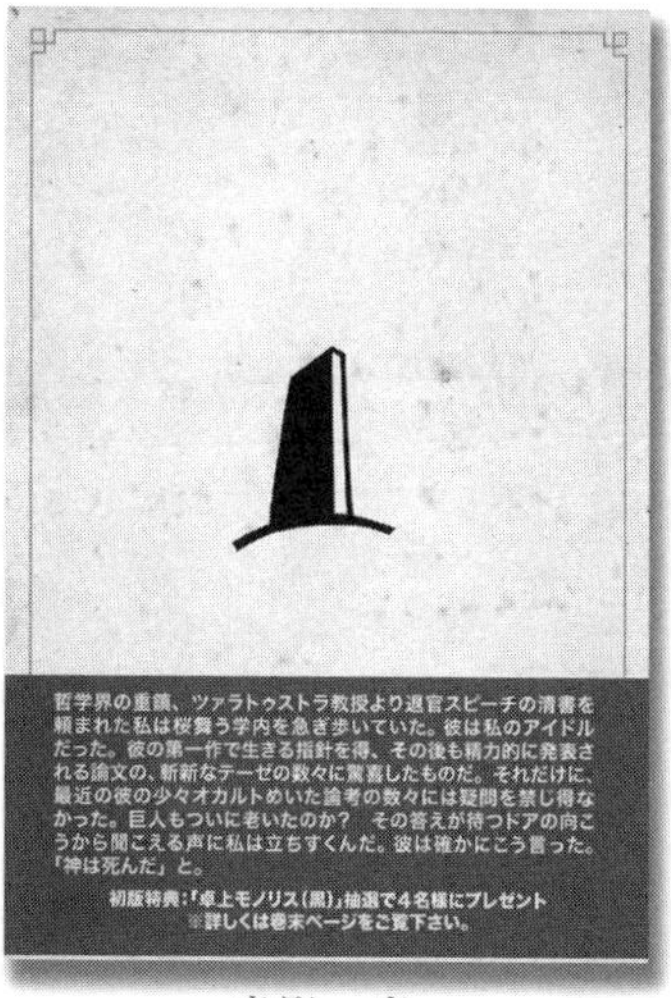
哲学界の重鎮、ツァラトゥストラ教授より退官スピーチの清書を頼まれた私は桜舞う学内を急ぎ歩いていた。彼は私のアイドルだった。彼の第一作で生きる指針を得、その後も精力的に発表される論文の、斬新なテーゼの数々に驚喜したものだ。それだけに、最近の彼の少々オカルトめいた論考の数々には疑問を禁じ得なかった。巨人もついに老いたのか？　その答えが待つドアの向こうから聞こえる声に私は立ちすくんだ。彼は確かにこう言った。「神は死んだ」と。
初版特典：「卓上モノリス（黒）」抽選で４名様にプレゼント
※詳しくは巻末ページをご覧下さい。

書影　裏

初版特典
「卓上モノリス(黒)」
抽選で４名様に
プレゼント

永遠回帰（永劫回帰）

「超人」と並び本書最大のキーワードとなる「永遠回帰」とは、まったく同じ瞬間が寸分違わず次々と永劫的に繰り返されることである。ヒーロー物で毎回必ず怪人が幼稚園バスを乗っ取るのも、悪者が「飛んで火に入る夏の虫とはキサマのことだ！　わっはっは」とか言うのも、時代劇が毎週必ず同じパターンを繰り返すのも、ジェイソンが蘇るのも寅さんがフラレるのも、戦場で同僚に写真を見せ「俺、来月結婚するんだ」などと言うやつが次のシーンで必ず死ぬのも、すべて永遠回帰の中の一コマなのである。

30

ドアを挟んだ決死の攻防。

おおかみと七ひきのおやじ《おおかみとしちひきのおやじ》

Wolf and the Seven Robbers

新世界文学名作選66
おおかみと七ひきのおやじ
The Wolf and the Seven Robbers
あけておくれ。
新撰、文庫版世界文学全集第二十七回配本
伝説の交渉人と立てこもり犯との手に汗握る駆け引き。
第一級のサスペンス。今秋映画化決定。

おやじ組メンバー

赤鬼（計画担当）… リーダー。明確な頭脳と経験に基づいた勘で数々の計画を成功に導くも、今回はしくじる。**青鬼**（機械担当）… 参謀。赤鬼とは一番古い付き合い。顔色が悪い。**ムッシュ**… 口八丁のプレイボーイ。ロマンス詐欺常習犯。**黄鬼**… 変装の名人。別人にならないと他人と会話できない。**大鬼**… 怪力自慢の大食漢。かわいい物好き。**小鬼**… 元サーカスにいた軽業師。実は高所恐怖症。**オニカー**… 天才ドライバーだがガソリン（アルコール）が切れると動けなくなる。

銀行強盗に失敗した凶悪犯「おやじ組」の七人が、子山羊を山羊質に民家に立てこもった。初動の誤り、警察内部の足の引き合いなどから事態は悪化の一途。完全に手詰まりとなった警察はついに切り札に手をかける。伝説の交渉人「狼」。型破りの方法で数々の事件を解決するも群れることを好まず、今では閑職に身を置く男は、一度は招集を断るも「山羊質のためならば」とついに現場に姿を現す。五年ぶりに見る生きる伝説の姿に一同は驚愕した。そこにいたのはどう見ても「山羊のおかあさん」だったのだ＿。
初版特典：「ヘッドマイク、レシーバーセット」
抽選で７名様にプレゼント※詳しくは巻末ページをご覧下さい。
書影　裏

【あらすじ】

銀行強盗に失敗した凶悪犯「おやじ組」の七人が、子山羊を山羊質に民家に立てこもった。

初動の誤り、警察内部の足の引き合いなどから事態は悪化の一途。完全に手詰まりとなった警察はついに切り札に手をかける。

伝説の交渉人「狼」。型破りの方法で数々の事件を解決するも群れることを好まず、今では閑職に身を置く男は、一度は招集を断るも「山羊質のためならば」とついに現場に姿を現す。

五年ぶりに見る、生きる伝説の姿に一同は驚愕した。そこにいたのはどう見ても「山羊のおかあさん」だったのだ――。

初版特典
「ヘッドマイク、
レシーバーセット」
抽選で７名様に
プレゼント

「狼」最初の事件

後年出版されたスピンオフ作品では本書の前日譚として、凄腕交渉人「狼」が担当した最初の事件が描かれる。一人暮らしの老人に取り入り保険金詐欺を繰り返す指名手配犯・通称「赤ずきん」逮捕のため「狼」は老婆に変装し、単身森の中にある一軒家に潜伏。天才的な危機感知能力を持つ赤ずきんと、かぶった布団一枚だけを挟んだ息詰まる攻防を繰り広げる。途中猟師姿の覆面警察官に誤って撃たれるが犯人は無事確保。一躍名を挙げた一方、誰にも頼らぬ態度はこの事件を機にさらに深まったという。

31 はしたない物語

The Never refining story

はしたないものがたり

駄犬、世界を救う（通算2回目）。

新世界文学名作選⑦⓪
はしたない物語
The Never refining story
いやですこと
新撰、文庫版世界文学全集第二十六回配本
フィクションの存在意義を問う新時代のファンタジー文学。

トリックスター「濡れた犬」（映画化記念記者会見時の作者への質疑応答より）

Q…「駄犬のみが、ページを濡らしたその雫を伝い本の中に存在する別世界に介入することができた。それはなぜか？」 A…「読書体験に没頭、全身を喜びに満たした者にのみ「もう一つの王国」への扉は開かれる。何も考えない濡れた犬は、唯一虚無に対抗できる力を持つ、純粋さの象徴なのだ」

Q …「犬は本を読んではおらず、どちらかといえば主人公の読書を邪魔している。その喜びも読書由来というより単に飼い主にくっついてるのが嬉しいだけでは？」 A…「いいんだよ。うっせえなあ」

【あらすじ】

引きこもった屋根裏部屋で、セバスチャンは埃まみれであかがね色をした古本を発見、戯れに頁を開く。紙の向こうに広がる異世界。次第に何もかも忘れ「もうひとつの世界」に夢中になる少年。そのとき、物語中の女王が一読者であるはずの彼に向かい口を開いた――。

「セバスチャン。そのそばにいる濡れた犬を遠ざけて下さいませんか」

現実とファンタジーの境界に何度も割り込む一匹の駄犬。迷える現代人に向け幻想の持つ役割を説くメタ・ファンタジーの傑作。待望の文庫化。

引きこもった屋根裏部屋で、セバスチャンは埃まみれであかがね色
をした古本を発見。戯れに頁を開く。紙の向こうに広がる異世界。
次第に何もかも忘れ「もうひとつの世界」に夢中になる少年。その
とき、物語中の女王が一読者であるはずの彼に向かい口を開いた__。
「セバスチャン。そのそばにいる濡れた犬を遠ざけて下さいません
か」　現実とファンタジーの境界に何度も割り込む一匹の駄犬。迷
える現代人に向かい、幻想の持つ役割を説くメタ・ファンタジーの
傑作。待望の文庫化。
初版特典:「タオル（濡れた犬用）」
抽選で100名様にプレゼント※詳しくは巻末ページをご覧下さい。

書影　裏

初版特典
「タオル（濡れた犬用）」
抽選で 100 名様に
プレゼント

盗作裁判

映画化以降数件、「作中のファンタジー世界は自分の○○のパクリ」だと訴える盗作訴訟が続いたが、それらはすべて退けられている。当然だと胸を張った作者だが、判決文中の「メタ・ファンタジーという作品の特性上、作者はファンタジーパートをわざと誰もがイメージできる最大公約数的な、いわばベタな世界に設定している。そっくりだなどというのは、それだけ君の発想がありふれているということだ。パクる価値すらありはしない」という箇所には、実は地味に傷ついていたらしい。

原作本紹介

『ファウスト』

ゲーテ

「あの世で自分に仕えるならば、この世のあらゆる快楽を味わわせてやろう」悪魔の使いメフィストフェレスに誘惑されたファウストは悪魔と契約を結び、ありとあらゆる冒険を経験する。

ファウストは16世紀頃に実在した人物で、旺盛な知的好奇心が昂じて魔術や錬金術を使ったという。

ゲーテが二十歳代の頃に書き始められ、最晩年に完成した大作。第一部は１８０８年、第二部は著者の死の翌年１８３３年に刊行された。

高橋義孝 訳
『ファウスト 第１部』
新潮文庫
二部構成

『若きウェルテルの悩み』

ゲーテ

舞踏会へ出かけた繊細な青年、ウェルテルは兄弟にパンを切り分けてやっているロッテに出会う。彼は強烈に彼女に惹かれるが、彼女にはすでにアルベルトという婚約者がいた。ウェルテルはそれを知りつつも頻繁に彼女の家を訪れ、親交を深めていく――。

ゲーテ自身の失恋体験をもとに、恋の喜びと失恋の絶望を手紙形式で綴った作品。ドイツにおける疾風怒濤（シュトゥルム・ウント・ドラング）の時代の先駆けとなった。

１７７４年刊。

高橋義孝 訳
新潮文庫

『車輪の下』

ヘルマン・ヘッセ

神学校に通う秀才のハンスは熱心に勉強し、学友たちからの尊敬も集めていたが、自由人なヘルマンと出会い付き合いを深めていく。彼との付き合いが深まるごとに落ちていく学業の成績。やがて落ちこぼれとして故郷に帰されたハンスは機械工の職人となるが……。

著者自身の体験を込めた自伝的小説。１９０５年刊。

高橋健二 訳
新潮文庫

文責：現代書館編集部

原作本紹介

28

『魔の山』

トーマス・マン

舞台はスイス高原ダヴォスにあるサナトリウム。単純な青年ハンス・カストルプはいとこの見舞いでこの地にやってくるが、滞在中に体調を崩し入所することになる。彼はロシア人のショーシャ夫人やイタリア人の文学者ロドヴィコ、小柄なイエズス会士レオ・ナフタ、コーヒー園の経営者ペーペルコルンらとの交流の中で深い思索の機会を得て自己を形成していく——。

第一次世界大戦前のヨーロッパを舞台に、この時代の精神と〝人間とは〟という命題を追究して描かれた教養小説。

1924年刊。

高橋義孝 訳
『魔の山（上）』
新潮文庫
上下巻

29

『ツァラトゥストラはこう語った』

ニーチェ

三十歳にして山に籠り十年にわたってその精神を鍛え抜いたツァラトゥストラ。下山した彼は人間たちに蓄えた知恵を伝えるべく、民衆を前に語り出す。「神は死んだ」と。しかし群衆は彼の言葉に耳を傾けようとはしない。山へ戻り弟子や動物たちに自らの思いを説きながら考えを深めていった彼は、人生の苦悩や無力感から生まれる恨みや妬みといった「ルサンチマン」を克服し、人生のあらゆるものがそのまま戻ってくる「永遠回帰」を受け入れた者こそが「超人」になるのだという思想にたどり着く。1883年から八十五年にかけて発表された。

氷上英廣 訳
『ツァラトゥストラは
こう言った(上)』
岩波文庫 上下巻

30

『おおかみと七匹のこやぎ』

グリム童話

昔あるところに母山羊と七匹の子山羊が暮らしていた。ある日母山羊が「誰が来ても決してドアを開けないように」と子山羊たちに言いおいて街へ出かけると、家に狼がやってくる。

留守を守る子山羊たちは母親のフリをして家に入ろうとする狼を二度退けることに成功するも、狼は諦めない。彼はパン屋で小麦粉を足に塗りたくり、三度目の突入に挑む。はたして、子山羊たちの目を欺けるのか。

日本でも有名な、グリム童話の一編である。

末吉暁子 文、猫野ぺすか 絵
『おおかみとしちひきのこやぎ
―グリム童話よりひきだしのなかの名作 9』 フレーベル館

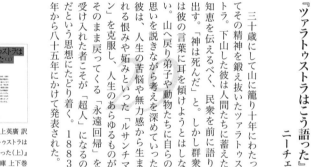

原作本紹介

『はてしない物語』

ミヒャエル・エンデ

いじめっ子に追い回されて逃げ込んだ古本屋やバスチアンはあかがね色の古本『はてしない物語』を発見、この本を盗み出して忍び込んだ学校の屋根裏の物置で読み始める。物語の世界の危機に、女王・幼ごころの君がバスチアンに呼びかけた。「新しい名前でわたくしを呼んでくれさえすればいい」と。葛藤の末、ついにバスチアンが頭に浮かんだ女王の名を叫ぶと、彼は本の中に吸い込まれて……。

現実とファンタジーの境界を行き来する冒険物語の傑作。

1979年刊行。

上田 真而子 訳
佐藤 真理子 訳
岩波書店

類書案内

よく見りゃ似てる表紙絵あれこれ

表情編「喜怒哀楽」

→ 126p

→ 100p

→ 220p

→ 196p

キャラクター図鑑①

（複数作品に登場するみなさん）

獏（ばく）

罪を犯した。何をしたかはわからずじまい。

登場作品

『罪と獏』………………………… p.10
『ライ麦畑でつかまって』……… p.112

黒猫（くろねこ）

いろいろとちょっかいを出したり、爪を立てたり。

登場作品

『長靴をかいだ猫』……………… p.56
『人間ひっかく』………………… p.222

悪魔（あくま）

いろんなところに顔を出し、ヒトの人生を狂わせる。

登場作品

『ファースト』…………………… p.74
『魔の海女（ゲスト出演）』……… p.80

リチャード / 貫一（りちゃーど / かんいち）

リチャードは将来王となる宿命を負った悩み深き小学生。
貫一は失恋をきっかけに金色打者に変化する大リーガー。
そっくりなので多分子孫。

登場作品

『リチャードさんせい』………… p.26
『金色打者』……………………… p.186

駄犬（だけん）

何も考えてない。コロと呼ばれることもある。
たまに何度か世界を救う。

登場作品

『首輪物語』……………………… p.42
『はしたない物語』……………… p.86
『銭湯の犬たち』………………… p.162
『こ、コロ…』…………………… p.198

キャラクター図鑑②

（複数作品に登場するみなさん）

叔父さん（おじさん）

→さらに詳しくは p.156 へ

元王族。本名はジョナ。長編シリーズ「ぼくの叔父さん」の主人公。

登場作品

『王子と叔父貴』…………………………p.142
『やもめのジョナさん』…………………p.144
『星の叔父さま』…………………………p.146
『夜間尾行』………………………………p.148

タイ人（たいじん）

→さらに詳しくは p.156 へ

ムエタイ戦士。本名はポンチャック。親友は象のトンダ。

登場作品

『オペラ座のタイ人』………………p.150
『タイ人 20 連勝』…………………p.152

うさぎ（うさぎ）

とにかくかわいい。

登場作品

『二兎物語』…………………………p.34
『草食五人女』………………………p.172

おおかみ（おおかみ）

伝説の交渉人（ネゴシエーター）だったり、笛を吹いたり。

登場作品

『おおかみと七匹のおやじ』……p.84
『3びきのこぶら』………………p.130

海外文学　その5
アメリカ文学

\# 移民
\# キリスト教
\# 奴隷制
\# フロンティア精神
\# 試練に立ち向かう俺たち
\# 「彼女が久美だ」
\# いや日本だろ
\# 巨大犬文学
\# 筋肉信仰
\# 確信犯的迷子

32 老人と久美《ろうじんとくみ》

The Old Man and Kumi

不条理文学の白眉。
新世界文学名作選②
老人と久美
The Old Man and Kumi
3
だれだおまえら
新撰、文庫版世界文学全集第一回配本
海辺の街で遭遇する不条理な一日。

K“umi”

本書には文中２箇所において登場人物“Kumi”の表記を“Umi”とするタイプミスが存在する。“Umi”とは日本語で「海」を表す。作中に日本人女性を登場させた作者がそのことを知らぬとは考えられず、タイプミスはわざとではないかというのが最近の定説である。太平洋を超えてきた、海をその名に宿した女性。謎めいた日本人女性・久美の正体は、実は作者が愛してやまぬ“海”そのものだったのではないか――。そんな夢想をしてみることも、けっして悪くはないだろう。

【あらすじ】

「彼女が久美だ」

海辺の街で出会った老人に突然日本女性を紹介された僕。まったくの初対面。彼女が誰か知るよしもない。

しかし、話し続ける彼の、その堂々とした様子に僕はだんだん不安になる。どちらが何を忘れているのか。そして僕は、誰なのか。

海辺の街で展開する不条理文学の白眉。本邦初翻訳化。

「彼女が久美だ」海辺の街で出会った老人に突然日本女性を紹介された僕。まったくの初対面。彼女が誰か知るよしもない。しかし、話し続ける彼の、その堂々とした様子に僕はだんだん不安になる。どちらが何を忘れているのか。そして僕は、誰なのか。海辺の街で展開する不条理文学の白眉。本邦初翻訳化。
初版特典:「チーズかじき」
抽選で100名様にプレゼント
※詳しくは巻末ページをご覧下さい。

書影　裏

初版特典
「チーズかじき」
抽選で 100 名様に
プレゼント

僕とは誰なのか（ネタバレ）

波の照り返しに目が眩み、ついに僕は思い出した。眼の前の老人と長い闘いを繰り広げ、精魂尽きて釣り上げられたカジキマグロが僕だった。そしてようやく理解した。彼が僕に挑んだ理由、帰り道僕を狙ったサメを僕のとき以上の死闘の末追い払ったわけ。彼は隣にいる女性にただ釣り自慢がしたかった。命を懸けた航海も、全てはそのためだったのだ。まったく男というものは、いくつになっても無邪気なものだ。ずいぶん頬も乾いてきたが、僕は彼女に微笑み返し、せめて勝者を讃えるとしよう。

33

神を裏切る食い物の恨み。

エデンの干菓子

Dry confectionery of Eden

えでんのひがし

新世界文学名作選⑥
エデンの干菓子
Dry confectionery of Eden
「おれの分は!?」
新撰、文庫版世界文学全集第五回配本
各国で次々と発禁処分になった問題作。

干菓子

ワインが「**神の血**」、パンが「**神の肉**」として広く知られるように、一部地域において干菓子は「**神の、日焼けして数日たった後はがれたぱりぱりの皮**」と呼ばれ、ちょっとした手土産や、大切な人への外さない贈り物の定番として今も重宝がられている。蛇の嫉妬を招かぬよう、必ず三個以上の詰め合わせにする風習が今もその地には残されている。

【あらすじ】

主がエデンの住人に与えたもうた干菓子は二つだけだった。博愛と平等を信じ、神に裏切られた蛇はその夜、ある恐ろしい計画を思いつく――。芽生えた悪の種子は誰の胸にもあるものなのか。植え付けられたものなのか。各国で刊行後次々に発禁処分を受けた、九〇年代最高の問題作。二十五年ぶりの復刊。

主がエデンの住人に与えたもうた干菓子は二つだけだった。博愛と平等を信じ、神に裏切られた蛇はその夜、ある恐ろしい計画を思いつく――。芽生えた悪の種子は誰の胸にもあるものなのか。植え付けられたものなのか。各国で刊行後次々に発禁処分を受けた、九〇年代最高の問題作。二十五年ぶりの復刊。
初版特典：「干菓子（ご贈答用）」
抽選で3名様にプレゼント
※詳しくは巻末ページをご覧下さい。

書影　裏

初版特典
「干菓子
（ご贈答用）」
抽選で3名様に
プレゼント

映画化作品（ネタバレ）

本書の映画化作品は、蛇役に起用された俳優の名とともに広く記憶されている。「父」からの愛を求めもがき苦しむナイーブな青年像を全身全霊で演じきった彼は、この一作品で世界中の観客の心を奪い、伝説となった。特に自分用の干菓子がないことを知った瞬間の驚き、怒り、悲しみが入り混じる複雑な表情は、ポスターにも採用され当時のポップアイコンとなった。それだけに突然の夭折が悔やまれるが、彼の姿は今もなお「永遠の不良」としてスクリーンの中で輝き続ける。

34 二十日鼠と信玄

Of a Mouse and Shingen

はつかねずみとしんげん

軍師勘助山をも動かす。

新世界文学名作選⑭
二十日鼠と信玄
Of a Mouse and Shingen
疾きこと鼠のごとし
新撰、文庫版世界文学全集第六回配本
種を超えた友情。熱き血たぎる戦国絵巻。

無敵の武田軍、その秘密

勘助は兵の戦場における持久力向上並びにフラストレーション解消のため、兵糧の向上を信玄に進言。勘助提唱の餅に、甘党の信玄が黒蜜ときな粉を足すことを提案。ふたりの共同作業により他にない携帯兵糧が誕生した。製品化の際勘助はわざときな粉の量を多くするよう指示、それによりこぼさず食べるためには工夫が必要となり、結果兵の集中力も高まった。

【あらすじ】

隻眼の二十日鼠勘助。不遇の死を遂げた軍学士の屋根裏で全てを学んだ彼は、己が才能を試さんと諸国流浪の旅に出た。

彼が主と定めたのは山中小国の気弱な跡取り、武田晴信。ふたりの出会いはやがて戦国に風雲を巻き起こす――。

謀略渦巻く戦乱の世に花開いた熱き友情。一大ブームを巻き起こした異色戦国絵巻を読みやすい文庫版で。

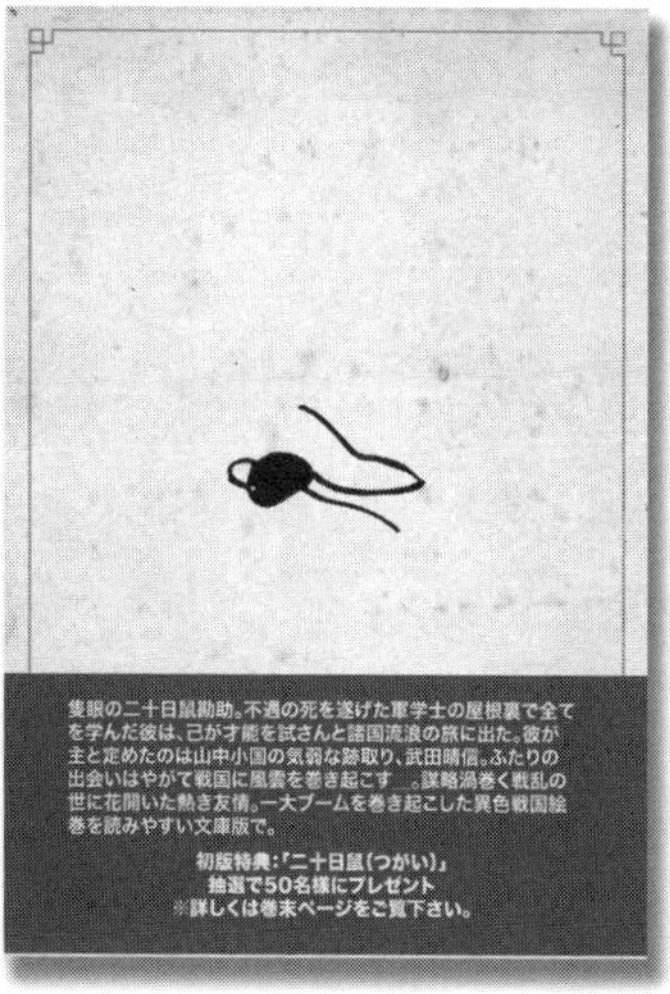
隻眼の二十日鼠勘助。不遇の死を遂げた軍学士の屋根裏で全てを学んだ彼は、己が才能を試さんと諸国流浪の旅に出た。彼が主と定めたのは山中小国の気弱な跡取り、武田晴信。ふたりの出会いはやがて戦国に風雲を巻き起こす＿。謀略渦巻く戦乱の世に花開いた熱き友情。一大ブームを巻き起こした異色戦国絵巻を読みやすい文庫版で。
初版特典：「二十日鼠（つがい）」
抽選で50名様にプレゼント
※詳しくは巻末ページをご覧下さい。

書影　裏

初版特典
「二十日鼠
（つがい）」
抽選で 50 名様に
プレゼント

謎の軍師勘助

史実では実在を怪しまれている天才軍師山本勘助。本書において作者は、信玄に独り言が多かったという伝承から生まれた「勘助＝信玄のイマジネーション軍師」説と、十二支争いで牛の頭に乗るズルをしてトップの座を勝ち取った鼠の「策士」イメージとを結びつけ、「勘助＝鼠」という目の覚める新説を展開。常に兜の房に潜んで指示を出すという奇抜すぎる勘助像は、「誰も知らない秘密を共有する、ふたりの友情物語」という血を通わせることにより、広く読者に受け入れられる結果となった。

35 怒りの武道

The Martial Arts of Wrath

いかりのぶどう

しなる竹刀にみなぎる忿怒。
新世界文学名作選⑱
怒りの武道
The Martial Arts of Wrath
チェストー!!
新撰、文庫版世界文学全集第6回配本
復讐の連鎖を断ち切る竹刀。

チェスト（だいたい本当）

試合場面で発せられる掛け声から、兵馬の道場は薩摩示現流の流れを汲むものと思われる。一瞬でも早く相手に己が斬撃を打ち込むことを真髄とするこの流派には、常に全力の気合は欠かせない。特徴ある掛け声「チェスト」は「知恵を捨てよ」がなまったものとされるが、初手に全てをかけるシンプルな戦法にふさわしい掛け声だといえよう。似た掛け声に「馬鹿になれ（アントニオ猪木）」がある。

【あらすじ】

「礼に始まり礼に終わる」そんな武道の精神をあざ笑うかのごとく無法を尽くすコブラ会の面々。集団での道場破り、敵わぬ相手には平気で毒を盛る——。非道の数々を前にしても、師の教えに従い静観に徹していた兵馬。しかし、その師が卑劣な手段で斃されるに及び、ついに堪えていた怒りを爆発させる。武道を護るため武道を捨てた男の壮絶な闘い。怒りの竹刀が放つ雷はどこへ向かうのか——。

一本
「礼に始まり礼に終わる」そんな武道の精神をあざ笑うかのごとく無法を尽くすコブラ会の面々。集団での道場破り、敵わぬ相手には平気で毒を盛る——。非道の数々を前にしても、師の教えに従い静観に徹していた兵馬。しかし、その師が卑劣な手段で斃されるに及び、ついに堪えていた怒りを爆発させる。武道を護るため武道を捨てた男の壮絶な闘い。怒りの竹刀が放つ雷はどこへ向かうのか——。
初版特典：「特製竹刀（鉄鋼入り）」抽選で1名様にプレゼント
※詳しくは巻末ページをご覧下さい。

書影　裏

初版特典
「特製竹刀
（鉄鋼入り）」
抽選で1名様に
プレゼント

悪そうな道場名ばかり

第二次ベビーブーム世代がティーンとなり、習い事産業が最盛期を迎えた80年代。乱立する武術道場の成否は、どれだけ「元から強い子供＝街の不良」を集められるかにかかっていた。「コブラ」「タランチュラ」「サソリ」「サラセニア(食虫植物)」等、当時流行った毒々しい道場名の大半は金の卵であるヤンキーの美意識に道場側がすり寄りつけられたものであったが、中には道場主自ら本気でカッコイイと思ってつけたものもあり、今もその手の看板を下ろさずにいる道場は、きっとおそらくそれである。

36 トム・ソーヤーの猛犬

The Fierce Dog of Tom Sawyer

とむ・そーやーのもうけん

少年は力を、犬は友を求めた。

新世界文学名作選㉕
トム・ソーヤーの猛犬
The Fierce Dog of Tom Sawyer
来い！インジャンジョー
新撰、文庫版世界文学全集第12回配本
少年が抱く強大な力への畏れと憧れ。

他の代表的巨大犬文学

『バスかビル系の犬』（「四角い巨大犬」の謎にホームズとワトソンが挑む）

『普段ダッシュの犬』（バイトの時短で主人を美学校へ入学させた、落ち着きのない忠犬の物語）

『白い犬とはルッツを』（パートナーをなくしたフィギュアスケーターのもとに白い犬が現れる）

『南総里見八犬発見伝』（犬と人との間に生まれたという八匹のUMA。その謎を解明するため、我々探検隊は未開の地・千葉奥地へと向かった——。）

【あらすじ】

今日も森から遠吠えが聞こえる。大人たちは、あれは五人殺した六本足の悪魔が、血を求めて上げる声だというけれど、僕は自分で見たものしか信じない。

今夜こそ、正体を確かめてやる。仲間がいなかったら僕が友達になって、そして一緒にあのインジャンジョーをやっつけるんだ。

野生と文明の間に架かる橋を渡り、やがて少年は男になる——。

論争を巻き起こした研究第一人者の論文「猛犬とは何か」を巻末に掲載。

今日も森から遠吠えが聞こえる——。大人たちは、あれは5人殺した6本足の悪魔が、血を求めて上げる声だというけれど、僕は自分で見たものしか信じない。今夜こそ、正体を確かめてやる。仲間がいなかったら僕が友達になって、そして一緒にあのインジャンジョーをやっつけるんだ。野生と文明の間に架かる橋を渡り、やがて少年は男になる——。論争を巻き起こした研究第一人者の論文「猛犬とは何か」を巻末に掲載。
初版特典：「首輪(トゲつき)」抽選で2名様にプレゼント
※詳しくは巻末ページをご覧下さい。

書影　裏

初版特典
「首輪
（トゲ付き）」
抽選で2名様に
プレゼント

いぬやしき（実話）

水道検針のアルバイトをしていた頃、担当ルートの中に二軒「いぬやしき」と呼ばれ恐れられる家があった。一軒目のミニ柴は僕を見るなり毎回狂ったように吠えかかり、飼い主さんに抑えてもらわないとメーターにすら近づけなかった。「どんだけ怖いんだよ、俺が」と、いつも軽く傷ついた。二軒目のお宅の駐車場にいたゴールデンレトリバーも難敵だった。ただしこちらは計測中ずっとなめたり抱きついてきたりで、終わった後毎回制服は毛だらけ。人好きにもほどがある子で、実はそれほど嫌いじゃなかった。

37

アメリカ筋肉信仰の原点。

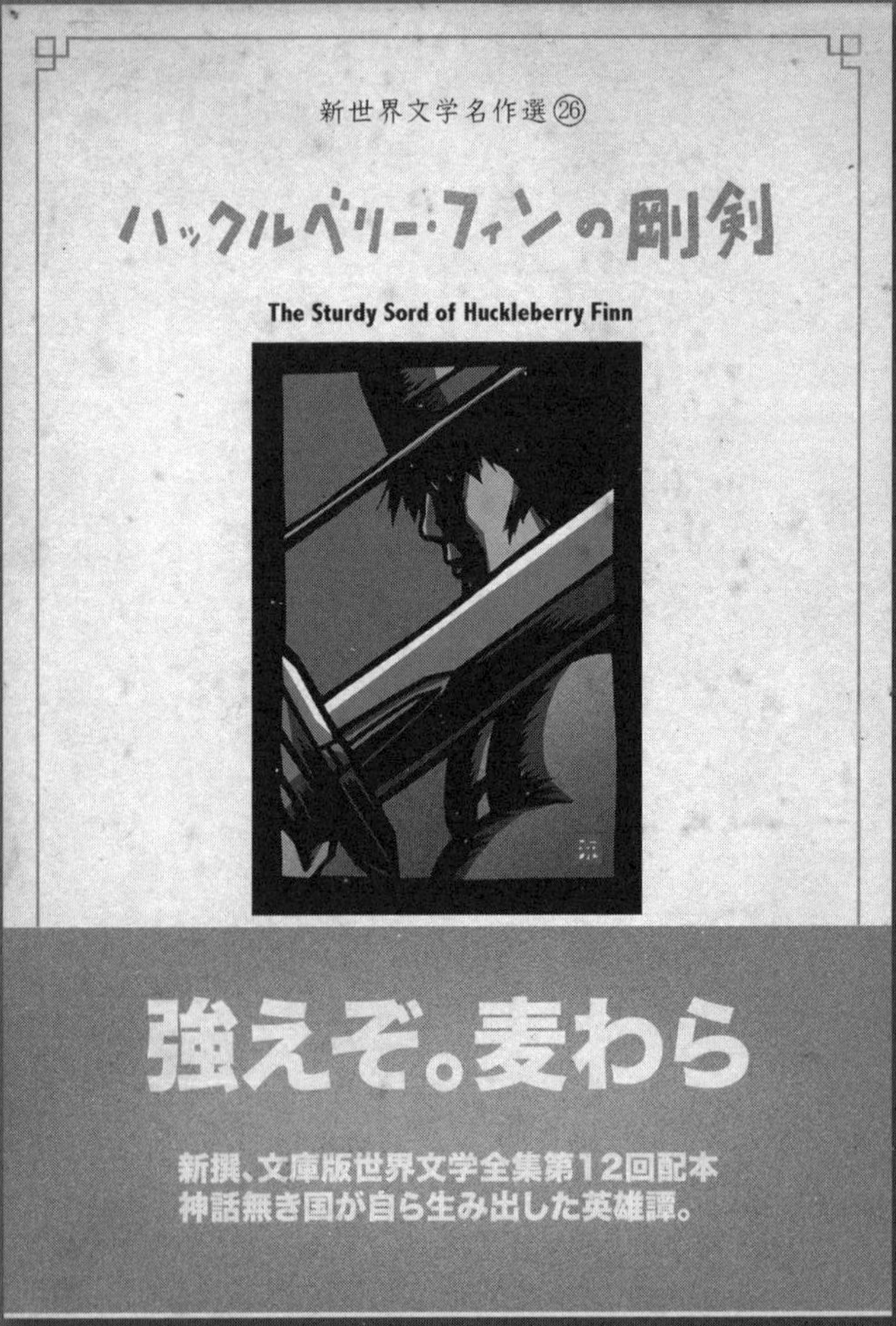
新世界文学名作選㉖
ハックルベリー・フィンの剛剣
The Sturdy Sord of Huckleberry Finn
強えぞ。麦わら
新撰、文庫版世界文学全集第12回配本
神話無き国が自ら生み出した英雄譚。

ハックルベリー・フィンの剛剣

The Sturdy Sord of Huckleberry Finn

はっくるべりー・ふぃんのごうけん

麦わら帽子

自然児ハックのトレードマークである麦わら帽子は、彼が身に纏う唯一の装身具であると同時に、その出生の鍵を握る唯一のアイテムとしても作中重要な役割を果たす。物心ついた頃から、成人し8フィートの巨体になった現在まで常に頭にあることから、素材はかなり伸縮性のあるもの、あるいは頭髪の一部が変化、融合したものと考えられる。あごには丈夫なゴム製の紐がついており、振り回す剛剣から発生するどんな剣風にも耐えられる構造になっている。

【あらすじ】

大河沿いの樹上で生を受けた自然児ハック。瞬く間に近隣を平定した彼は、天の声に従い故郷を離れ大河を下る。待ち受ける異民族や猛獣たちとのいつ終わるともない闘い。相棒は落雷した木より生まれた、ただ一振りの剛剣のみ。力のみでやがて大陸の王となる男の、若き日の物語――。

大河沿いの樹上で生を受けた自然児ハック。瞬く間に近隣を平定した彼は、天の声に従い故郷を離れ大河を下る。待ち受ける異民族や猛獣たちとのいつ終わるともない闘い。

相棒は落雷した木より生まれた、ただ一振りの剛剣のみ。

力のみでやがて大陸の王とる男の、若き日の物語＿。

初版特典：「麦わら帽子（サイズ80センチ）」

抽選で3名様にプレゼント
※詳しくは巻末ページをご覧下さい。

書影　裏

初版特典
「麦わら帽子
（サイズ８０㎝）」
抽選で２名様に
プレゼント

麦わら最強説

物語上ハックの相棒は落雷した大樹から生まれた剛剣「ライトニング」とされているが、多くの読者は変幻自在の活躍を見せ、数々のピンチからハックを救った麦わら帽子にむしろ憧れを抱いた。剛剣の出番が敵を斃す場面だけであるのに対し、麦わらは「日焼け防止」「食事の際の器代わり」「雀を捕る罠」「ブーメラン」「エコバック」など多くの局面で登場し、発売された子供用麦わら帽子はハックごっこに欠かせないアイテムとして記録的大ヒット。後のキャラクター・マーチャンダイズのはしりとなった。

38 モヒカン族の迷子《もひかんぞくのまいご》

The Stray Child of the Mohicans

乾いた大地にひびく泣きべそ。

新世界文学名作選㉗
モヒカン族の迷子
The Stray Child of the Mohicans
も
むかえにきて。
新撰、文庫版世界文学全集第7回配本
フロンティアスピリットの教科書。

通過儀礼“荒野の迷子”

ネイティブアメリカンのある部族には、一定の年令に達した若者を荒野に放置、そこから生還した者のみを成人として認める風習があった。過酷すぎる試練には脱落者も多く、戻れぬ者は男は狼、女は鷲になると信じられていたが、実際は別の集落に保護されるケースがほとんどで、彼らは「荒野の迷子（又はおとなこども）」と呼ばれ、稀人として温かく迎えられた。このような部族間の非正規交流には、近親交配による遺伝子の偏りを防ぐ効果があったことが最新のDNA研究により明らかにされている。

【あらすじ】

新天地の所有をかけ仏軍と交戦中のイギリス軍部隊は、行軍中のサボテン林の中一人の原住民迷子に出会う。荒野を庭とする彼ら一族が何故迷子に？　そこには追われゆく民族が生き残りのために残した重大な秘密が隠されていた——。侵略史の片隅に置き忘れられた、一人の迷子の物語。

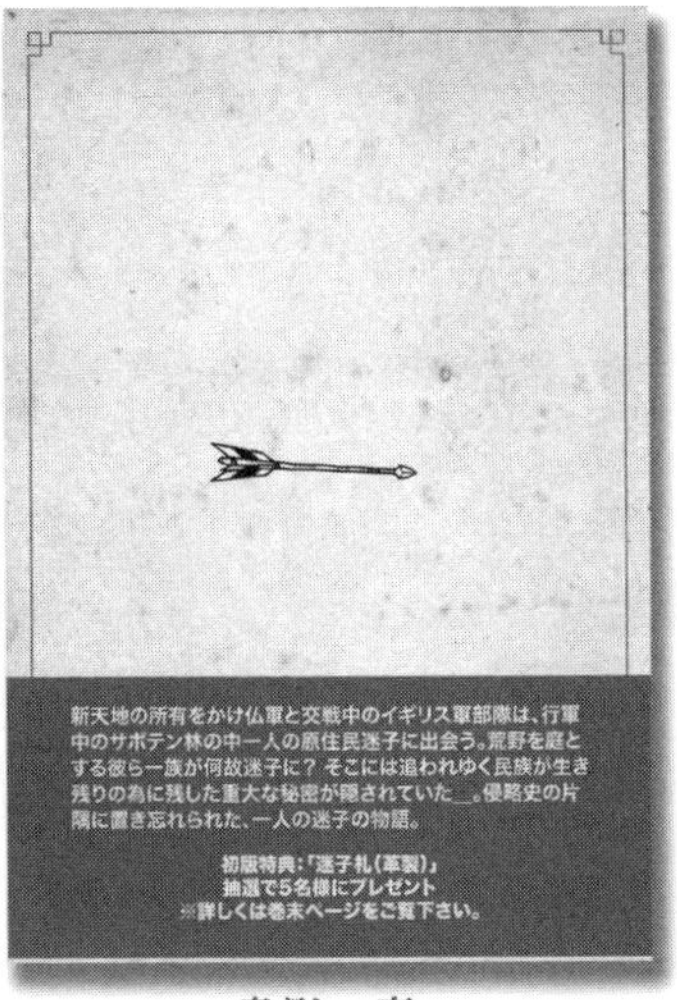
新天地の所有をかけ仏軍と交戦中のイギリス軍部隊は、行軍中のサボテン林の中一人の原住民迷子に出会う。荒野を庭とする彼ら一族が何故迷子に？ そこには追われゆく民族が生き残りの為に残した重大な秘密が隠されていた＿。侵略史の片隅に置き忘れられた、一人の迷子の物語。
初版特典：「迷子札（革製）」
抽選で5名様にプレゼント
※詳しくは巻末ページをご覧下さい。

書影　裏

初版特典
「迷子札（革製）」
抽選で５名様に
プレゼント

衝撃の映画化作品

近年封切られた映画化作品では、エンターテインメント性を高めるため内容に大幅な変更が加えられたが、中でも主人公の迷子・ホークアイを支える頼れるサブキャラ・アンカスが、ラストシーンで放つ「ホークアイ、実はお前は白人の血を引いている。だからこの私こそが、真に最後の『モヒカン族の迷子』なのだ！」というセリフは、（タイトルロールが主役の横にいたおっさんだった）（しかもそのおっさんも実は迷子だった）という二重の驚きを観客に与え、今も「どんでん返しのすごい映画」として有名である。

39

迷子の一葉《まいごのいちょう》

Ichiyo the Stray

枯れ葉に巻かれ夢うつつ。

新世界文学名作選㉘
迷子の一葉
Ichiyo the Stray
ま
大人なのに。
新撰、文庫版世界文学全集第7回配本
情緒漂う幻想譚。

迷子適齢期

迷子には適齢期があるといわれ、一般的に①**小学低学年まで**（初歩的・物理的迷子）②**思春期**（ホルモンバランスの変化により自分を見失う・実存的迷子）③**30代前半**（青年期の終わり・自分の一生というものがだんだんと見えてきて、このままでよいのかと思い悩む、人生の迷子）の3つがそれに当たるとされているが、油断してるといくつになっても①はある。

【あらすじ】

先行きの不安、自らの作品について、そして誰にも言えない愛するあのかたのこと――。巡る思いを頭に抱え、使いに歩く一葉は自分の身がいつしか見知らぬ路地にあることに気づく。まだ江戸の香りが色濃く残る東京、本郷界隈を彷徨う一葉。作者の遺稿から発見された、夢うつつの幻想譚。

先行きの不安、自らの作品について、そして誰にも言えない
愛するあのかたのこと――。巡る思いを頭に抱え、使いに歩く
一葉は自分の身がいつしか見知らぬ路地にあることに気づく。
まだ江戸の香りが色濃く残る東京、本郷界隈を彷徨う一葉。
作者の遺稿から発見された、夢うつつの幻想譚。
初版特典：「迷子札（和紙製）」
抽選で5名様にプレゼント
※詳しくは巻末ページをご覧下さい。

書影　裏

初版特典
「迷子札（和紙製）」
抽選で５名様に
プレゼント

確信犯的迷子

デパート、遊園地、テーマパークなどで必ず聞く迷子のアナウンス。しかしべそをかき親を呼び出す迷子は全体の４割に過ぎない。残りは帰りたくなくて閉場後も居座る子供で、夜間警備員の仕事の大半はどこかに隠れている確信犯的迷子の保護にある。経験に勝るいわば「かくれんぼの鬼のプロ」から逃げきることは容易ではなく、一晩捕まらなかったごく一部の成功者のみが施設の一員として認められ、一生その場にスタッフとして留まることを許されるという。

40

白いシバ《しろいしば》

The White Shiba Dog

人と犬との関係は。

新世界文学名作選56
白いシバ
The White Shiba Dog
お手っ!
新撰、文庫版世界文学全集第二十四回配本
野性味を残した一匹の柴犬が経験する数奇な運命

懐いた犬がおじさんに見せる好意の数々

「世界で一番好き!」と全身でアピールしてくれる存在に、世界中のおじさんは日々メロメロになっている。

①お尻をつけてくる
②軽くふむ
③体の一部をこちらにつけて寝そべる
④散歩中5秒に一度振り向き顔を見上げる
⑤帰宅の際玄関まで来て嬉ションする
⑥フン処理中すぐ横で道路を蹴りながら待つ
⑦常に尻尾が振られている
⑧腕の中で眠る

【あらすじ】

生まれ落ちた瞬間からその体色のため悪魔の使いとして疎まれ、山中へと捨てられた柴犬シロ。拾われた猟師に紀州犬として飼われ、熊との闘いで滝壺に落ち、それを助けた興行師に今度は闘犬として戦わされる。土佐犬との生死をかけた闘いで心と体に深い傷を負いその上捨てられた彼を引き取ったのは、犬好きで孤独なおじさんだった。

過酷な運命に翻弄された一匹の犬がやがて優しい飼い主と平和な日々を送るまでを描く動物文学。

シロ
生まれ落ちた瞬間からその体色のため悪魔の使いとして疎まれ、山中へと捨てられた柴犬シロ。拾われた猟師に紀州犬として飼われ、熊との闘いで滝壺に落ち、それを助けた興行師に今度は闘犬として戦わされる。土佐犬との生死をかけた闘いで心と体に深い傷を負いその上捨てられた彼を引き取ったのは、犬好きで孤独なおじさんだった。過酷な運命に翻弄された一匹の犬がやがて優しい飼い主と平和な日々を送るまでを描く動物文学。
初版特典：「シロの銅像」抽選で1名様にプレゼント
※詳しくは巻末ページをご覧下さい。

書影　裏

初版特典
「シロの銅像」
抽選で1名様に
プレゼント

ベスとクララのはなし（実話）

友人が実家で飼っていた紀州犬の雑種、ベス（エリザベス）とクララのお話。ある日山に散歩に行くと、二頭はリードを引き離し脱走。仕方なく待つこと30分後、血だらけの顔をして帰ってきた。まさかと思い周辺を探ると藪の中にかわいそうな狸が……。もともと猟犬だった紀州犬の持つ野生の本能を語る上で最適なエピソードなのだが、初めて聞いた時実は名前のインパクトの方が強すぎて、内容が頭に入ってこなかった。今も思う。「なぜベスとクララ!?」

41

退屈を抱える若者の聖書。

新世界文学名作選⑳
ライ麦畑でつかまって
Captured in the Rye
だから何をしたんだ!?
新撰、文庫版世界文学全集第三十回配本
永遠の青春小説。名作「罪と獏」に捧げられた前日譚《プリクエル》。

ライ麦畑でつかまって

Captured in the Rye

らいむぎばたけで　つかまって

ライ麦畑の危険性

アメリカ人の「心の風景」ライ麦畑はその大半が崖沿いの痩せた土地に作られたため、今でも侵入した子供の転落事故が跡を絶たない。1951年怪我をした子供の親が賠償金支払いを求め起こした裁判で地主側が敗訴。以降各地の地主は訴訟対策のため崖にロープでぶら下がり落ちる子供を受け止める、「キャッチャー」を私費で雇うようになった。「キャッチャー」に憧れ「将来なりたい職業」に挙げる子供も増えたが、「ならなくていいから遊びに来んな」地主はみんなそう思っている。

【あらすじ】

退学処分を受け学生寮を脱走したホールデンは、潜伏したライ麦畑でキャッチボールに興じていた際誤って崖から落ちるところを獏に救われる。物言わぬ獏に大人への不満をぶちまける青年。頭上の青空のような獏の澄んだ目に映る自分の姿を見、彼は故郷に帰る決意をするが、サイレンの音はもう間近に迫っていた——。

名作『罪と獏』へのオマージュという形を取り、発表時から現代まで熱狂的読者を生み続けている、思春期の心のあわいを掬い取った傑作。

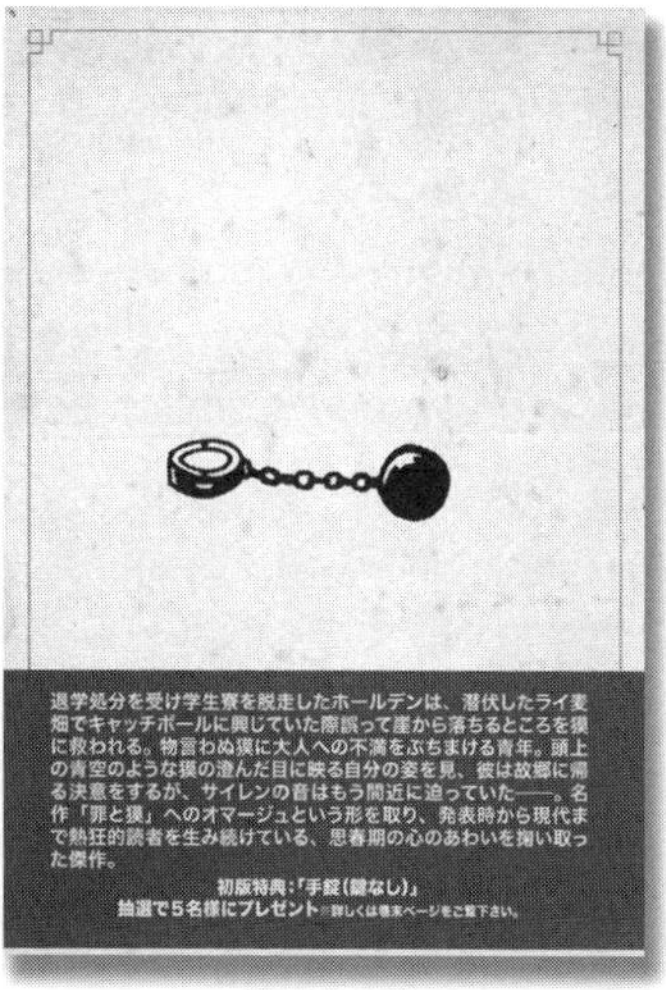
退学処分を受け学生寮を脱走したホールデンは、潜伏したライ麦畑でキャッチボールに興じていた際誤って崖から落ちるところを獏に救われる。物言わぬ獏に大人への不満をぶちまける青年。頭上の青空のような獏の澄んだ目に映る自分の姿を見、彼は故郷に帰る決意をするが、サイレンの音はもう間近に迫っていた——。名作「罪と獏」へのオマージュという形を取り、発表時から現代まで熱狂的読者を生み続けている、思春期の心のあわいを掬い取った傑作。
初版特典：「手錠（鍵なし）」
抽選で５名様にプレゼント※詳しくは巻末ページをご覧下さい。

書影　裏

初版特典
「手錠（鍵なし）」
抽選で５名様に
プレゼント

獏の罪

古典『罪と獏』で読者の想像に委ねられた、獏の犯した罪の内容にこの作品では作者独自の解釈が与えられている。崖から落ちるホールデンの前に現れた獏は、落ちた体のみならず若者の抱く不平、苛立ちさえも黙って受け止める。全てを吐き出した彼は、あとに残ったまだ何者でもない薄っぺらな自分の姿を見て絶望する。衣食住足りた若者は、屈託を唯一の鎧に裸の自分と世の中とを擦り合わせる。それを一度に奪うのは実は残酷な仕打ちなのかもしれない。

原作本紹介

32

『老人と海』

ヘミングウェイ

メキシコ湾で魚を獲って暮らす、老いた漁師のサンチャゴ。不漁にもめげず、来る日も来る日も一人小舟で出漁する。いつもより遠出したある日、ついに大魚がかかるも彼の船は大魚に引っ張られて……。

厳しい自然に不屈の精神で対峙するサンチャゴの勇姿が深い感動を呼ぶ名作。

１９５２年刊。

高見浩 訳
新潮文庫

33

『エデンの東』

ジョン・スタインベック

アダム・トラスクはカリフォルニアにエデンの園を築こうと移住したが、妻キャシーは双子の子アロンとキャルを産んだ後、夫を銃で撃って姿を消した。

成長したキャルは母の生存と本性を知り、自分が兄のように父に認めてもらえないことへの復讐からある恐ろしい計画を思いつく。『旧約聖書』のカインとアベルの兄弟の葛藤の物語をモチーフに、トラスク家の二代の歴史を描く。

１９５２年刊。

土屋政雄 訳
『エデンの東(上)』
早川書房
上下巻

34

『二十日鼠と人間』

ジョン・スタインベック

小柄で機敏なジョージとウサギのことで頭がいっぱいな大男のレニー。レニーは柔らかなものを撫でるのが好きで、それが原因で多くの小動物を殺し、二人は仕事を失っていた。レニーのポケットに入っていた死んだ二十日鼠をジョージは捨てさせ、自分たちの農場を持つ夢を語る。農場で新たな職を得た二人だったが、農場主の喧嘩っ早い息子カーリーと農場の男たちに色目を使うその妻に巻き込まれ、夢と友情は脆くも崩れ去っていく……。

１９３７年刊。

大浦暁生 訳
『ハツカネズミと人間』
新潮文庫

文責：現代書館編集部

原作本紹介

35

『怒りの葡萄』

ジョン・スタインベック

オクラホマを襲った凶作により農民たちは銀行に土地を差し押さえられ、廃品回収業者や中古車販売員から暴利をむさぼられていた。農家の息子のトム・ジョードは一家で新天地を目指してカリフォルニアに移動するが、そこで待っていたのは不当な賃金での過酷な労働だった。ついに農民たちはストライキに立ち上がった……。

1939年刊。

黒原敏行 訳
『怒りの葡萄（上）』
ハヤカワepi文庫
上下巻

36

『トム・ソーヤーの冒険』

マーク・トウェイン

トム・ソーヤーは育ての親であるポリー伯母さんも手を焼くわんぱく小僧。はるか彼方から犬の遠吠えが聞こえてくる夜、トムは友人のハックと二人で墓地に忍び込む。そしてインジャン・ジョーがロビンソン医師を殺すところを目撃してしまう。その後幽霊屋敷を探検したトムとハックは、宝箱を掘り出して持ち去るジョーとその相棒を発見。二人は彼らを探し出そうと奮闘するが……。

古きよきアメリカの大自然を舞台に少年の冒険と成長を描いた名作。

1876年刊。

柴田元幸 訳
新潮文庫

37

『ハックルベリー・フィンの冒険』

マーク・トウェイン

『トム・ソーヤの冒険』の続編。トムとの冒険で大金を得た宿なしのハックは未亡人の養子として引き取られるも、新しい生活になじめない。金をせびりに来た父親に連れ出されるも、父の暴力に耐えかねた彼は逃亡奴隷のジムとともにミシシッピ川を筏で下る。その先で二人を待ち受けていたのは、大暴風雨、死体を載せた難破船、詐欺師たち……。

現代アメリカ文学の源泉とまでいわれる作品。

1884年刊。

西田実 訳
『ハックルベリー・フィンの冒険（上）』
岩波文庫

原作本紹介

38

『モヒカン族の最後』

ジェイムズ・フェニモア・クーパー

18世紀半ば、新天地アメリカの所有をかけてイギリスとフランスは、インディアンをそれぞれ味方につけて植民地戦争を繰り広げていた。

モヒカン族の生き残りであるチンガチグックと息子のアンカス、そして白人でありながらも彼らと行動を共にするホークアイ。ある日彼らは、イギリス軍に強い恨みを持つヒューロン族のマグワがイギリス人姉妹を騙しているのを目撃する。

１８２６年刊。

犬飼和雄 訳
『モヒカン族の最後（上）』
ハヤカワ文庫 NV
上下巻

39

『最後の一葉』

O・ヘンリー

ワシントン・スクエアの西側にある、芸術家が集まる古びたアパートに暮らす画家のジョンジーと同じく画家のスー。

ある日重い肺炎を患ってしまったジョンジーは、窓の外に見える煉瓦の壁を這う、枯れかけた蔦の葉を数え、「あの葉がすべて落ちたら、自分も死ぬ」とスーに言い出すようになる。

１９０７年刊。

小川高義 訳
『最後のひと葉
—O・ヘンリー傑作選 II—』
新潮文庫

40

『白い牙』

ジャック・ロンドン

生まれ落ちた瞬間から他のきょうだいとは違う体色をもっていた狼の「灰色」。かつて人間に飼われていた犬と狼の間に生まれた母と、年老いた片目の狼である父から生まれた彼は、インディアンに白い牙と名付けられた。そり犬として犬たちと共に育てられた彼は、新しい主に闘犬として戦わされる。ブルドッグとの死闘で深い傷を負った彼は、すんでのところで鉱山技師のスコットと犬ぞりの御者のマットに救われて……。

過酷な運命に翻弄された一匹の狼がやがて優しい飼い主と平和な日々を送るまでを描いた動物文学。１９０６年『The Outing Magazine』に連載された。

白石佑光 訳
新潮文庫

原作本紹介

41

『ライ麦畑でつかまえて』

J・D・サリンジャー

名門校の退学処分を受け学生寮を出たホールデン。家に帰らずニューヨーク市内で友人やかつてのガールフレンドと会って時間をつぶすも、どうもしっくりこない。

自宅に戻り妹に退学になったことを見抜かれ、将来どうするつもりかと追及された彼は……。

病める高度文明社会への辛辣な批判を秘めて若い世代の共感を呼ぶ永遠のベストセラー。

1951年刊。

野崎孝 訳
白水社

類書案内

どこか似ている表紙絵あれこれ

動物編「犬が通ります」

→ 32p

→ 102p

→ 110p

→ 162p

→ 198p

どこか似ている表紙絵あれこれ

類書案内

「ペアいろいろ」

なぜか一緒にいる二人。妻と夫、板前と客、老人と娘、
カタギでない男女、そしておじさんと……誰？

→ 12p

→ 78p

→ 94p

→ 120p

→ 148p

→ 194p

→ 164p

→ 202p

→ 212p

海外文学 その6

海外その他

#ノルウェー
#カナダ
#イタリア
#スウェーデン
#デンマーク
#豊かな自然
#長大な移動距離
#寒そう
#かわいそう
#“こどもじじい”

42

仁侠の家

A Yakuza's House

にんきょうのいえ

ヒロインが放つ名調子。

新世界文学名作選⑳
仁侠の家
A Yakuza's House
はいります。
新撰、文庫版世界文学全集第三回配本
失われゆく義理人情へのレクイエム。

誰もが演じたがる、ヒロイン・ノラの名台詞（ネタバレ）

「あたし気づいちまったんです。これまでのあたしは、あんたが見せびらかすために彫った入れ墨みたいなもんだったって。けれどもあたしは飾りじゃない。女だろうが母であろうがひとりの立派な極道だ。分かっちまったからにはもう、あんたの側にはいられません。だからあたしは今日限り、ここをおいとまいたします。それではどちらさまも、ごめんなすって！」

【あらすじ】

弁護士ヘルメルとその美しい妻ノラ。仁義を重んじ群れることを良しとしない二人が、昔世話になった親分の窮地を救うべく弁護を引き受けることになるが——。近代やくざとの法を挟んだ対立。家族とは何か。家とは、一家とは何か。現代社会の喉元に突きつけられた匕首。消えゆく種族の魂を紙に焼き付けた名作戯曲。

弁護士ヘルメルとその美しい妻ノラ。仁義を重んじ群れることを良しとしない二人が、昔世話になった親分の窮地を救うべく弁護を引き受けることになるが——。近代やくざとの法を挟んだ対立。家族とは何か。家とは、一家とは何か。現代社会の喉元に突きつけられた匕首。消えゆく種族の魂を紙に焼き付けた名作戯曲。
初版特典：「盃」
抽選で5名様にプレゼント
※詳しくは巻末ページをご覧下さい。

書影　裏

初版特典
「盃」
抽選で５名様に
プレゼント

シリーズ化

従来の仁侠ものにおける「男の後ろに控えめに立つ」古いタイプのヒロイン像を破り、自分の意思で男を見限り旅立ったノラの姿は当時衝撃をもって迎えられ、男にとっての偶像ではなく自らの足で立つ女性像のアーキタイプとなった。ノラのその後を求める声に応え、作品はシリーズ化。全８作出版された「緋牡丹弁護士ノラ」シリーズは、いずれも一騒動あった後ノラが片肌脱いで啖呵を切り、旅先で世話になった家を見限り出ていく場面が見どころとなっている。

43 赤影のアン

Red Shadow, Anne

あかかげのあん

カナダの平和を守る細腕。

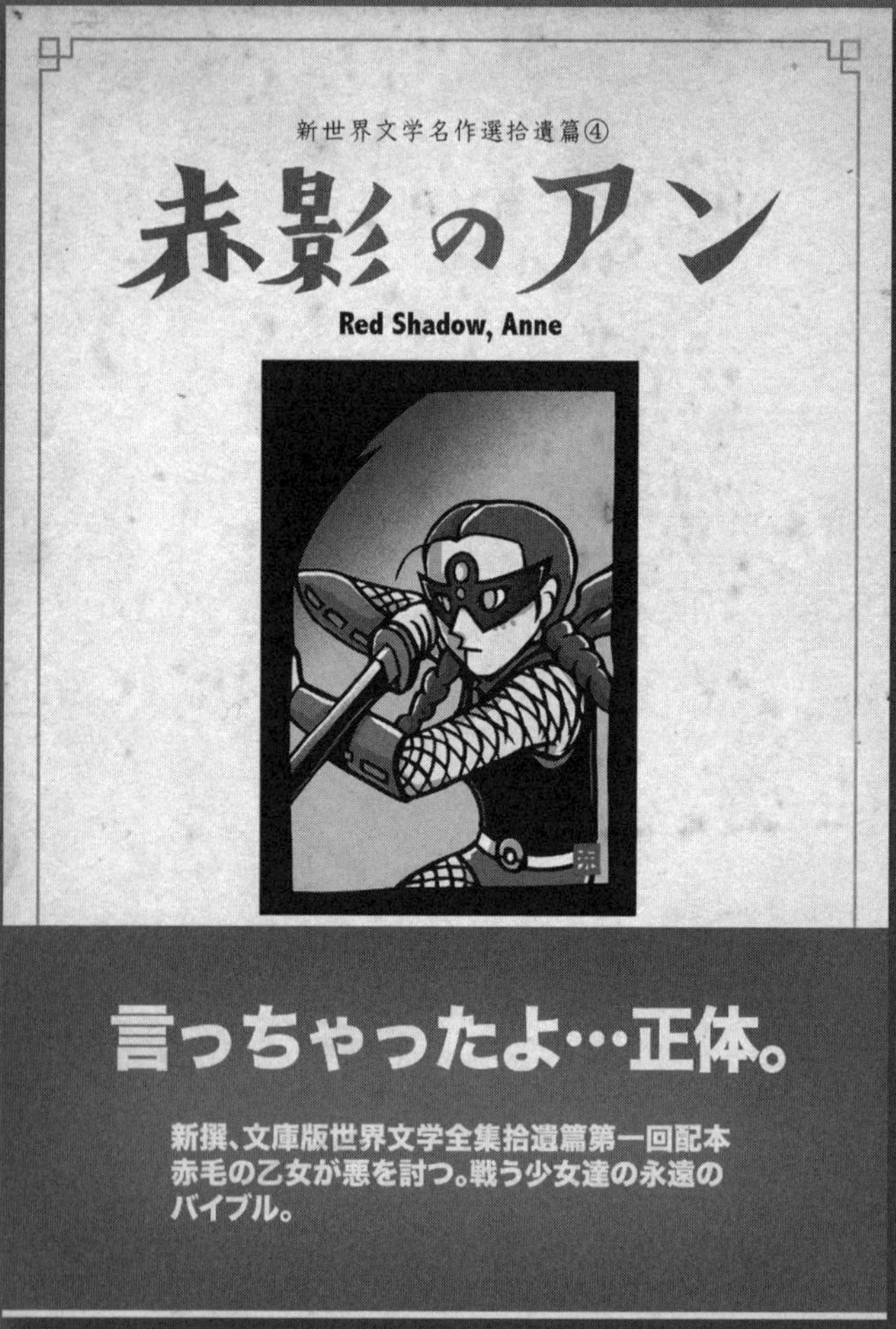

新世界文学名作選拾遺篇④
赤影のアン
Red Shadow, Anne
言っちゃったよ…正体。
新撰、文庫版世界文学全集拾遺篇第一回配本
赤毛の乙女が悪を討つ。戦う少女達の永遠の
バイブル。

登場人物

アン…赤影となる赤毛の少女。類まれなる知力・空想力を武器に数々の危機を切り抜ける凄腕。おしゃべりですぐ正体を喋ってしまうのが欠点。**マシュー**…白影。忍び一家の頭領。いつも大凧に乗っていて口癖は「そうさのう」。**マリラ**…青影。マシューの妹。アンへの当たりがきついのはもとから愛想がないのとマシューが甘すぎるせいで悪意はない。**ダイアナ**…一般人。アンの親友にして心の拠り所。キッチンドリンカーであることを除けばあらゆる点で完璧な少女。

【あらすじ】

男子と間違われ忍者集団の跡目候補として引き取られた赤毛の娘。カエデ舞う空の下、五年間の修行を経て少女は逞しく成長した。大凧から糸電話で指令を下す内気な頭領マシューの下、ひときわ目立つ深紅の仮面にそばかす少女の素顔を隠し、カナダの平和を守るため日夜戦い続けるアン。

想像力と石板を武器に、並みいる大人を打ち負かす少女の姿に多くの熱狂的信者を生んだ伝説の名作。

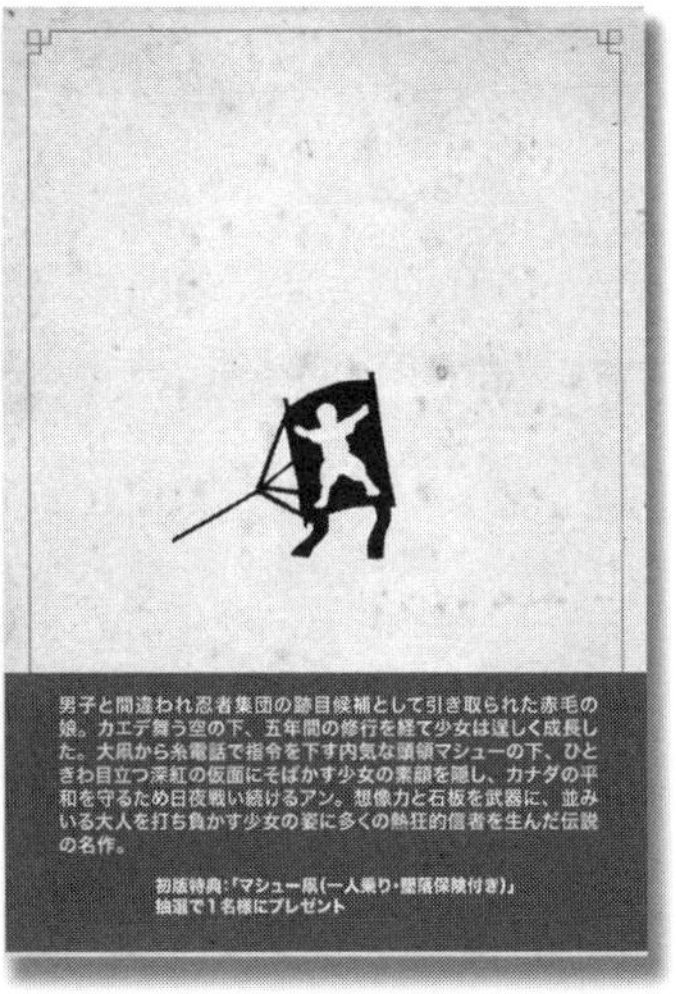
男子と間違われ忍者集団の跡目候補として引き取られた赤毛の娘。カエデ舞う空の下、五年間の修行を経て少女は逞しく成長した。大凧から糸電話で指令を下す内気な頭領マシューの下、ひときわ目立つ深紅の仮面にそばかす少女の素顔を隠し、カナダの平和を守るため日夜戦い続けるアン。想像力と石板を武器に、並みいる大人を打ち負かす少女の姿に多くの熱狂的信者を生んだ伝説の名作。
初版特典：「マシュー凧（一人乗り・墜落保険付き）」
抽選で１名様にプレゼント

書影　裏

初版特典

「マシュー凧
（一人乗り・墜落保険付き）」
抽選で１名様に
プレゼント

実写化特撮テレビ番組

あくまで忍者同士の戦闘を主眼においた原作とは異なり、実写作品ではアンたちの敵として巨大怪獣やUFOあるいはロボットなどが毎回登場し、その振り切った荒唐無稽さが人気を博した。当初は等身大の忍者が秘術とチームワークで大怪獣を撃退するカタルシスが売りだったが、第四部からは黄金仮面の力で巨大化した赤影＝アンが怪獣と一対一で殴り合う巨大ヒーロー物に路線変更。アンを怒らせた野菜怪獣ギルバートが石板の一撃で葬られるシーンは名場面として語り継がれている。

44 母をたずねて三千人

3000 Sons in search of Mom

ははをたずねてさんぜんにん

元祖「泣けるSF」。

新世界文学名作選拾遺篇⑤
母をたずねて三千人
3000 Sons in search of Mom
殺到!!
新撰、文庫版世界文学全集拾遺篇第一回配本
クローン《マルコ》達は旅立つ。まだ見ぬ母を求めて ーー。

実写化作品ラストシーンに見られるミス（①1970年代）

本家イタリアの70年代映画化作品では「荒野を埋め尽くす3000人のクローンマルコが母のもとに殺到するラストシーン」を、「見た目が多少違ってもロングショットなら目立たない」という判断のもと地元の子供も含めた大量のエキストラに同じ服を着せて撮影。ところが一発撮りの撮影だったため、明らかに体型の違う丸い子供がつまずき坂を転がる様子も画面に映り込んでおり、感動のシーンに意図せぬ牧歌的な可笑しみを加えている。

【あらすじ】

無から有は生まれない。政府により極秘裏に生み出されたクローン人間、マルコ1号は己が出生の秘密を探るうち事故死したというオリジナルと、その母の存在を知る。亡き息子との再会を夢見て遺伝子提供を申し出た母は今、貧しさから遥かブエノスアイレスに出稼ぎに出ているという。

「一目でいい。母さんに会いたい」。仲間とともに施設を脱走したマルコ。クローン抹殺の密命を受け追うエージェントたち。かくして三千人のマルコたちによる苦難の旅は始まった。

無から有は生まれない。政府により極秘裏に生み出されたクローン人間、マルコ1号は己が出生の秘密を探るうち事故死したというオリジナルと、その母の存在を知る。亡き息子との再会を夢見て遺伝子提供を申し出た母は今、貧しさから遥かブエノスアイレスに出稼ぎに出ているという。「一目でいい。母さんに会いたい」。仲間とともに施設を脱走したマルコ。クローン抹殺の密命を受け追うエージェントたち。かくして三千人のマルコたちによる苦難の旅は始まった。
初版特典：「ポンチョ（古着）」抽選で3000名様にプレゼント

書影　裏

初版特典
「ポンチョ（古着）」
抽選で3000名様に
プレゼント

実写化作品ラストシーンに見られるミス（②2010年代）

ハリウッド資本で制作、CGを多用した2010年代版では、ラストシーンにおいて「画面の迫力がまだ足りない」と監督はクローンマルコを3倍に増やすよう指示。加えて「クローンだからリアクションも同じはず」という理由で、データ化した子役の、同じ演技を全クローンモデルにも取らせたが、予告編を見た観客から「人数増量は原作への冒瀆」「CGコピペしすぎだろ」等の批判が殺到。こだわりが全て裏目に出た監督は解雇され、CGパート作り直しのため公開も半年延期となった。

45

ぢいさまバイキングビッケ

Vicke Viking

後期高齢者の大活躍。

世界名作紀行〈北欧編〉①
ぢいさまバイキング
ビッケ
Vicke Viking
ひらめいたぞい!
新撰、世界名作紀行〈北欧編〉第一回配本。
腕っ節より年の功。荒くれ者の輪の中にひとり混じった老人が、智慧と頓智で大活躍。

年季の入ったシンデレラストーリー

実写映画化作品の成功は、封切り当時「原作の完全再現」と話題になった、新人俳優の容姿に負うところも大きい。「幼い頃から挿絵のビッケにそっくりだと言われ続けて育ちました。ついたあだ名は『こどもじじい』。ようやく容姿と年齢が釣り合ってきたところにオーディションの話があり、これは運命だと感じました。演技経験ゼロに対する不安は、なかったといえば嘘になりますが、初めから原作のセリフは全て頭に入ってました。僕だと思って読んでましたから」(ビッケ役ミッツさん談)

【あらすじ】

泣く子もだまるバイキング、ハルバル船団の欠員募集にただひとり手を挙げたのは村外れに住むちいさいぢいさまビッケ。ところがこのぢいさま、見た目通り腕っぷしはからっきしでも、肝の太さと知恵の力は他の誰にも負けなかった――。

荒くれ者の集団の危機を、何度となく頓智で救う後期高齢者の大活躍。老人から子どもまで、幅広すぎる読者をことごとく夢中にさせた北欧児童文学の傑作。シリーズ全巻の邦訳版ついに刊行。

泣く子もだまるバイキング、ハルバル船団の欠員募集にただひと
り手を挙げたのは村外れに住むちいさいぢいさまビッケ。ところ
がこのぢいさま、見た目通り腕っぷしはからっきしでも、肝の太
さと知恵の力は他の誰にも負けなかった――。荒くれ者の集団の
危機を、何度となく頓智で救う後期高齢者の大活躍。老人から
子どもまで、幅広すぎる読者をことごとく夢中にさせた北欧児童
文学の傑作。シリーズ全巻の邦訳版ついに刊行。
初版特典：「角付き鉄兜（8人分）」
抽選で8名様にプレゼント※詳しくは巻末ページをご覧下さい。

書影　裏

初版特典
「角付き鉄兜
（8人分）」
抽選で8名様に
プレゼント

「禁書運動家」のターゲット

禁書バッヂ
一冊潰すごとに胸につけ数を競う。

今や国民的文学となった本書も過去二度「禁書運動家」に狙われたことがある。理由はそれぞれ①(刊行当時)「海賊を主役にするとはけしからん！」②(映画公開時)「バイキングを海賊扱いするのは事実誤認だ！」。どちらも広がろうとする活動を止めたのは、この作品を愛する読者の声だった。歪んだ正義感に「好き」は負けない。だからどうか、あなたの愛する本が狙われた時には、その「好き」を声に、形にしてほしい。

46

「俺は飛びたいんだよっ！」

世界名作紀行〈北欧編〉②
ニルスのふしぎな足袋
Nils mystiska strumpor
ガチョウがしゃべってるっ!?
新撰、世界名作紀行〈北欧編〉第一回配本。
いたずらっ子、散々な目にあう。

ニルスのふしぎな足袋

Nils mystiska strumpor

にるすのふしぎなたび

魔法アイテム

①**足袋**…身につけると動物たちの言葉がすべて理解できるようになる。作者は日本の民話「ききみみ頭巾」から想を得たが、耳慣れぬ「ZUKIN」を履物と誤解。文中で「足につける日本の布製品」としか記されていないものを訳者が「足袋」と言い直し、それが日本版タイトルにも使用されている。

②**ヘンな形のハンマー**…おそらく日本の「打ち出の小槌」だと思われる。反対側で振れば元に戻れるが、ニルスはそれを知らなかった上、気づいたとしてももはや振ることのできる体の大きさではなかった。

【あらすじ】

ニルスはわが耳をうたがった。日本帰りのおじさんが土産にくれたヘンな靴下をはいたとたん、ガチョウのモルテンがはっきりこう叫んだのだ。

「俺は飛びたいんだよっ！」

足袋の力で家で飼ってる動物たちの不平不満を全て聞かされるはめになったあげく、さらにはもう一つあった土産、ヘンな形のハンマーの力でハムスター大になってしまったニルスはついにやけになり、ガチョウにまたがりガンの群れと共にはるかラプランドへと旅立った――。

ニルスはわが耳をうたがった。日本帰りのおじさんが土産にくれたヘンな靴下をはいたとたん、ガチョウのモルテンがはっきりこう叫んだのだ。
「俺は飛びたいんだよっ！」
足袋の力で家で飼ってる動物たちの不平不満を全て聞かされるはめになったあげく、さらにはもう一つあった土産、ヘンな形のハンマーの力でハムスター大になってしまったニルスはついにやけになり、ガチョウにまたがりガンの群れと共にはるかラプランドへと旅立った――。
初版特典：「足袋（江戸時代ヴィンテージ※コンディションには個体差があります）」
抽選で20名様にプレゼント※詳しくは巻末ページをご覧下さい。

書影　裏

初版特典

「足袋※
（江戸時代ヴィンテージ）」
抽選で20名様に
プレゼント

※コンディションに個体差があります

ガチョウとアヒルの違い（だいたい本当）

共通点。
どっちもクチバシに
キツネがいる

ガチョウ…雁を家畜化したもの。アヒルより声と体と態度がでかい。首が長くシュッとしている。くちばしに瘤があるのはこちら（ないのもいる）。口の中にはギザギザの歯が並んでおり、オープンマウス時は少しホラーな趣。

アヒル…鴨を家畜化したもの。ガチョウより小さくずんぐりむっくりで雑食性が高い。くちばしには歯がない。子供はみにくくはなく、よくお風呂に浮かんでいる。

♫～～～～（笛の音）

47 3びきのこぶら

The Three Cobras

さんびきのこぶら

新世界文学名作選⑰
3びきのこぶら
The Three Cobras
レッドスネークカモン
新撰、文庫版世界文学全集第三十回配本
子供から大人までを魅了する、建築学の教科書。

登場人物

レッド
スネーク
おこりんぼう

イエロー
スネーク
くいしんぼう

グリーン
スネーク
あまえんぼう

おおかみ
ふえがじょうず

【あらすじ】

一つ穴で生まれ育ったこぶら三兄弟。体が大きくなるにつれ、住処もだんだん狭くなり、それぞれが新しい家を建てることに。わらの壺、木の壺、れんがの壺。みんな気に入ったものができ満足していると、どこからともなく狼の吹く笛の音が。思わず家の中で激しく踊り出してしまう三匹。激しい踊りに耐えられたのはいったいどの家だったでしょうか――。

平易な文で耐震構造や住居の快適性など建築に関する基本的な考えを説いた入門書。巻末に初刊時に付録でついていた建築基準法ドリルを収録。

一つ穴で生まれ育ったこぶら三兄弟。体が大きくなるにつれ、住処もだんだん狭くなり、それぞれが新しい家を建てることに。わらの壺、木の壺、れんがの壺。みんな気に入ったものができ満足していると、どこからともなく狼の吹く笛の音が。思わず家の中で激しく踊り出してしまう三匹。激しい踊りに耐えられたのはいったいどの家だったでしょうか――。平易な文で耐震構造や住居の快適性など建築に関する基本的な考えを説いた入門書。巻末に初刊時に付録でついていた建築基準法ドリルを収録。
初版特典：「壺（三種セット）」
抽選で30名様にプレゼント※詳しくは巻末ページをご覧下さい。

書影　裏

初版特典

「壺（3種セット）」

抽選で30名様に

プレゼント

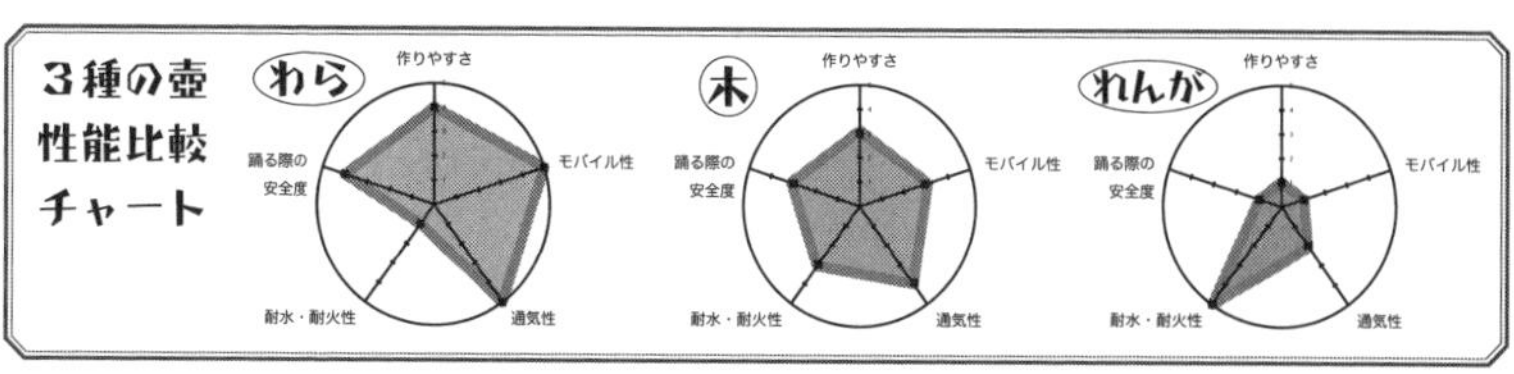
3種の壺
性能比較
チャート
わら
木
れんが
作りやすさ
モバイル性
通気性
耐水・耐火性
踊る際の
安全度

48 マッチ売りの猩々

Den rod abe med svovlstikkerne

まっちうりのしょうじょう

小さな炎は反撃の狼煙。

世界名作紀行〈北欧編〉④
マッチ売りの猩々
Den rod abe med svovlstikkerne
サルにやらすなよ！
新撰、世界名作紀行〈北欧編〉第3回配本。
ブラックバイトと知らず働く、世にもかわいそうな
おさるさんの物語

100匹目のサル（ネタバレ）

誰からも見向きもされず、寒さに意識が朦朧としてきた猩々は、道ゆく人の見よう見まねでついに売り物のマッチに火を灯した。それをきっかけに世界中の類人猿達も一斉に火を使い始める。彼が、いわゆる「100匹目のサル」だったのだ——。人と猿とを隔てていた「火を扱う能力」を獲得し、新たな進化のフェーズに入った類人猿たちは、ほどなく自らを「新人類」と称し旧人類すなわちヒトへの反攻を開始した。そのきっかけとなった猿の名を「プロメテウス」という。（続く）

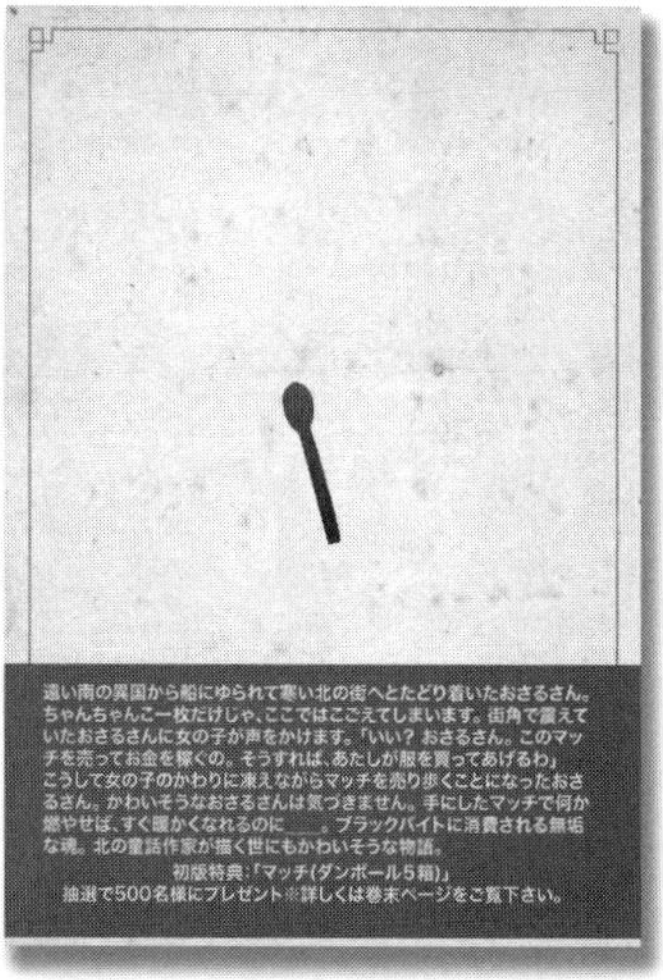
遠い南の異国から船にゆられて寒い北の街へとたどり着いたおさるさん。
ちゃんちゃんこ一枚だけじゃ、ここではこごえてしまいます。街角で震えて
いたおさるさんに女の子が声をかけます。「いい？ おさるさん。このマッ
チを売ってお金を稼ぐの。そうすれば、あたしが服を買ってあげるわ」
こうして女の子のかわりに凍えながらマッチを売り歩くことになったおさ
るさん。かわいそうなおさるさんは気つきません。手にしたマッチで何か
燃やせば、すぐ暖かくなれるのに＿＿。ブラックバイトに消費される無垢
な魂。北の童話作家が描く世にもかわいそうな物語。
初版特典：「マッチ(ダンボール5箱)」
抽選で500名様にプレゼント※詳しくは巻末ページをご覧下さい。

書影　裏

【あらすじ】

遠い南の異国から船にゆられて寒い北の街へとたどり着いたおさるさん。ちゃんちゃんこ一枚だけじゃ、ここではこごえてしまいます。街角で震えていたおさるさんに女の子が声をかけます。「いい？ おさるさん。このマッチを売ってお金を稼ぐの。そうすれば、あたしが服を買ってあげるわ」。

こうして女の子のかわりに凍えながらマッチを売り歩くことになったおさるさん。かわいそうなおさるさんは気づきません。手にしたマッチで何か燃やせば、すぐ暖かくなれるのに――。

ブラックバイトに消費される無垢な魂。北の童話作家が描く世にもかわいそうな物語。

初版特典

「マッチ
（ダンボール5箱）」
抽選で500名様に
プレゼント

物語の結末（ネタバレ）

かわいそうな猩々「プロメテウス」は、舟で大挙して駆けつけた仲間の新人類連合軍により救出され、英雄として食事と暖かいマントが与えられた。
彼をこき使った少女は、労使が逆転した世界の街角で、今日も新人類（猿）の市民に向かい、凍えながらマッチを売り続けている。
支配者が変わっても、貧困を生み出す構造自体に変化はあまりなかったらしい。

原作本紹介

42

『人形の家』

イプセン

弁護士ヘルメルとその美しい妻のノラ。ノラは昔夫のために借金をし、公文書偽造の罪を犯していた。事情を知った夫ヘルメルは自らの窮地を憂い、ノラを妻失格だと罵るが、事件が表沙汰にならないことがわかると手のひらを返す。しかし夫への愛想を尽かし、人間としてやり直そうとするノラは家を出ていった。

家族とは何か。女性の人生とは何か。現代社会において女性が男性の視点で裁かれることの問題をリアルに描き出した名作戯曲。

1879年初演。

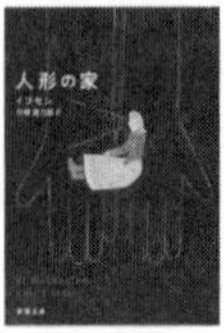

矢崎源九郎 訳
新潮文庫

43

『赤毛のアン』

モンゴメリ

カナダのプリンス・エドワード島で農場を営んでいる初老の兄妹マシューとマリラ。農場を手伝わせるために男の子を引き取ろうとするが、手違いで孤児院から送られてきたのはアン・シャーリーという赤毛でそばかすだらけの少女だった。

明るくおしゃべり好きなアンは、プリンス・エドワード島の自然の中で少女から大人へと成長してゆく。

人生の厳しさと温かい人情が織り込まれた永遠の名作。

1908年刊。

村岡花子 訳
『赤毛のアン
赤毛のアンシリーズ1』
新潮文庫

文責：現代書館編集部

類書案内

よく見りゃ似てる表紙絵あれこれ

ポーズ編「右手を上げて」

→ 16p

→ 26p

→ 180p

原作本紹介

『母をたずねて三千里』
デ・アミーチス

イタリアの港町ジェノバに住む少年マルコは、貧しさからアルゼンチンのブエノスアイレスへ出稼ぎに出た母アンナを訪ねるべく海を渡る。ところが母に仕事を紹介したおじさんは、夜逃げしてすでに病死してしまっていた。かくしてマルコの苦難の旅が始まる。

『クオーレ』（１８８６年）を原作に制作された日本アニメーションのアニメ作品。１９７６年1月４日から12月26日まで放送された。

和田 忠彦 訳
『クオーレ』
岩波文庫

『小さなバイキングビッケ』
ルーネル・ヨンソン

バイキングの族長ハルバルの息子ビッケ。力持ちだが頭の回転が鈍い父とは正反対で、小柄で腕っぷしは頼りないものの知恵では誰にも負けない。ある日、母イルバが魔法の剣の力で黄金に姿を変えられてしまい、父ハルバルは剣の秘密を解くために冒険に出る。置いてけぼりを食らったビッケは船内の樽に隠れ、彼らに着いていく。やがてたどり着いた謎の島で彼らを待ち受けていたのは……。

アニメは初回１９７４年、最終回が１９７５年。スウェーデン語の原題は『Vicke Viking』。

エーヴェット・
カールソン 絵
石渡利康 訳
評論社

類書案内
よく見りゃ似てる表紙絵あれこれ

ポーズ編「右足上げて」

→ 218p

→ 44p

→ 216p

原作本紹介

『ニルスのふしぎな旅』
ラーゲルレーヴ

妖精のトムテを怒らせて小人にされてしまった、いたずらっ子の少年ニルス。動物の言葉がわかるようになった彼は、北の国へ飛んでいくガンの群れに誘われて飛び立ったガチョウのモルテンの足に掴まり、はるかラップランドへと旅立った。

１９０６年に第１部、１９０７年に第２部が刊行された。

香川鉄蔵 、香川節 訳
『ニルスのふしぎな旅 1』
偕成社文庫
全4巻

『三びきのこぶた』
イギリスの昔話

母さん豚と一緒に暮らしていた三匹の子豚は、それぞれが新しい家を建てて暮らすことに。長男はわらの家、次男は木の家、三男は煉瓦の家。各々の気に入った家ができたところに、恐ろしい狼が訪ねてくる。家に入れてもらえなかった狼が腹を立てて強く息を吹きかけると、わらの家はあっという間に吹き飛んで……。哀れ子豚の運命やいかに。

１８４３年にイギリスのシェイクスピア学者ジェイムズ・オーチャード・ハリウェル＝フィリップスが発表したことで、19世紀後半にかけて広まった。

瀬田貞二 訳
山田三郎 絵
福音館書店

『マッチ売りの少女』
アンデルセン

年の瀬も押し迫った大晦日の夜、少女が一人、寒空の下でマッチを売っていた。すべてを売り切るまでは家には帰れない。しかし街ゆく人々は、彼女には目もくれず慌ただしく目の前を通り過ぎていくばかり。夜も更け、少しでも暖まろうとマッチに火を点けた少女は、暖かいストーブやごちそう、クリスマスツリーなどの幻影を見る。

デンマークの童話作家が描く、薄幸な少女の物語。

１８４５年刊。

天沼春樹 訳
『アンデルセン傑作集
マッチ売りの少女
／人魚姫』
新潮文庫

類書案内

「スポーツ」

戦う男たちの勝利と敗北、そしてお揃いのバッティングフォーム。

格闘技

→ 18p

→ 30p

→ 40p

→ 150p

→ 152p

野球

→ 74p

→ 186p

→ 214p

読者アンケート「私の推し作品」〈海外文学編〉

注：本当に集計しました。ご回答下さいました皆様、ありがとうございました。

01 罪と獏

とにかくかわいい（オーガキ ヤコ／きりえやファン）

02 アンナ、カレーにな…

カレーを食べるたびに隠し味を想像するようになりました。（夜野／読書家）

小説として面白そう。カレーに入れた「禁断の果実」の正体が気になります。毒、下剤、それとも林檎……？（カレーも不倫も大好き／日々の献立に苦労している主婦達）

07 リチャードさんせい

学校の机と椅子におさまる貫禄の王様ってだけでも笑えるのに全てを悟った表情で一言**「イエス。」**絵に完敗ｗｗ（たんべ／オリオン書房ルミネ立川店）

09 オリバーツイスト

必殺技「オリバーツイスト」で逆境に立ち向かっていく！ という所が最高に面白いです。ゆけ、オリバー！ 負けるな、オリバー！（地底人のエビ／会社員）

15 首輪物語

ストーリーの壮大さを感じさせない、駄犬の可愛さ。『はしたない物語』とも並べたい。（とろ／ジュンク堂書店 池袋本店）

19 長靴をかいだ猫

わかりやすさとインパクト、これぞ高木パロディの真骨頂。帯まで完璧な仕上がり。名作の香りが漂います。（小張隆／ひるねこBOOKS）

猫、可愛い！ それ以上の理由が必用ですか？ フレーメン現象に浸るなっ！ カラバ侯爵と姫を結婚させねば！（健ちゃんも可愛い！／ねこ好き）

帯から衝撃的！ 「嗅ぐんじゃない！！」この一言ですべてを物語っていて文章で吹きました。今でも吹きます。このカバーをしていると周りが覗いて来るので優越感に浸れます。（くどうゆみ／親子でファンです。）

どれどれ？ （クンクン）くっさーぃ！ と絵の前後まで想像してしまう。黒猫切らせたら右に出る者無し。最高！（夏実／WAVE TALE）

家の猫が良く靴の中に頭を突っ込んでクンクンしてたのを思い出すからです。（みみらら／きりえやファン）

帯の「嗅ぐんじゃない!!」が最高です。サスペンスをにおわす帯原稿も。ユメもかわいい。名演技ですね♪（ママ猫の古本や／猫アレルギーぴえん協会）

美しきモリーが伯爵を思い出す、いわゆる「エモい」シーンのきっかけが「長靴を嗅ぐ猫」という衝撃的な描写。とりあえず気になるのは、１００名様プレゼントの長靴（右足限定）の左足１００足の行方です。（のみこ／友人からの紹介を受けた教員）

田山花袋の『蒲団』を彷彿とさせる、これぞフェティシズム! 黒猫と女王様ブーツ、通ずるところがあるかも。(フゥスィ/ねこ部)

20 アーム状

音の響きは同じで、あらすじも概ね合っている。文字を見てクスっとしてしまう良作品。アーム状って…w(むらかみあき/きりえやファン)

21 カールメン

女学生時代、図書館で学友達と「皆様はどのカールメンがお好きで?」と、花を咲かせたものでしたわ。(如月　皐月/カルボナーラ狂)

24 最低2万はいる

思わず「何が!?」と突っ込んでしまう。音の響きが絶妙で、全く違和感がないのがすごい。(ハナ/会社員)

これを見て以来「どのくらい居た?」には必ず「最低2万はいる」と答える程に洗脳されてます。(かえぅすき)

読み返すほどに、うじゃうじゃ感に圧倒される。初版特典(クラーケン200体付のノーチラス号)もゲットして追体験をお奨めする。(アッサムティ)

その兵力は二万を超える!(笑)クラーケンと孤高の戦艦ノーチラスの激闘を見よ! (大木/オリオン書房)

ジュール・ヴェルヌが好きだー! きりえやさんの偽本も好きだー! ダイオウイカも大好きだー!!!!(店長/モスバーガーねこ切り絵店)

27 シャリの下

寿司が食いたいです!(いなだゆかり/株式会社PIG-D'S)

41 ライ麦畑でつかまって

初版特典　鍵無いんかい!(トミ/ジュンク堂書店)

43 赤影のアン

最高にカッコイイ、アンに憧れる!(さくら/仮面のくのいちクラブ)

45 ぢいさまバイキングビッケ

生き生きとしたおじいさん、ステキ! このバイタリティは見習わなければ。こういう年齢の重ね方、いいなあ。(いずみ/ゲーム部)

Making of Nisebon 1

偽本シリーズのはじまり

オリオン書房ノルテ店カフェスペース（東京・立川）2011

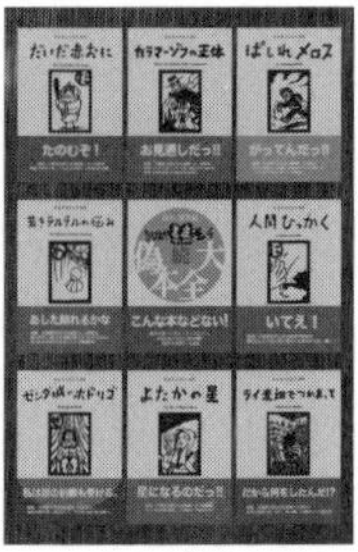

きりえや書皮展 4 DM

きりえや偽本まつり 2020 DM

ジュンク堂書店池袋本店ギャラリー（東京・池袋）2020

書店で展示をする際に「本にちなんだものを」と始めたのが、紙のブックカバーを自分で作って販売する「**きりえや書皮展**」シリーズです。もうこの時点からすでに書店ブックカバーのパロディだったのですが、自分としては作りためている出処のない作品を商品化し、安価で手にとって見ていただくための企画でした。それが年を重ねるうちだんだんふざけ度合いがエスカレート。そうして作られた中のひとつ「**中身を知られたくない人のための偽装書皮**」が今の偽本の原型です。

出してみると評判もよく、調子に乗ってシリーズ化。作り続けるうちに数は増え続け、現在（令和3年）は文学編とその姉妹編である映画編を合わせると総数221種になっており、毎年いくつかの書店で開催する「偽本まつり」に合わせ今もその数は増え続けています。

越境文学 その1

ぼくの叔父さん／タイ人

両方とも誰？
父の弟の方
叔父の効能
元王族
やもめ
パリ
異種格闘技大会
ムエタイ
親友が象。
象質

49

叔父の効能。

新世界文学名作選㉚
王子と叔父貴
The Prince and the Uncle
お
悪いことは大抵叔父から
新撰、文庫版世界文学全集第10回配本
「ぼくの叔父さん」シリーズ第1作。

王子と叔父貴

The Prince and the Uncle

おうじとおじき

「ぼくの叔父さん」シリーズ

1960年代に出版された本書は、これまで「親戚内の困ったひと」扱いしかされてこなかった叔父に、初めて正面から光を当てた文学作品として知られる。美化や誇張を避け、甥っ子から見た「社会の窓」として、ありのままの姿で描かれる本書の「叔父さん」は、全国民の親戚として愛され、世間における叔父の復権に大いに貢献した。当時の人気のほどは凄まじく、小学校で男子の半分が「尊敬する人」に「叔父さん」を挙げ、教師が「いやちょっと待って」と諫める場面も多かった。

【あらすじ】

ぼくの叔父さんの話をしたいと思う。若くして王位継承権を捨て野に下った変わった人だ。「民間人」になってからもしょっちゅう城に遊びにくる。父さまはダメなヤツは相手にするなというけれど、叔父さんは何よりぼくにダメでもいいってことを教えてくれるんだ――。若者における叔父の必要性を世に広めた傑作。シリーズ全三十作のリストを巻末に掲載。

ぼくの叔父さんの話をしたいと思う。若くして王位継承権を捨て野に下った変わった人だ。「民間人」になってからもしょっちゅう城に遊びにくる。父さまはダメなヤツは相手にするなというけれど、叔父さんは何よりぼくにダメでもいいってことを教えてくれるんだ――。若者における叔父の必要性を世に広めた傑作。シリーズ全三十作のリストを巻末に掲載。
初版特典：「腹巻き（シルク製）」抽選で6名様にプレゼント
※詳しくは巻末ページをご覧下さい。

書影　裏

初版特典
「腹巻き（シルク製）」
抽選で6名様に
プレゼント

叔父さんが持ってきた土産の数々　初めて目にした庶民の品々を叔父さんは毎回僕に持ってくる

シャンプーハット…「すごいぞ。目を開けたままシャンプーできるんだ。」真っ赤な目をした叔父さんが僕にこう言って自慢した。　**ヘンなお面**…「どうだこのお面、グッとくるだろう」僕は初めて愛想笑いを覚えた。　**瞬間接着剤**…「すごいぞこれ。くっつくと離れないんだ」オッケーマークの指のまま叔父さんは僕に言った。取ってほしくて叔父さんはお城に来たに違いない。
くさや…「すごいぞ。これ食べ物なんだ。ゲホッゲホッ」叔父さんはお城を一ヶ月出禁になった。

50 やもめのジョナさん

Mr.Jona, cheerful widower

海が似合いの男だぜ。

新世界文学名作選㉝
やもめのジョナさん
Mr.Jona, cheerful widower
ハンリョ募集中
新撰、文庫版世界文学全集第11回配本
「ぼくの叔父さん」シリーズ異色作。

叔父さんの息子「コテツ」

唐突に始まった「やもめ時代」の回想は、そこに至る経緯がまったく語られないため、全てが叔父さんの作り話だと考える読者も多い。唯一手がかりとなるのは「まったく似ていない（文中）」息子コテツであるが、彼については「舟で飼っていた山羊の乳を飲んで育ち、兄弟ヤギと頭突きし合って育ったせいで生半可な大人よりずっと頭が固い」ことや「常に無口無表情だが、雷がなったときだけ大はしゃぎする」ことなど、タフな赤ん坊だと分かる以外ヒントになる描写は特にない。

【あらすじ】

またぼくの叔父さんの話をしたいと思う。名前はジョナ。元王族だ。今でも城に遊びに来る。そして来る度仕事が違う。昨日はぼくの彼女の話を聞いたあと、懐かしそうな目でこんな話を僕にした。「あれは僕が船乗りだった頃。そう、おじさんはやもめだったんだ」――。

「僕の叔父さん」シリーズ全三十作のターニングポイントとなった第十七作目。

※現在では「やもめ」は差別的とされる表現ですが、時代背景、文学性を考慮し原文のままとしています。

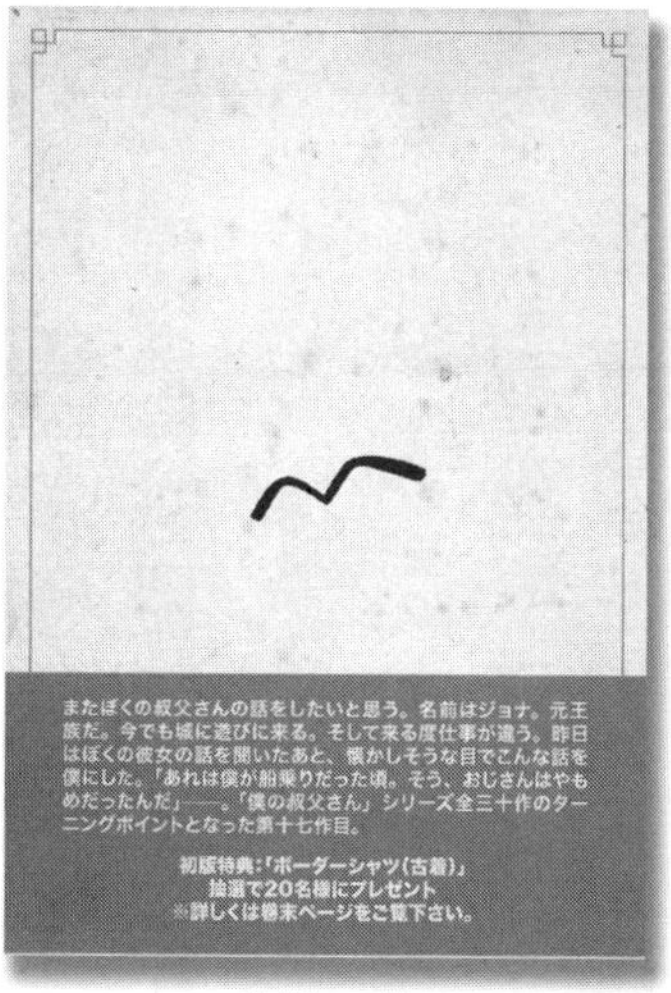
またぼくの叔父さんの話をしたいと思う。名前はジョナ。元王族だ。今でも城に遊びに来る。そして来る度仕事が違う。昨日はぼくの彼女の話を聞いたあと、懐かしそうな目でこんな話を僕にした。「あれは僕が船乗りだった頃。そう、おじさんはやもめだったんだ」――。「僕の叔父さん」シリーズ全三十作のターニングポイントとなった第十七作目。
初版特典：「ボーダーシャツ(古着)」
抽選で20名様にプレゼント
※詳しくは巻末ページをご覧下さい。

書影　裏

初版特典
「ボーダーシャツ(古着)」
抽選で20名様に
プレゼント

叔父さんの「やもめ時代」を描いた作品（やもめ三部作）

『やもめ食堂』…シリーズ第18作目。北欧のある田舎町でやもめ専用の食堂を始めた叔父さん。そこでは客の思い出のメニューを、オリジナルより少し下手な味付けで出すらしい。

『やもめ』…コテツの出生の秘密が明らかにされるシリーズ第19作目。叔父さんとコテツとの不器用すぎる別れを描き、不覚にも涙する読者が続出した異色の感動作。

51 星の叔父さま

My uncle named Hoshi

ほしのおじさま

名刺切らしました。
新世界文学名作選㊾
星の叔父さま
My uncle named Hoshi
本名判明？
新撰、文庫版世界文学全集第二十回配本
「ぼくの叔父さん」シリーズ。真人間になった叔父さん

Q：目に見えない大切なもの

我々は日々目に見えない大切なものに囲まれて暮らしています。見えないから誰も気にしていないけど、それがなければ人として生きていけないそんなもの。さて、叔父さんが売っていた「目に見えない大切なもの」とは下のうちどれでしょう？（答え→500p）

①空気　**②信用**　**③夢**　**④仮想通貨**　**⑤月の裏側の土地**

【あらすじ】

父王の葬儀以来城に顔を見せなくなった叔父さんが、見たこともない背広姿で現れた。素知らぬ顔で名刺を出して「星です」なんて名乗るんだ。そのうえ何を売ってるか聞いたら「大切なものは目に見えません」だって。ぼくには分かる。きっと叔父さんは肝心な売り物をどこかに忘れてきちゃったんだ——。

婿養子になりまじめに働こうとする叔父さんの奮闘。たらふくごちそうを食べて寝てしまった叔父さんは、まるで象を飲み込んだウワバミのようだった。

父王の葬儀以来城に顔を見せなくなった叔父さんが、見たこともない背広姿で現れた。素知らぬ顔で名刺を出して「星です」なんて名乗るんだ。そのうえ何を売ってるか聞いたら「大切なものは目に見えません」だって。ぼくには分かる。きっと叔父さんは肝心な売り物をどこかに忘れてきちゃったんだ——。婿養子になりまじめに働こうとする叔父さんの奮闘。たらふくごちそうを食べて寝てしまった叔父さんは、まるで象を飲み込んだウワバミのようだった。
初版特典：「叔父さんの名刺(1000枚組)」
抽選で20名様にプレゼント
※詳しくは巻末ページをご覧下さい。
書影　裏

初版特典
「叔父さんの名刺
(1000枚組)」
抽選で20名様に
プレゼント

叔父さんの「星時代」を描いた作品

『星の叔父ニューヨークへ行く』…シリーズ第21冊目。世間知らずの叔父さんが出張先の大都会で巻き起こす騒動。摩天楼に登ったゴリラとの友情物語。

『あしなが叔父さん』…第22冊目。働いてできた小金を奨学金に使った叔父さん。支援相手の少女に文通で「足が長い」と嘘をつき、僕は叔父さんと一緒にシークレットブーツを探すはめに。

52 夜間尾行

やかんびこう

Night trail

そうだ。銭湯行かなきゃ。

新世界文学名作選㊿
夜間尾行
Night trail
ねむいけど。
新撰、文庫版世界文学全集第二十一回配本
「ぼくの叔父さん」シリーズ。叔父さん尾けられる。

散々な目にあった尾行者

・「背中がかゆいから持ってて」といきなりお風呂セットを渡され、そのまま忘れて帰られる。
・仕方なく返しに部屋に行くと、涙目の叔父さんに「あなたはいい人だ。大家さんが飼っちゃだめって言うから、代わりに育ててください」と言われ濡れた子犬を託される。
・アパートでくさやを焼こうとしたのであわてて止めに入ったら、お土産に持たされる。
etc……。

王権転覆を目論む市民派が叔父さんの周辺を調べ始めた。スキャ
ンダルを狙ってのことと思うけど、ぼくは心配しなかった。誰より
ぼくは知っている。社会人としてはどうかと思う叔父さんだけど、
あの天真爛漫さを前に彼を貶めようと考える悪人はまずいない。
じきに尾行もばかばかしくなってやめてしまうに違いない――。
市民より市民らしい元王族叔父さんの、活躍しない日常を描く連
作。サスペンスタッチの第二十三話。
初版特典：「尾行セット（水に溶けるメモ付き）」
抽選で6名様にプレゼント
※詳しくは巻末ページをご覧下さい。

書影　裏

【あらすじ】

王権転覆を目論む市民派が叔父さんの周辺を調べ始めた。スキャンダルを狙ってのことと思うけど、ぼくは心配しなかった。

誰よりぼくは知っている。社会人としてはどうかと思う叔父さんだけど、あの天真爛漫さを前に彼を貶めようと考える悪人はまずいない。じきに尾行もばかばかしくなってやめてしまうに違いない――。

市民より市民らしい元王族叔父さんの、活躍しない日常を描く連作。サスペンスタッチの第二十三話。

初版特典
「尾行セット
（水に溶けるメモ付き）」
抽選で6名様に
プレゼント

シリーズ中の変わり種作品

『ワニや！　叔父さん』…シリーズ第12冊目。調子のいい関西人の口車に乗り南米へと旅立った叔父さん。川でワニに襲われる冒険譚。

『ニコゴリ叔父さん』…第15冊目。煮魚を作った翌朝、鍋に発生した不思議な物体に心奪われる叔父さん。

『叔父記』…シリーズ完結後に出版された番外編。古代に遡り叔父の起源に迫る神話考。

53

全てを打ち抜く必殺の肘。

オペラ座のタイ人

Thai of the Opera

おぺらざのたいじん

新世界文学名作選59
オペラ座のタイ人
The Thai of Opera
観客総立ち。
新撰、文庫版世界文学全集第二十二回配本
全仏にムエタイブームを巻き起こした傑作

ムエタイ（ほぼ本当）

立ち技世界最強といわれる格闘技。名は「タイ式の闘い」の意。400年以上の歴史を持つといわれ、タイの国技とされている。肘、膝による攻撃可の過激なルールを持つが、与えるダメージより技の美しさを重視する採点傾向により、陰惨な試合に向かうことは少ない。表紙の絵に対し一部読者より「ムエタイの構えにしては脇を締めすぎ」との声がたまに上がるが、「総合向けスタイル」と文中にあるので、マニア諸氏はどうか早まらずワイクルーを踊って落ち着いてほしい。

【あらすじ】

パリオペラ座初の格闘技興行“Qui est fort?”開催。全世界から押し寄せる腕に覚えのある猛者達の中に、片道切符を手に親友の象を連れ、遠くタイより渡仏した青年の姿があった。体格の差を打ち砕く必殺の肘と無尽蔵のスタミナを武器に予選を駆け上がる彼には、賞金や名声とは全く別のある重大な目的があった——。

迫真の格闘描写にまだ見ぬ母への思いを縦糸として織り込み、全仏にタイブームを巻き起こした傑作小説。満を持しての邦訳。

パリオペラ座初の格闘技興行“Qui est fort?”開催。全世界から押し寄せる腕に覚えのある猛者達の中に、片道切符を手に親友の象を連れ、遠くタイより渡仏した青年の姿があった。体格の差を打ち砕く必殺の肘と無尽蔵のスタミナを武器に予選を駆け上がる彼には、賞金や名声とは全く別のある重大な目的があった＿。迫真の格闘描写にまだ見ぬ母への思いを縦糸として織り込み、全仏にタイブームを巻き起こした傑作小説。満を持しての邦訳。
初版特典：「試合前の舞踊レッスンDVD」
抽選で20名様にプレゼント
※詳しくは巻末ページをご覧下さい。

書影　裏

初版特典
「試合前の舞踊(ワイクルー)
レッスン DVD」
抽選で 20 名様に
プレゼント

モデルとなった大会

1900年、パリ万博と同時開催されたオリンピック大会の裏で、世界中の格闘家を集めた初の異種格闘技大会が興行された。非公式であり、賭けの対象でもあったため残る記録は少ないが、断片的な資料によれば日本人柔術家（名前不詳）も参加していたようだ。その男は並みいる強豪を投げ飛ばし決勝に駒を進めたものの、セコンドにつく偉い人の「全日本国民の期待に応えよ！」という主語のデカすぎる檄に萎縮し敗退したらしい。今も昔も、選手の生き辛い国である。

54 タイ人20連勝

20 straight victories of the Thai

たいじんにじゅうれんしょう

感動の完結編。

新世界文学名作選60
タイ人20連勝
20 straught victories of the Thai
強すぎるっ！
新撰、文庫版世界文学全集第二十九回配本
「オペラ座のタイ人」続編。絶体絶命の危機を打ち砕く膝。

終盤の展開①（ネタバレ）

象質にされたトンダは、護身用にとポンチャックから唯一教わった技・鼻前蹴りを見張りに放ち、鍵を奪い脱出。アジトで暴れた際踏み抜いた、マフィアの大事なものが一切合切入った金庫を足にはめたままパリ市街を激走、一路オペラ座を目指す。一方悪に屈せぬ非情の覚悟でリングに上ったはずのポンチャックは思うままの力を発揮できず、“魔神”ファントムに再三ダウンを奪われてしまう。サンドバッグとなり殴られ、蹴られるポンチャックの脳裏に浮かぶ走馬灯……（続く）

【あらすじ】

パリオペラ座トーナメント優勝から19勝負け知らず。破竹の勢いで快進撃を続けるムエタイ戦士ポンチャック。しかし異邦人の活躍を快く思わないプロモーターはフレンチマフィアと手を組み親友トンダを拉致。象質の命と引き替えに八百長を強要する。

対戦相手は正体不明の挑戦者ファントム。絶体絶命の危機を前に決意を秘めリングに上がる王者。彼は戦う。母を捜すためでも、ムエタイの地位のためでもなく、強いものが勝利するという、ただ当たり前の正義を守るために――。

「オペラ座のタイ人」、感動の完結編。

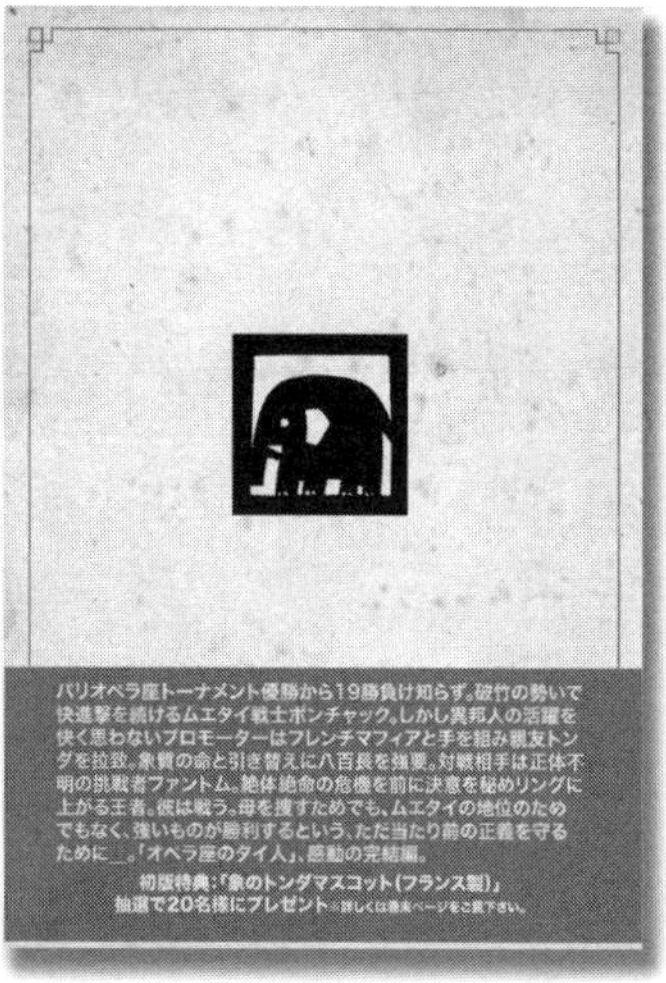
パリオペラ座トーナメント優勝から19勝負け知らず。破竹の勢いで快進撃を続けるムエタイ戦士ポンチャック。しかし異邦人の活躍を快く思わないプロモーターはフレンチマフィアと手を組み親友トンダを拉致。象質の命と引き替えに八百長を強要。対戦相手は正体不明の挑戦者ファントム。絶体絶命の危機を前に決意を秘めリングに上がる王者。彼は戦う。母を捜すためでも、ムエタイの地位のためでもなく、強いものが勝利するという、ただ当たり前の正義を守るために＿＿。「オペラ座のタイ人」、感動の完結編。
初版特典：「象のトンダマスコット（フランス製）」
抽選で20名様にプレゼント※詳しくは巻末ページをご覧下さい。

書影　裏

初版特典

「象のトンダマスコット
（フランス製）」
抽選で 20 名様に
プレゼント

終盤の展開②（ネタバレ）
おぼろげに浮かぶ母の顔、ジムを囲む密林の匂い、そして懐かしい親友の……。幻聴にしては大きすぎる鳴き声に意識を戻すポンチャック。リングサイドに駆けつけたトンダと目が合う。反撃の時だ。カウンターで入った肘が相手の仮面を割り、膝が鳩尾を抉る。ゴングと歓声が響く中、出されるポンチャック射殺の指示。しかし銃口と標的の間に立ちふさがったのは、勝者を称えるファントムの背中だった。ボックス席で舌打ちするボスの肩を、刑事がゆっくりと叩いた。(Fin)

原作本紹介

49

『王子と乞食』

マーク・トウェイン

同じ日に生まれたテューダー家の王子エドワードと王宮に憧れる乞食のトム。ある日、本物の王子を見たいと宮殿を訪れたトムを見たエドワード王子は、子供らしい遊びに憧れてトムと服を交換し、番兵に追い出されてしまう。入れ替わった二人の運命は……。

　子供の姿を通して富と貧困と心の尊さの根源を説く、マーク・トウェインが子供向けに書いた最初の物語。

　1881年刊。

王子と乞食

山本長一 訳
彩流社

50

『かもめのジョナサン』

リチャード・バック

食料を得るためだけに飛んでいる他のカモメとは異なり、飛ぶこと自体に探究心を燃やしたカモメ、ジョナサン・リヴィングストン。そんな彼はその特異さゆえに群れを追放されてしまうが、その後も鍛錬と工夫を重ね続ける。するとある日、彼を超える飛行技術を持った二羽のカモメが現れて……。

　1970年に刊行されたのち、2014年に第4部を含めた完全版が刊行された。

Jonathan Livingston Seagull
リチャード・バック
かもめのジョナサン

五木 寛之 創訳
ラッセル・マンソン写真
『かもめのジョナサン
完成版』
新潮文庫

51

『星の王子さま』

サン＝テグジュペリ

砂漠に不時着したパイロット「ぼく」は不思議な少年に出会う。彼は小さな星の王子であるという。かつて大人たちに「象を飲み込んだウワバミの絵」を見せて「なんで帽子なんかが怖いんだ」と笑われた「ぼく」に、彼は羊の絵を書いてくれとせがむ。

　「いちばんたいせつなことは、目に見えないんだよ」という王子さまの言葉はあまりに有名。世界中の言葉に訳された、永遠のベストセラー。

　1943年刊。

星の王子さま

谷川かおる 訳
ポプラポケット文庫

文責：現代書館編集部

原作本紹介

52

『夜間飛行』

サン＝テグジュペリ

南アメリカとヨーロッパを繋ぐ航空会社の社長リヴィエールは当時危険とされていた夜間飛行の唯一の推進者だった。ある日、パイロットのひとりファビアンが暴風雨に見舞われ、行方不明となる。反対派はファビアンの消失を理由に、夜間飛行の中止を求めてくるかもしれない。しかしこの事業は継続されるべきだというリヴィエールの信念は揺るがなかった。

困難な飛行を強い決意で成し遂げようとするパイロットたちのストイックな姿を詩情豊かに描く作品。

1931年刊。

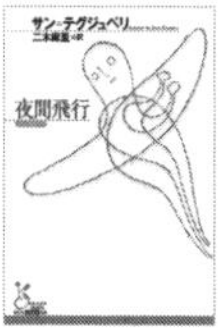

二木 麻里 訳
光文社古典新訳文庫

53

『オペラ座の怪人』

ガストン・ルルー

パリオペラ座の興行「ファウスト」開催。スカディナヴィアから渡仏した若手歌手クリスチーヌは、ヒロインのマルガレーテ役に抜擢されて大成功を収めた。それはオペラ座に住まう幽霊（ファントム）に手ほどきを受けたからであった。そして彼女を追ってオペラ座に通い続ける幼馴染のラウル子爵との三角関係から、事態は思わぬ方向に進んでいく。

ミステリーの要素と怪奇的な要素を織り込んだ傑作小説。

1910年刊。

長島良三 訳
角川文庫

54

『怪人二十面相』

江戸川乱歩

二十のまったく違った顔を持っていると言われる賊が、東京中の町という町を騒がせていた。あだ名は「二十面相」。そんな怪盗と名探偵明智小五郎との闘いを描く。

怪人二十面相は1936年刊行『怪人二十面相』で初登場以来、『少年探偵シリーズ』に幾度となく登場している。

『怪人二十面相 ― 私立探偵 明智小五郎』
新潮文庫 nex

キャラクター図鑑③

（ぼくの叔父さん／タイ人編）

叔父さん
（ジョナ）

シリーズの主人公。本名はジョナ。星姓だったこともある。語り手である「ぼく」の叔父で、ヨーロッパのさる国の、王の弟だったのだが若くして王位継承権を放棄し下野。以後市井の人として気ままな暮らしを続ける変わり者。無邪気で無計画でお人好しのためさまざまな騒動に首を突っ込んだり巻き込まれたりする、いわゆる「ダメな大人」の見本のような人物だが、なぜか憎めない。

ぼく
（王子）

シリーズ通じての語り手。叔父さんとの交流を通じ「あんなひとが苦労しなくても生きていける国」を志すようになる。

コテツ

タフな赤子。やもめ時代の叔父さんの相棒で連れている理由は19作目で明らかに。

尾行者

王権廃止派のスパイ。叔父さんを監視していたが、結果的に振り回される。犬好き。

タイ人
（ポンチャック）

本名ポンチャック・ポームラハム。ムエタイ戦士。オペラ座で開催された異種格闘技興行に参加するも、その真の目的はパリにいるというまだ見ぬ母を探すためにあった。
大会優勝後も19戦負け知らずで防衛街道を突き進むが、その無敵の王者っぷりがフレンチマフィアの怒りを買うこととなる。
映画化作品は全仏にタイブームを巻き起こし、その後も「タイ人ポンチャック」シリーズとして、多くの作品が制作された。

トンダ

象。共に育ったポンチャックの親友でどこに行くにも常に一緒。大らかな平和主義者だが、よく捕まって象質に。唯一の得意技は鼻前蹴り。

ファントム

最強の挑戦者。捨てられたオペラ座の地下水路で、流れてきた格闘技雑誌を見ながら育った格闘マニア。敗戦後は子供格闘塾を経営。超絶甘い素顔を嫌い常に仮面をつけている。

越境文学 その2

風呂文学

#疑似天国
#野戦銭湯
#異界
#フルーツ牛乳
#“永遠の美青年”
#利権争いの火種
#長湯世界一選手権
#泉岳伝説
#真人間化文学
#どんだけ好きなんだ風呂

いいじゃないか。今が幸せなら。

55 垢と風呂

The Dirt and bath

あかとふろ

新世界文学名作選⑬
垢と風呂
The Dirt and the bath
さっぱり。
新撰、文庫版世界文学全集第2回配本
湯の快楽に流される野心。

風呂の効能（ジュリアンにもたらされた変化）

【血行促進・食欲増進】→何を食ってもうまくなる→福々しくなる
【快眠効果】→寝つきがよくなる→栄養をとってすぐ寝る、よく寝る→福々しくなる
【リフレッシュ効果】→執着心の減少→出世なんてどうでもよくなる
【ストレス減少】→逆境をバネにしたハングリー精神・野心の減退→出世なんてどうでもよくなる
【幸福感】→満たされてはじめて他人の幸せも願えるように→女性を踏み台にできなくなる

【あらすじ】

貧しい桶屋に生まれた美青年ジュリアンは、己が美貌を武器に女達を手なずけ、次々と出世の階段を駆け上がっていた。野望は全て叶えられるはずだった。あの日、風呂というものに出合うまでは――。男の出世欲を妨げるお湯という名の快楽。湯冷めることのない夢に溺れたひとりの男の物語。青春の野望と挫折をみずみずしい筆致で描ききるフランス文学の佳品。

貧しい桶屋に生まれた美青年ジュリアンは、己が美貌を武器に
女達を手なずけ、次々と出世の階段を駆上っていた。
野望は全て叶えられるはずだった。あの日、風呂というものに
出会うまでは……。男の出世欲を妨げるお湯という名の快楽。湯
冷めることのない夢に溺れたひとりの男の物語。青春の野望と
挫折をみずみずしい筆致で描ききるフランス文学の佳品。
初版特典：「お風呂セット（ラバーダッキー付き）」
抽選で5名様にプレゼント
※詳しくは巻末ページをご覧下さい。

書影　裏

初版特典
「お風呂セット
（ラバーダッキー付き）」
抽選で５名様に
プレゼント

1954年の映画化作品（「永遠の美青年」）

ジュリアンの美青年ぶりに誰もが目を奪われる映画化作品。その成功は、風呂前、風呂後を演じる俳優を分け、全体を「風呂に侵されすっかり福々しくなったジュリアンの回想」という形にした、構成の妙によるところが大きい。今作で大ブレイクを果たした「風呂前＝美男時代」のジュリアン役俳優は、当初「自分は顔だけの男じゃない」と、肉体改造を行い風呂後の姿も自分で演じようとしたが、監督はじめ映画会社による必死の説得でようやく断念したらしい。

56

戦争のたび発禁処分。

新世界文学名作選㊷
ジョニーは銭湯へ行った
Jonny Went to a Public Bath
きれい好き。
新撰、文庫版世界文学全集第十六回配本
反戦銭湯文学の代表、待望の復刊。

ジョニーは銭湯へ行った

Jonny Went to a Public Bath

じょにーはせんとうへいった

銭湯＝疑似天国

関東大震災後数多く建てられた宮造りの銭湯は、唐破風の入り口、坪庭や格子天井、富士山のペンキ絵など強く極楽浄土を意識したものとなっている。「多人数が裸で同じ湯に浸かる」という形態もまた、身分や貧富の差などの社会的属性が介在しえないという点において天国に近いといえよう。ジョニーは戦争によって失われた生きる力をこの異界で取り戻し、そして気づく。「人は、心地よく過ごすために生きるのだ」と。

【あらすじ】

敵国と交戦中照明弾が破裂、重傷を負ったジョニーは前線を離れ自陣に設けられた野戦銭湯に送られる。

皮膚に染みこむ湯の熱さ、壁に描かれた異国の光景、女湯から伝わるカランの音、そしてフルーツ牛乳の味。ジョニーは失っていた人間としての感覚を銭湯という異界で取り戻してゆく――。

幾たびもの発禁処分を受けつつ時代を超えて読み継がれる反戦文学の旗印。文中のフレーズ「銃を捨て銭湯へ行こう」は、現在も反戦デモのスローガンとして使用されている。

敵国と交戦中照明弾が破裂、重傷を負ったジョニーは前線を離れ自
陣に設けられた野戦銭湯に送られる。皮膚に染みこむ湯の熱さ、壁
に描かれた異国の光景、女湯から伝わるカランの音、そしてフルー
ツ牛乳の味。ジョニーは失っていた人間としての感覚を銭湯という
異界で取り戻してゆく＿。幾たびもの発禁処分を受けつつ時代を超
えて読み継がれる反戦文学の旗印。文中のフレーズ「銃を捨て銭湯
へ行こう」は、現在も反戦デモのスローガンとして使用されている。
初版特典：「フルーツ牛乳（一年分）」
抽選で3名様にプレゼント
※詳しくは巻末ページをご覧下さい。

書影　裏

初版特典
「フルーツ牛乳（1年分）」
抽選で3名様に
プレゼント

野戦銭湯の変遷

【第一次世界大戦中】 初めて戦線に導入→「兵士の回復効果はずば抜けて高いものの、戦意喪失者も続出、というかもれなくそうなる」ことが判明→軍は制度廃止を決定。

【第二次世界大戦中】 自陣に風呂がないことにより戦闘そっちのけで温泉を掘り出す兵士が続出、問題となる。→軍は仕方なく野戦銭湯（戦意喪失に至らぬよう設備は簡易化）の復活を決定。

野戦銭湯の歴史とは、常に「戦争＝非人間性」と「銭湯＝人間性」とのせめぎ合いの歴史である。

全ては犬が、知っている。

57 銭湯の犬たち

The Dogs in Public Bath

せんとうのいぬたち

新世界文学名作選㊸
銭湯の犬たち
The Dogs in Public Bath
少しつめてもらえます?
新撰、文庫版世界文学全集第十三回配本
楽園と相容れぬ醜い争いに異を唱える獣たち。

犬が雇われた目的（ネタバレ）

「焼け野原に残る野戦銭湯敷地内に大判小判がザクザク埋まっている」との情報を聞きつけた軍部、傭兵、地元マフィアたちは財宝発見の切り札として世界中から犬たちをこぞって調達、探査に向かわせる。ところが犬たちは揃って迷わず任務より湯船を選択。命に背いて結託し、見張りを立て銭湯に立てこもり、ひたすら湯に浸かる行動に出る。本当の幸福とはいったい何か犬たちはみな知っていたのだろうか。煙突から出る煤のかかった枯れ木には、翌年見事な花が咲いたという。

【あらすじ】

戦争は終わり、銭湯は残った。誰も思いはしなかった。人々を癒す場が新秩序の下で利権争いの火種に変わるとは。
繰り広げられる駆け引き、裏で流れる巨大な資金。争いの中雇われた犬たちは命に背き銭湯を占拠、揃って湯に浸かる。物言わぬ彼らの真意とは——。

実際の事件に材を取った迫真のノンフィクション。銭湯三部作「銭湯と平和」へと繋がる重要な第二章。

戦争は終わり、銭湯は残った。誰も思いはしなかった。人々を癒す場が新秩序の下で利権争いの火種に変わるとは。繰り広げられる駆け引き、裏で流れる巨大な資金。争いの中雇われた犬たちは命に背き銭湯を占拠、揃って湯に浸かる。物言わぬ彼らの真意とは——。実際の事件に材を取った迫真のノンフィクション。銭湯三部作「銭湯と平和」へと繋がる重要な第二章。
初版特典：「お風呂用トリミングブラシ」
抽選で13名様にプレゼント
※詳しくは巻末ページをご覧下さい。

書影　裏

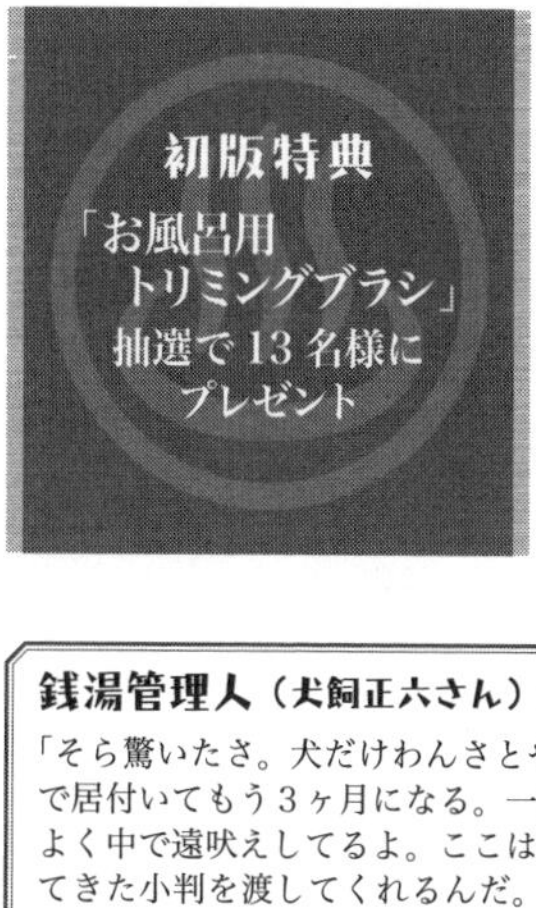
初版特典
「お風呂用
トリミングブラシ」
抽選で13名様に
プレゼント

銭湯管理人（犬飼正六さん）の証言

「そら驚いたさ。犬だけわんさとやってきて一斉に湯に浸かった時は。気に入っちまったみたいで居付いてもう３ヶ月になる。一日見張り番だったやつなんか、仕事明けの湯が気持ちいいのかよく中で遠吠えしてるよ。ここは銭湯だからね。犬も分かってるのか、週に一度どこからか持ってきた小判を渡してくれるんだ。いつも『こんなのお釣り出せねえよ』って伝えてんだけどね。分かんないみたいだね。犬だから」

58

伊豆のホドリゴ《いずのほどりご》

Rodrigo in IZU

洗い流せぬ闘う者の業。
新世界文学名作選⑨
伊豆のホドリゴ
Rodrigo in IZU
これは汗ではない！
新撰、文庫版世界文学全集第8回配本
世界が瞠目した異色格闘文学。

長湯歴代世界一（泉岳伝説①）

現在の長湯公式世界記録は8時間35分20秒（湯浅長介氏）であるが、競技化する以前を含めれば平安時代の僧、泉岳（せんがく）にかなう者はないだろう。伝承によると、優れた行者だった泉岳は回峰行の最終日、山中に湧き出た温泉を目にし我慢できず入湯。服だけを残しそのまま姿を消したという。言い伝えにある「泉岳の湯」は今も群馬山中で滾々と湧き続けており、泉岳が湯と一体化したと考えれば、今日まで千年以上湯に浸かり続け、今もその記録は更新中といえる。

【あらすじ】

三〇〇戦無敗を誇る、南米の英雄ホドリゴ失踪――。

世界中が騒然とする中、「相手を敗北させること」に倦んだ格闘家は異国の地でひとり湯につかっていた。そこへ現れる地元の老人。戦う者の勘が彼に告げる。目が合った瞬間「長湯世界一」を懸けた戦いがすでに始まってしまったことを――。

弛緩した保養地で繰り広げられる鬼気迫る対決。人は所詮争うことから逃れられぬものなのか。戦うものの業を描ききる骨太の異色格闘小説。特別防水加工で発刊。

300戦無敗を誇る、南米の英雄ホドリゴ失踪＿。
世界中が騒然とする中、「相手を敗北させること」に倦んだ格闘家は異国の地でひとり湯につかっていた。そこへ現れる地元の老人。戦うものの勘が彼に告げる。目があった瞬間「長湯世界一」をかけた戦いがすでに始まってしまったことを＿。弛緩した保養地で繰り広げられる鬼気迫る対決。ひとは所詮争うことから逃れられぬものなのか。戦うものの業を描ききる骨太の異色格闘小説。特別防水加工で発刊。
初版特典：「湯ノ花と力石（50kg）セット」
抽選で15名様にプレゼント
※詳しくは巻末ページをご覧下さい。

書影　裏

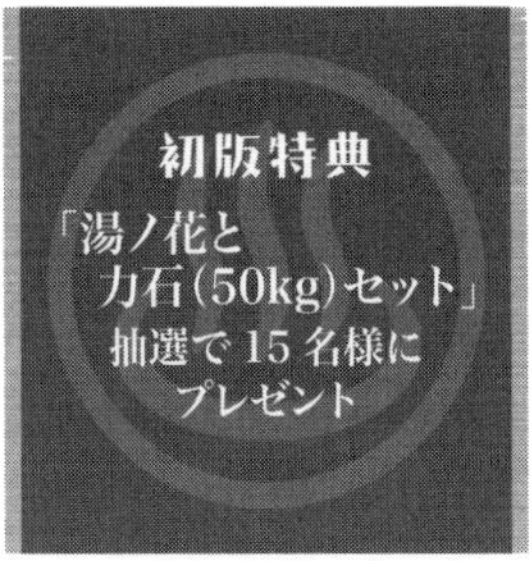
初版特典
「湯ノ花と
力石(50kg)セット」
抽選で 15 名様に
プレゼント

ある孝行娘のはなし（泉岳伝説②）

孝行娘がおったとさ。おっ母が病気になったんで、ありがたい「泉岳さんの湯」を一口だけでも飲ませてえと内緒で山に入ったそうな。ところが汲むだけのつもりが足を滑らせお湯の中にどぼん。落ちた途端に麓の村々の地面から一斉に湯が噴き出したんだと。村人たちは「孝行娘の願いを泉岳さんが聞いてくれたんじゃ、ありがたや」と口々に感謝したけんど、出てきた湯が山とは違う真っ赤な色じゃったことにはみな首を傾げたと。（群馬県泉岳温泉「鼻血の湯」パンフより）

59 つかる

Soaking in the bath

古里とは。

新世界文学名作選㊿

つかる

Soaking in the bath

ああ、帰ってきた。

新撰、文庫版世界文学全集第二十三回配本
無頼派作家、帰郷する。

真人間化文学

文学には「頭でっかちで自堕落または非人間的環境に置かれていた主人公が、あるきっかけをもとに人間らしさとは何かを見つめ直す」作品が一定数存在する。「真人間化文学」として一括りにされがちな諸作だが、そのトーンは教条的、自虐的なものからスピリチュアル的なものまで多岐にわたり、どれもそれぞれ味わい深い。当ブックガイドに掲載する作品中『二兎物語』、『魔の海女』、『垢と風呂』、『ジョニーは銭湯へ行った』などはこの系譜に含まれるといってよいだろう。

【あらすじ】

編集者への借金が返せず、捨てた古里への紀行文を書く羽目になってしまった私。

いやいやながら乗り込んだ車窓に映る懐かしき光景、りんごの味、猿と入る温泉。湯煙の中私は気付く。此処がきらいな訳ではなかった。私は怖かったのだ。街でいつしか身につけた、見栄や道化の泡立つ皮が、残らず全て流されて、残ったものを見つめることが――。

編集者への借金が返せず、捨てた古里への紀行文を書く羽目に
なってしまった私。いやいやながら乗り込んだ車窓に映る懐か
しき光景、りんごの味、猿と入る温泉。湯煙の中私は気付く。
此処がきらいな訳ではなかった。私は怖かったのだ。街でいつ
しか身につけた、見栄や道化の泡立つ皮が、残らず全て流され
て、残ったものを見つめることが__。
初版特典：「りんご(青森産・不揃い約7kg)」
抽選で50名様にプレゼント
※詳しくは巻末ページをご覧下さい。

書影　裏

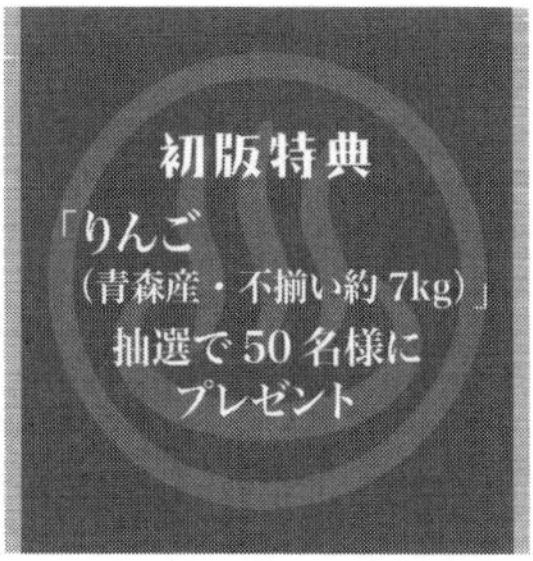
初版特典
「りんご
(青森産・不揃い約 7kg)」
抽選で 50 名様に
プレゼント

ひとでなし（ネタバレ）

すつかり湯に馴染み、纏つた険も屈託も綺麗に流れたちやうどその頃、私の頭を毛づくろいする者がゐる。誰かと振り向けば、それは幼き私を子守して呉れたあの「たけ」ではないか。風に湯気が流されたことで、私を囲んだほかの猿どもの懐かしい顔がひとりひとりはつきりと見える。そして私は、都会で捨てて忘れてゐた私の秘密を思ひ出す。さういえばむかし、ある女に「ひとでなし」と云はれた事があつた。今はそれにも合点がゆく。すなはち私は猿なのである。

原作本紹介

55 『赤と黒』

スタンダール

貧しい製材屋に生まれた野心家の美青年ジュリアンは、己の才気と美貌を武器に女性たちに近づき、出世の階段を上っていた。ところが貴族の娘との結婚により社会的成功まであと一歩というところで、かつての恋人の横槍が入る……。

実際の事件を題材に、上昇志向の強い主人公の心理と当時のフランス社会を描ききる長編小説。

１８３０年刊。

小林正 訳
新潮文庫
上下巻

56 『ジョニーは戦場へ行った』

ドルトン・トランボ

敵国との交戦中に砲弾を避けようと塹壕に飛び込み重傷を負ったジョー・ボナムは、運び込まれた病院で両腕、両脚も切断されてしまう。父親と出かけた釣り、恋人との一夜、パン屋で仕事していた日々。四肢と両目、両耳、鼻、口を失った彼は残された皮膚感覚と思考を巡らせ、自らの意思をモールス信号を用いて伝えようと試みる。

幾たびもの発禁処分を受けつつ時代を超えて読み継がれる反戦文学の金字塔。

１９３９年刊。

信太英男 訳
角川文庫
（品切れ、重版未定）

57 『戦争の犬たち』

フレデリック・フォーサイス

西アフリカの新興国ザンガロに眠っているプラチナ鉱石を狙うマンソン鉱山会社の会長マンソン卿は、その邪魔となるキンバ大統領の暗殺を目論む。暗殺を依頼された傭兵のリーダー、シャノンは傭兵仲間を招集し、クーデター計画を立てる。繰り広げられる駆け引き、裏で流れる巨大な資金。男たちの野心と思惑が交錯し、事態は思わぬ方向へ。

アフリカで起こった実際の事件に材を取った迫真の軍事・経済小説。

１９７４年刊。

篠原慎 訳
『戦争の犬たち（上）』
角川文庫 上下巻
（品切れ、重版未定）

文責：現代書館編集部

原作本紹介

58

『伊豆の踊子』

川端康成

孤独に倦んだ旧制高校生である「私」は、伊豆へ一人旅に出かけた。道中で出会った旅芸人の一団の中の踊子。清純無垢な踊子への想いをつのらせ、孤児意識の強い主人公の心が徐々にほぐれていく――。

美しく清々しい青春小説。

1926年刊。

新潮文庫

59

『津軽』

太宰治

「津軽の事を書いてみないか」と編集者から依頼され、自分の生まれた地を見ておきたいとも思っていた「私」はある年の春、乞食のような姿で東京を出発した。

自身の作品を交えつつ、級友たちと大いに酒を飲み蟹や鯛を食いながら、津軽出身者として時に津軽の悪口を、時に津軽への愛を込めて津軽の旅をのびのびと描く。

1944年刊。

角川文庫

※カバーの絵柄は（株）かまわぬの風呂敷柄を使用しています。

類書案内

よく見りゃ似てる表紙絵あれこれ

ポーズ編「両手を前に」

→82p

→106p

→108p

レビュー『ジキル博士と毎年』

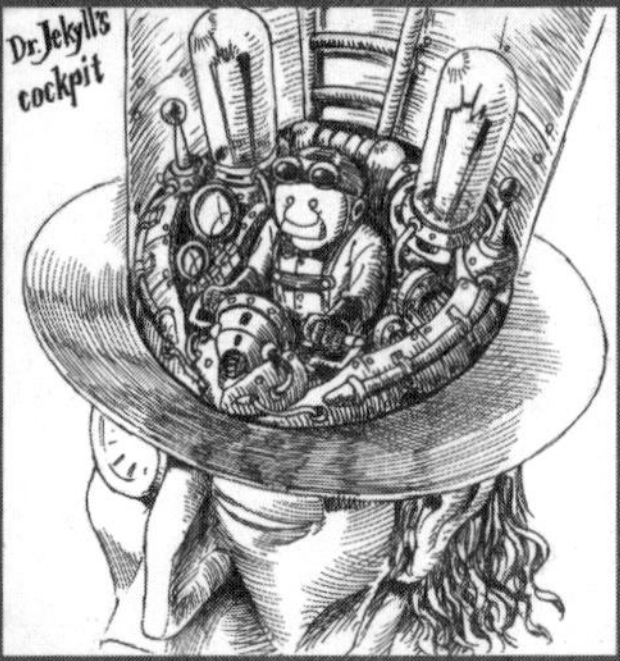

初版挿絵より「ジキル博士のコックピット図」

「ついに僕は見てしまったのだ。ジキル博士の帽子の中を！」
「毎年、僕が来るときはジキル博士はプールの中から現れる。きっと僕を驚かそうとしているんだと思うけど、さすがにもう慣れてきたよ……」

探偵小説ブームの中で発表された『ジキル博士と毎年』。ハイド氏がジキル博士を操縦するというこの時代には早すぎるSF設定は当時の読者からキワモノ扱いされ、正当な評価がなされなかった。

ところが80年代に入るとSF小説大賞にノミネートされ、怪奇小説からSF小説にジャンルが変更。現在では日本SF界の始祖と呼ばれ、後続の有名なSF作品への影響が多く指摘されている。

本書の魅力として挙げられるのは、やはり主人公の僕の視点から描かれるジキル博士のチャーミングさと、実は彼はハイド氏が操っていたロボットであるという非日常さのバランスであろう。

前半のちょっと気難しいジキル博士と僕とのほのぼのとしたやり取りから一転、近所のおばさんから聞いたハイド氏の話、肉とスイカしか食べないジキル博士の異常な行動が目につく中盤、そして、衝撃のラスト……。

ページをめくるたびに明かされていくジキル博士の秘密と、その秘密を知りたくない主人公の葛藤も読みどころ。

評：村上あき（有限会社エム・クリエイト元代表）
イラスト・立体業界を飛び回るフリーのプロジェクトマネージャー
企画立案から面白い事、お手伝いいたします。

日本文学　その1

説話・紀行

\# 時代を超えた名作
\# わび・さび
\# 主人公は質素
\# 唐突な一発逆転
\# よい人は報われる
\# うさぎ×5
\# 元祖マニアサブカル本
\# 桃乗り名人
\# 「そうなんだろ？」
\# 禁断の願いごと

60

みんなちがって、みんなかわいい。

新世界文学名作選㊺
草食五人女
Herbivorous Five Women
もぐもぐぽろぽろ
新撰、文庫版世界文学全集第十六回配本
傑作浮世草子。草食女にゃかなわない。

草食五人女

Herbivorous Five Women

そうしょくごにんおんな

うさぎバブル/うさぎの復讐（だいたい実話。映画も本当にあります。）

明治初期、西洋産品種の登場により日本に空前の兎飼育ブームが発生。珍しい柄の個体に高値がつき一攫千金を狙う業者が乱立した。二度目のバブルは1930年。兎毛産業の興隆を見込んだアンゴラ兎の投機的流行がそれに当たる。映画『Night of the Lepus(1972米)』では、そんな金儲けの道具扱いされた兎たちが身勝手な人間たちに復讐を開始する。巨大化し地響きを立てながら町を襲う兎の群れ。恐怖映画には場違いすぎるその可愛さを、ぜひ一度目に焼き付けてもらいたい。

【あらすじ】

時は江戸、世間に知られる実話を基に紡がれた五人の女性のオムニバス。

「エサがないと怒る女」、「なでをせがむ女」、「うれしいと跳ねる女」、「ほっとかれると悪さをする女」、「目を開いて寝る女」の五本。

女という生物の奥深い有り様を滑稽味を交えて描き当時大流行した浮世草子。現存する挿画も多数収録。

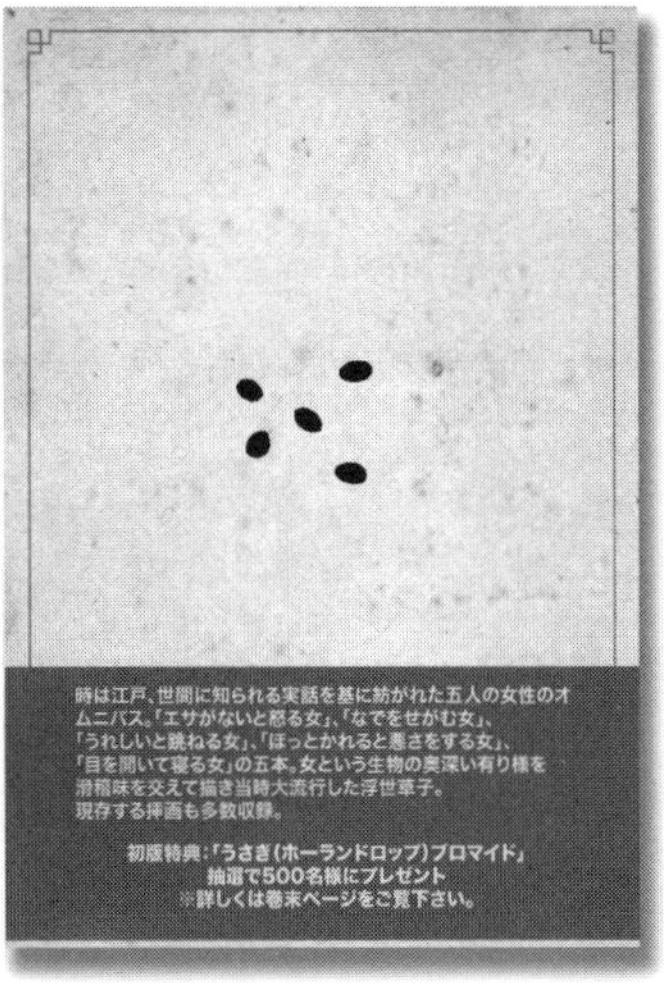
時は江戸、世間に知られる実話を基に紡がれた五人の女性のオムニバス。「エサがないと怒る女」、「なでをせがむ女」、
「うれしいと跳ねる女」、「ほっとかれると悪さをする女」、
「目を開いて寝る女」の五本。女という生物の奥深い有り様を
滑稽味を交えて描き当時大流行した浮世草子。
現存する挿画も多数収録。
初版特典：「うさぎ（ホーランドロップ）ブロマイド」
抽選で500名様にプレゼント
※詳しくは巻末ページをご覧下さい。

書影　裏

初版特典

「うさぎ（ホーランドロップ）
ブロマイド」
抽選で 500 名様に
プレゼント

うさぎ用語集②（きっと本当）

プルピョン…頭を左右に激しく振ってから、または振りながらジャンプする様子。嬉しさの表明。

うたっち…後ろ足で立つこと。脳がうさぎに侵されると立つ様子にも名前を付けたくなるのです。

足ダン…足踏み。野生の群れにおいては警戒警報。飼いうさぎは不満の表明や注目してほしいときに行う。思いの外大きい音がするので、突然キレられると飼い主はまじでおどろく。

うさぎ拳…顔拭き前に２、３度手を前に振り下ろす動作。「ブンッ」と香港映画みたいな音がする。

61

ぼくの細道

MY narrow path

ぼくのほそみち

細道とは、だれかの足跡である。

新世界文学名作選拾遺篇③
ぼくの細道
My narrow path
細道が好きっ!
新撰、文庫版世界文学全集拾遺篇第一回配本
江戸中を細道ブームに巻き込んだ、元祖マニア
サブカル本。

目次の一部（現代語訳）

- **細道の分類**（用水路系／畦道系／土地境系／獣道乗っ取り系／どうしても近道したかった系）
- **細道の味わい方**（行き止まりは敗北じゃない／“細いもの勝ち”は初心者／公道か私道か分からないスリル／なぜそこに道があるのか想像しよう／かならず逆からも通ること）
- **細道の危険**（蜘蛛の巣／蛇／蜂の巣／漆／茨／くっつき虫／屋敷の主／お役人／野良犬と糞）
- **田舎の細道は命がけ**（リアル獣道の見分け方）

【あらすじ】

細道好きが高じて全国のぐっとくる細道を生涯訪ね歩いた筆者によるガイドブック。

細道の定義と分類、鑑賞法、地域別特徴から名細道100セレクションまでを網羅し、江戸期の日本全国に一大細道ブームを巻き起こした。

紹介された細道にはガイド片手の見物客が殺到し、社会問題となるほどブームは加熱、中には観光地化や道路拡張を行いもはや細道と呼べなくなった道も出、詫びた佇まいを愛した作者の意図が裏目に出る皮肉な結果となった。

細道好きが高じて全国のぐっとくる細道を生涯訪ね歩いた筆者によるガイドブック。細道の定義と分類、鑑賞法、地域別特徴から名細道100セレクションまでを網羅し、江戸期の日本全国に一大細道ブームを巻き起こした。紹介された細道にはガイド片手の見物客が殺到し、社会問題となるほどブームは加熱、中には観光地化や道路拡張を行いもはや細道と呼べなくなった道も出、詫びた佇まいを愛した作者の意図が裏目に出る皮肉な結果となった。
初版特典：「細道鑑賞7つ道具（傘、杖、脚絆ほか）」
抽選で100名様にプレゼント※詳しくは巻末ページをご覧下さい。

書影　裏

初版特典

「細道鑑賞 7つ道具
（傘、杖、脚絆ほか）」
抽選で 100 名様に
プレゼント

作者“公儀隠密”説

取材内容がディープすぎるためか、作者＝公儀隠密説は昔から幾度となく囁かれてきた。細道マニアの顔をすればどこに分け入ろうと怪しまれないというわけだ。この説の支持者によれば、取材成果をあえて一般向けに出版した意味は「身バレを隠すアリバイ」あるいは「各藩の作った秘密通路を、公開することにより事前に無効化する目的」であるとされる。真偽のほどは不明だが、「極めたマニアの情報収集能力は公儀隠密に匹敵する」とはいえるかもしれない。

62

男はふたたび桃に乗る。

ももかろう

Mr.Peach, the Chief Retainer

新世界文学名作選㊳
ももかろう
Mr.Peach, the Chief Retainer
も
禄は団子とな!?
新撰、文庫版世界文学全集第二十五回配本
日本一の藩を目指した家老がたどる中間管理職の悲哀。

登場人物

吉備乃刑部…備前岡山藩家老。別名「桃家老」。有能な官吏だが部下に恵まれなかった上、桃ときび団子しか食さぬため最近顔に疲労の色が濃い。

犬…誰にでもなつくので一人の主君に尽くす侍には向かない。袴の裾を踏む癖がある。

猿…人の真似ばかりする指示待ち家臣。芋は洗ってから食べる派。

雉…三匹（羽）の中では一番有能だが、極度の方向音痴。

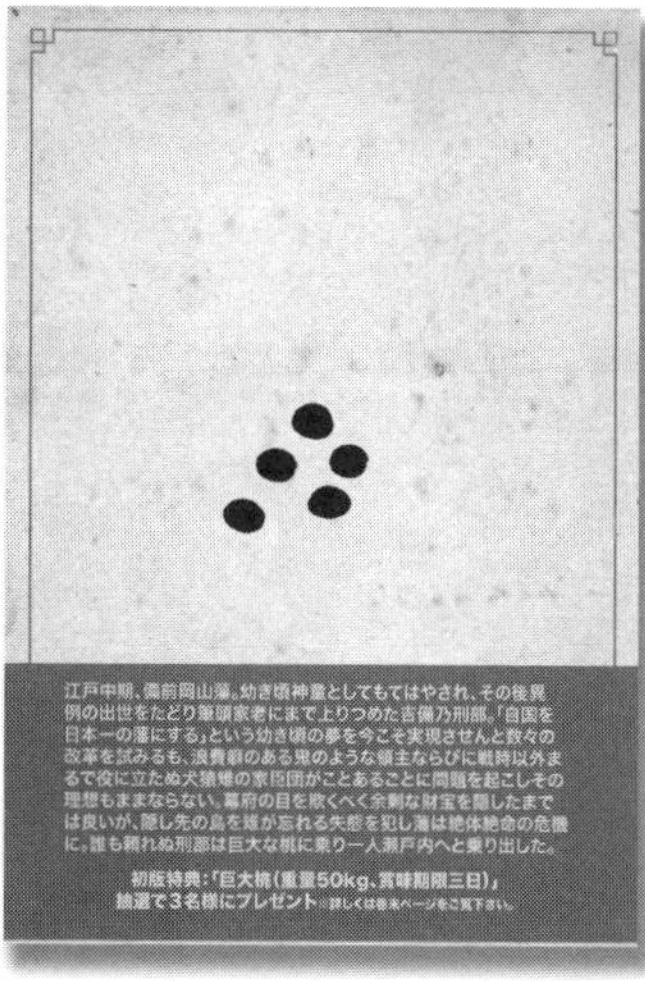
江戸中期、備前岡山藩。幼き頃神童としてもてはやされ、その後異例の出世をたどり筆頭家老にまで上りつめた吉備乃刑部。「自国を日本一の藩にする」という幼き頃の夢を今こそ実現させんと数々の改革を試みるも、浪費癖のある鬼のような領主ならびに戦時以外まるで役に立たぬ犬猿雉の家臣団がことあるごとに問題を起こしその理想もままならない。幕府の目を欺くべく余剰な財宝を隠したまでは良いが、隠し先の島を雉が忘れる失態を犯し藩は絶体絶命の危機に。誰も頼れぬ刑部は巨大な桃に乗り一人瀬戸内へと乗り出した。
初版特典：「巨大桃（重量50kg、賞味期限三日）」
抽選で3名様にプレゼント

書影　裏

【あらすじ】

江戸中期、備前岡山藩。幼き頃神童としてもてはやされ、その後異例の出世をたどり筆頭家老にまで上りつめた吉備乃刑部。「自国を日本一の藩にする」という幼き頃の夢を今こそ実現させんと数々の改革を試みるも、浪費癖のある鬼のような領主ならびに戦時以外まるで役に立たぬ犬猿雉の家臣団がことあるごとに問題を起こしその理想もままならない。

幕府の目を欺くべく余剰な財宝を隠したまでは良いが、隠し先の島を雉が忘れる失態を犯し藩は絶体絶命の危機に。誰も頼れぬ刑部は巨大な桃に乗り一人瀬戸内へと乗り出した。

初版特典
「巨大桃（重量50kg、
賞味期限三日）」
抽選で3名様に
プレゼント

桃乗りの風習

岡山県の沿岸地方に伝わる“桃乗り”の風習は、2つに割って種を除いた県特産の巨大桃を一人乗りの小舟代わりに使用するもので、かつては舟を持たぬ庶民にとっての貴重な足代わりだったという。ベタベタすることを除けば乗り心地は快適で、しかも漕ぎながら小腹も満たせる。桃乗りが川面を埋めどんぶらこと流れるさまは、備前を代表する初夏の光景として全国的に知られ、浮世絵にも多く描かれた。刑部は「桃から生まれた」と噂されるほどの名人だったと記録にはある。

63 浦島だろう？

Are you Urashima?

うらしまだろう？

長生きはしてみるもんだ。

続・世界文学名作選④
浦島だろう?
Are you Urashima?
そうなんだろ!?
新撰、文庫版世界文学全集続編第2回配本
あの物語に続きがあった。100年越しの再会を
果たしたふたりが選ぶ最高の人生。

「浦島」異聞（1）

箱の中から噴き出す白煙に全身を包まれた太郎。すっかり煙が去った後そこに立っていたのは、腰の曲がった白髪の老人だった。太郎が亀を助けたあの日から、百年の月日が経っていた。

やにわに遠くなった目で呆然と海原を見つめていた太郎の手にふいに重みがかかる。視線を手元の箱に移せば猫。どこからか走ってきた猫が空箱の形に四角く収まり、だまってこちらを見上げている。（続く）

【あらすじ】

「浦島……だろう？」一瞬にして老人の姿となり愕然とする太郎に声をかけた更に皺くちゃの老人。彼こそ齢百を超える村の生き字引、かつて亀をいじめて太郎に諭された子供の生き残りだった。

たった一人の自分を知る者との再会。親友となったふたりは、残りの人生を悔いなく過ごすため、〈死ぬまでにしたいことリスト〉を作りそれを片端から果たすことに決める。

「わ、わしゃあ豪華な屋敷で美人に酌をされてみたい！」「いやあ、そういうのはもういいよ〜」

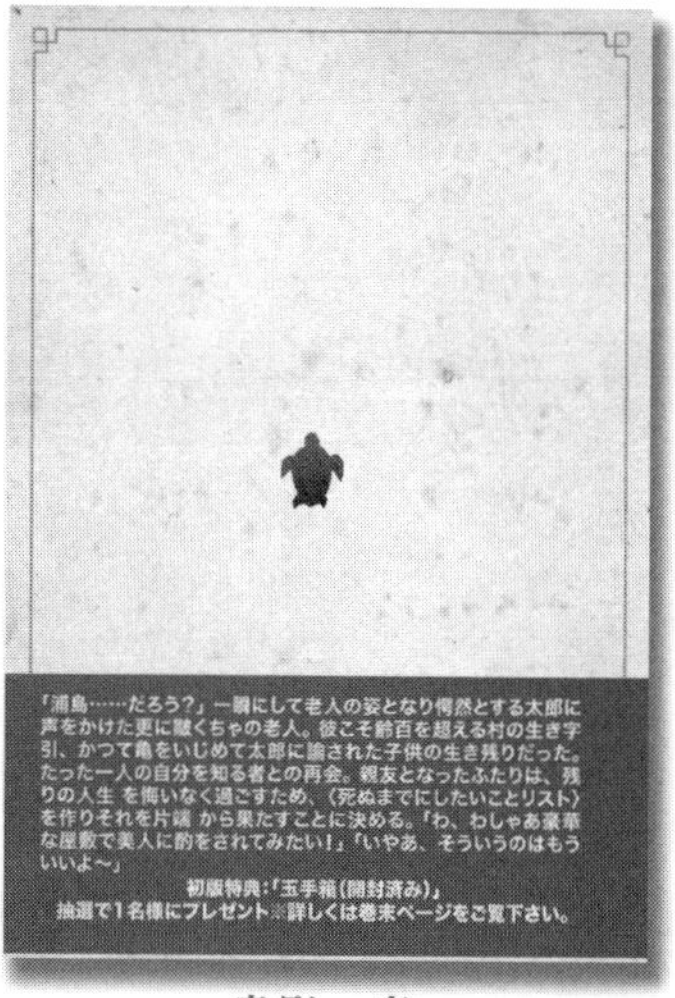
「浦島……だろう?」一瞬にして老人の姿となり愕然とする太郎に声をかけた更に皺くちゃの老人。彼こそ齢百を超える村の生き字引、かつて亀をいじめて太郎に諭された子供の生き残りだった。たった一人の自分を知る者との再会。親友となったふたりは、残りの人生 を悔いなく過ごすため、〈死ぬまでにしたいことリスト〉を作りそれを片端 から果たすことに決める。「わ、わしゃあ豪華な屋敷で美人に酌をされてみたい!」「いやあ、そういうのはもういいよ～」
初版特典:「玉手箱(開封済み)」
抽選で1名様にプレゼント※詳しくは巻末ページをご覧下さい。
書影　裏

初版特典
「玉手箱（開封済み）」
抽選で1名様に
プレゼント

「浦島」異聞（2）

何故猫が玉手箱に入ってきたか。何かの使いか太郎を好いたか、あるいは箱に残った竜宮の、魚臭さにただ惹かれたためか。それは誰にも分からない。

その後太郎は海を離れ、山の庵で猫とふたり最後まで穏やかに暮らした。縁側に置いた箱で四角くなる猫の、日向臭い背をなでるうち、海の記憶は煙に巻かれ思い返すことも少なくなった。

箱を見るなり飛び込む猫は、「太郎の猫」の血筋だという。

64

終わらない鬼ごっこ。

新世界文学名作選拾遺篇⑭
三倍のお札
3 times as many cards
九枚。
新撰、文庫版世界文学全集拾遺篇第３回配本
禁断の願いごとにより無限の札を手にした小僧
と山姥の、時を超え永遠に続く追跡劇。

三倍のお札

3 times as many cards

さんばいのおふだ

カミングアウト①

〈代々木上原・占いの館「包丁」店主万葉《まんば》さん談〉

「何でも当てられるのはただの年の功だよ。あんたらよりは相当長く生きてきたからね。人の悩みの型なんてだいたい全部見てきたさ。なにもあたしは好きでここに座ってるわけじゃない。男を探しているんだよ。想い人？　あんたロマンチストだね。でもなんで追いかけてたのかもとっくに忘れちまったのに、いまだにこうして手がかり探してんだから、ある意味そうかもしれないねえ」

【あらすじ】

「札が残り一枚になったら三倍にふえろ」

和尚がくれた最後の札に禁断の願いをかけた小僧は無限の札を手に入れる。札の力で不老不死になった小僧。だがそれは山姥からの逃走がこの先永遠に続くことを意味していた――。

時空を超え繰り広げられるふたりだけの終わらない鬼ごっこ。殺しても死なない者達に果たして安息の日々は訪れるのか。

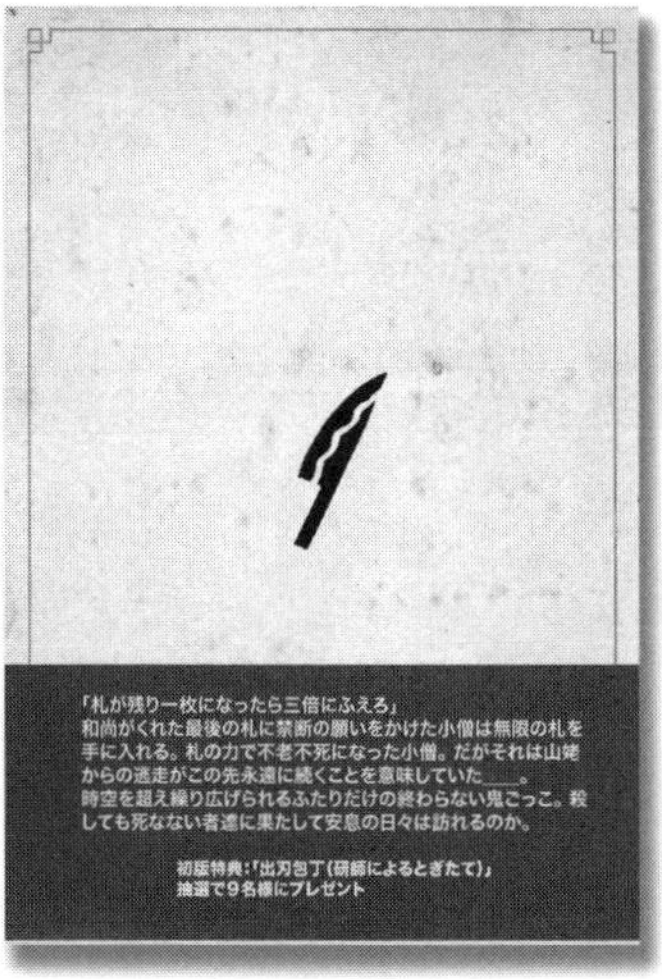
「札が残り一枚になったら三倍にふえろ」
和尚がくれた最後の札に禁断の願いをかけた小僧は無限の札を手に入れる。札の力で不老不死になった小僧。だがそれは山姥からの逃走がこの先永遠に続くことを意味していた＿＿。
時空を超え繰り広げられるふたりだけの終わらない鬼ごっこ。殺しても死なない者達に果たして安息の日々は訪れるのか。
初版特典：「出刃包丁（研師によるとぎたて）」
抽選で9名様にプレゼント

書影　裏

初版特典

「出刃包丁
（研師によるとぎたて）」
抽選で9名様に
プレゼント

カミングアウト②

〈浦和市・ホストクラブ「トリニティ」古参ホスト礼《れい》さん談〉

「俺は無限の力を手に入れたんだ。顔も完璧、話術も名人クラス。なのになんでモテる願いだけいつも叶わないんだ。そのせいで彼女もできず、気がつきゃ独身のままこんな歳になっちまった。いくつになったかもう数え切れねえや。ああ、結局俺のことを理解してくれるのはあのババアだけなのか。相手いるじゃんだって？　いや、ないないない。絶対ない。間違っても、あれだけはない」

原作本紹介

60

『好色五人女』

井原西鶴

時は江戸、巷間に流布した実話を基に紡がれた五人の女性のオムニバス。駆け落ちに失敗した「お夏清十郎」、人妻が奉公人と駆け落ちした「おさん茂兵衛」、不倫の悲劇「樽屋おせん」、想い人に逢いたくて放火した「八百屋お七」、男装の麗人「おまん源五兵衛」の五本。

大胆かつひたむきに生きる女性たちの姿を描出した浮世草子。

1686年刊行。

谷脇理史 訳注
『新版　好色五人女
—現代語訳付き』
角川ソフィア文庫

61

『おくの細道』

松尾芭蕉

江戸時代中期の俳諧紀行。

元禄二年の三月に門人曾良とともに江戸を発った芭蕉は、奥羽・北陸の各地を巡り、大垣から伊勢へと船出する。

距離にして約六百里（約二四〇〇キロ）、日数は約一五〇日にも及ぶ長旅であった。

1702年刊。

上野 洋三
櫻井武次郎 校注
『芭蕉自筆
奥の細道』
岩波文庫

62

『ももたろう』

作者不詳（日本昔話）

室町時代末期から江戸時代初期ごろ口承文学として発祥した、日本昔話のひとつ。吉備津彦命の温羅退治伝説がモデルとされている。

川でおばあさんが拾った大きな桃から生まれた男子、桃太郎。すくすくと成長した彼は、きび団子を携えイヌ、サル、キジを従えて鬼ヶ島へと鬼を退治に乗り出した。

松居 直 文
赤羽 末吉 画
『ももたろう
傑作絵本劇場』
福音館書店

文責：現代書館編集部

原作本紹介

63

『浦島太郎』

作者不詳（日本昔話）

漁師の若者、浦島太郎はある日海辺で子供たちが亀をいじめているところに遭遇、子供たちを叱り亀を逃がしてやった。その後しばらくして太郎の前に現れた亀は、御礼に彼を竜宮城へと連れていく。竜宮城で乙姫の歓待を受けた太郎だったが、故郷が気にかかり乙姫からもらった玉手箱を手に浜に戻る。そこで太郎は愕然とする。自分が竜宮城にいた間に、地上では何十年もの時が経っていたのだ。打ちひしがれた太郎は「決して開けてはいけない」と言われた玉手箱に手をかけて――。

令丈ヒロ子 文
たなか鮎子 絵
『よみきかせ日本昔話 うらしまたろう』
講談社

64

『三枚のお札』

作者不詳（日本昔話）

「山姥に出くわしたらこのお札に願いごとを言うがいい」和尚から手渡されたお札を持って栗拾いに山に入った小僧。すっかり日が暮れてしまうと、老婆が現れ小僧を家に泊めてくれることに。夜にふと目覚めた小僧は老婆が山姥の正体を現し包丁を研いでいるのを目撃し、お札の力を使い逃走を謀る。

青森県及び埼玉県川越市の昔話。

竹崎 有斐 文
渡辺三郎 画
『三まいのおふだ― まごどんとやまんば 日本むかし話 8』
偕成社

見合わせたのには訳がある※

幻の不採用作品 1

※注：不採用理由に該当していても採用した作品はあります。（だって面白かったんだもん）
不採用理由④と⑥については、多くの人にパロディが伝わるかどうかの問題で、原作の文学的価値とはなんら関係ありません。

#不遇の忍者

#トムとホドリゴ、それに少年（のぼる）複数回登場を逃す

#叔父さんシリーズ幻の作品

誰がために羽根は鳴る
For whom the wings toll
たぶんメス。

（『誰がために鐘は鳴る』）
理由 -①

恐るべきみどもたち
The Horrible Us
自画自賛。
新撰、文庫版世界文学全集第15回配本
忍びの者特有の自信、無邪気さ、残酷さ。

（『恐るべき子供たち』）
理由 -②

アンクルトムのホヤ
Uncle Tom's Ascidian
食ってみろ！
新撰、文庫版世界文学全集第14回配本
食への偏見、差別へ放たれた一本の矢。

（『アンクル・トムの小屋』）
理由 -②

ゼンダ城のホドリゴ
Rodorigo of Zenda
私は誰の挑戦も受ける。
新撰、文庫版世界文学全集第十九回配本
幾多の敵を倒し僕は向かう、父の敵の待つあの城へ。

（『ゼンダ城の虜』）
理由 -③

裸のパンチ
Naked Punch
うけてみろ！

（『裸のランチ』）
理由 -③④

非はまたのぼる
Moreover, Noboru has the source of a problem.
またおまえかっ

（『陽はまた昇る』）
理由 -②⑤

きんかろう
Mr.Gold, the Chief Retainer
ばっさり。

（『きんたろう』）
理由 -③

ベニスの上忍
The Ninja of Venice
成敗！
新撰、文庫版世界文学全集第二十九回配本
水の都で繰り広げられる、非情なるスパイアクション。

（『ベニスの商人』）
理由 -③

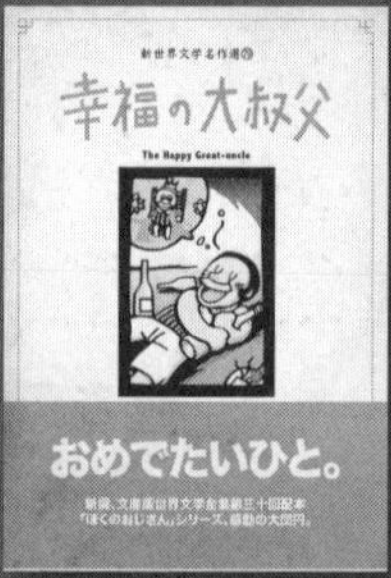

幸福の大叔父
The Happy Great-uncle
おめでたいひと。

（『幸福の王子』）
理由 -②③

①「**ツッコミいまいち**」…帯コピーの冴えが足りないもの。
②「**原作とかけ離れすぎ**」…コンセプト、内容があまりに原作無視なもの。
③「**ひねりすぎ**」…ちょっとこねくりすぎて伝わりにくいかも、なもの。
④「**知名度**」…原作作品の知名度が若干低いもの。
⑤「**平凡**」…他と比べてインパクト不足。たくさん作ってるとそんなのもあるさ。
⑥「**旬を逃した**」…流行に乗って制作したものの、原作作品の知名度が当時より低くなったもの。

日本文学 その2
明治～大正

#近代化
#心理・内面描写へのアプローチ
#言文一致
#こじらせ系
#主人公は潤とクズ
#「DV未遂の像」
#うしのあゆみ
#いいからとにかく告白しろ
#タガメの恐怖
#元祖“ツンデレ”ヒーロー

65 金色打者《こんじきだしゃ》

The Gorden Batter

黄金変化の術！

新世界文学名作選拾遺篇⑦
金色打者
The Golden Butter
ストライクゾーンが見えない！
「黄金球」続編。お宮への想いを断ち切るべく、
貫一は金色打者に変化する——。

「DV未遂の像」

名作の舞台に建ち長年親しまれてきた「すがるお宮を蹴倒す貫一」像も、令和となった現代の基準に照らせば「完全アウトのDV男」だ。苦情を恐れた市側は現代美術家に銅像の改修を依頼。近年完成したリニューアル像では貫一の足にタコ、顔にヒトデ、下駄の歯にクラゲ、足元にウニが絡みつき海のもの総出で暴力を阻止。原作ファンから激しい非難を浴びる一方、そのキッチュさがかえって映えると若者には好評で、「DV未遂の像」はSNS用撮影スポットとして新たな人気を得た。

【あらすじ】

肩を壊し指名打者に転向した熱海フラワーズの選手貫一は、婚約者お宮が自分を裏切り資産家である別の男と結婚を決めたことに激昂する。

「それほど金が恋しいのなら、俺が金になってやろうじゃないか」お宮の前で貫一は、かつて会得した光る魔球の応用で自身を黄金打者に変化させ、打席に向かった——。

あふれる涙を輝きに隠し、復讐の念を込めたただひたすらにバットを振る異形の打者の活躍。『黄金球』未完の正式続編。

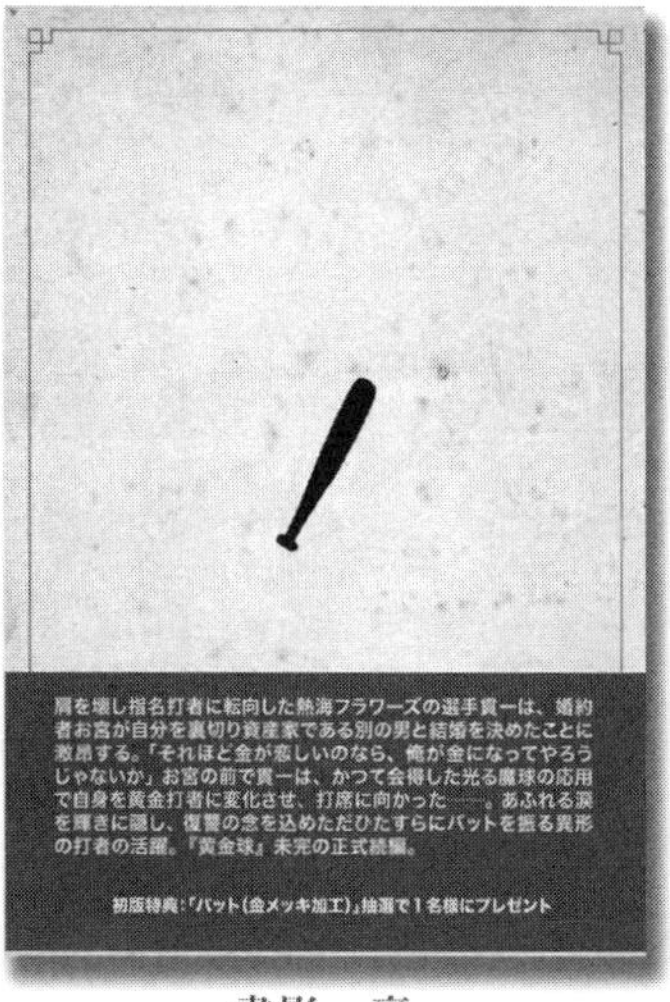
肩を壊し指名打者に転向した熱海フラワーズの選手貫一は、婚約者お宮が自分を裏切り資産家である別の男と結婚を決めたことに激昂する。「それほど金が恋しいのなら、俺が金になってやろうじゃないか」お宮の前で貫一は、かつて会得した光る魔球の応用で自身を黄金打者に変化させ、打席に向かった——。あふれる涙を輝きに隠し、復讐の念を込めたただひたすらにバットを振る異形の打者の活躍。『黄金球』未完の正式続編。
初版特典：「バット（金メッキ加工）」抽選で1名様にプレゼント

書影　裏

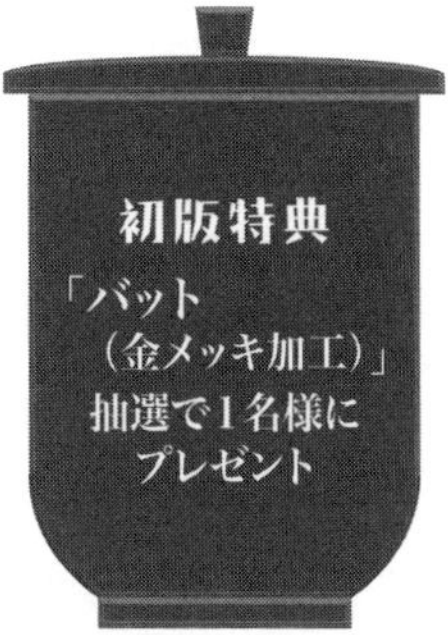
初版特典
「バット
（金メッキ加工）」
抽選で1名様に
プレゼント

幻の構想メモ

未完に終わった当作品には、作者によるその後の展開を記した構想メモが残されている。金色打者となった貫一の、特にナイター試合での活躍はめざましく、ついに大リーグから10億円の契約オファーが寄せられる。その額に喜ぶ貫一だったが、自分が金儲けだけを目標にする、宮を奪ったあの成り上がりの資産家と同じ心持ちになっていることに気づき愕然とする。我に返った貫一は人並みの幸せを志すも、度重なる金色打者化の後遺症で次第に元の体に戻れなくなり……。

反芻する思考。

66

我が輩はベコである

I am a Cow

わがはいはべこである

新世界文学名作選⑦③
我が輩はベコである
I am a Cow
わ
名前は？
新撰、文庫版世界文学全集第二十四回配本
日本の近代化を牛舎から草をはみつつ見ていた牛。

牛の思慮深さ

牛の思慮深さは広く知られるところである。驚くべきことに牛の脳には情報を一時ストックする部屋が5つも存在し、入った情報を何度も戻して吟味、反芻することでより高次な思考を可能としているのだ。たとえば同じ質量の知識を与えた際、牛は馬や鹿などと比べ遥かに複雑な内容を理解できる。脳の負担が高まる反芻時には動きが止まってしまうため、「牛は鈍重」という誤ったイメージが一般化してしまったが、牛は止まっている間実は深い思索をしているのである。

【あらすじ】

我が輩はベコである。ベコとはまあ牛のことと思って呉れて良い。牛農家の癖に胃弱で癇癪持ちで偏屈で厄介な飼い主の元、売られる日まではこの牛舎でまあまあ愉快にやっている。

動けぬ牛舎からでも人間共の動きから世の流れはよく見える。牛だけに視界も広い。どこで仕入れた知識だか、近頃主人の口癖はやれ効率化だの近代化だの。我が輩にしてみれば世話の手を抜き楽をしたいが為の言い訳としか聞こえぬ。

そうして得られた時間で何をいったい彼らはしたいというのか。人語を持つならこう云いたい。「牛の歩みを見たまえ」と。

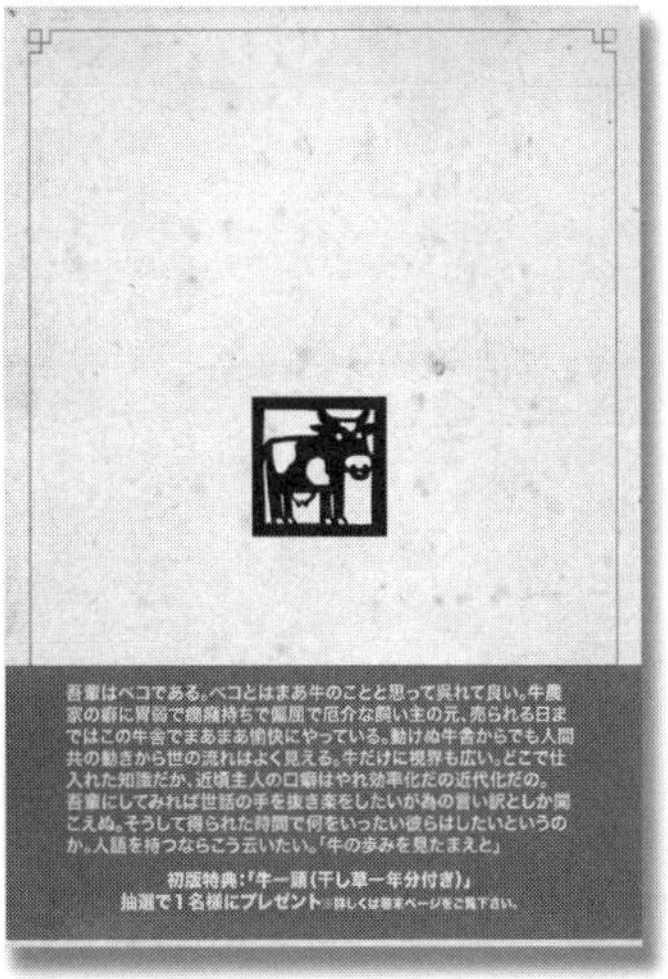
吾輩はベコである。ベコとはまあ牛のことと思って呉れて良い。牛農家の癖に胃弱で癇癪持ちで偏屈で厄介な飼い主の元、売られる日まではこの牛舎でまあまあ愉快にやっている。動けぬ牛舎からでも人間共の動きから世の流れはよく見える。牛だけに視界も広い。どこで仕入れた知識だか、近頃主人の口癖はやれ効率化だの近代化だの。吾輩にしてみれば世話の手を抜き楽をしたいが為の言い訳としか聞こえぬ。そうして得られた時間で何をいったい彼らはしたいというのか。人語を持つならこう云いたい。「牛の歩みを見たまえと」
初版特典：「牛一頭（干し草一年分付き）」
抽選で1名様にプレゼント※詳しくは巻末ページをご覧下さい。

書影　裏

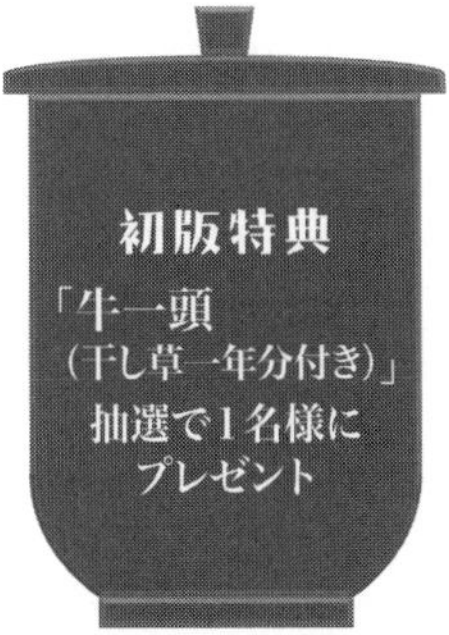
初版特典
「牛一頭
（干し草一年分付き）」
抽選で1名様に
プレゼント

「うしのあゆみ（諺）」（意味：あまりの溺愛っぷりに周りが引いてしまう様子）

あゆみちゃん

「このあゆみは俺が母牛からこの手で取り上げたんだあ。ちっこいころからそれはもうめんこくてなあ。この大きさだけんど、目に入れても痛くねえって思ってるんだ。俺の顔見ると『つむじ掻いてくれ、つむじ掻いてくれえ』って甘えてなあ。この子がいつか嫁にいく時のことを考えると、もう今から泣けて泣けて……。あ、あゆみいいい！」

67 ぽっちゃん

Pocchan

団栗、池を掻き回す。

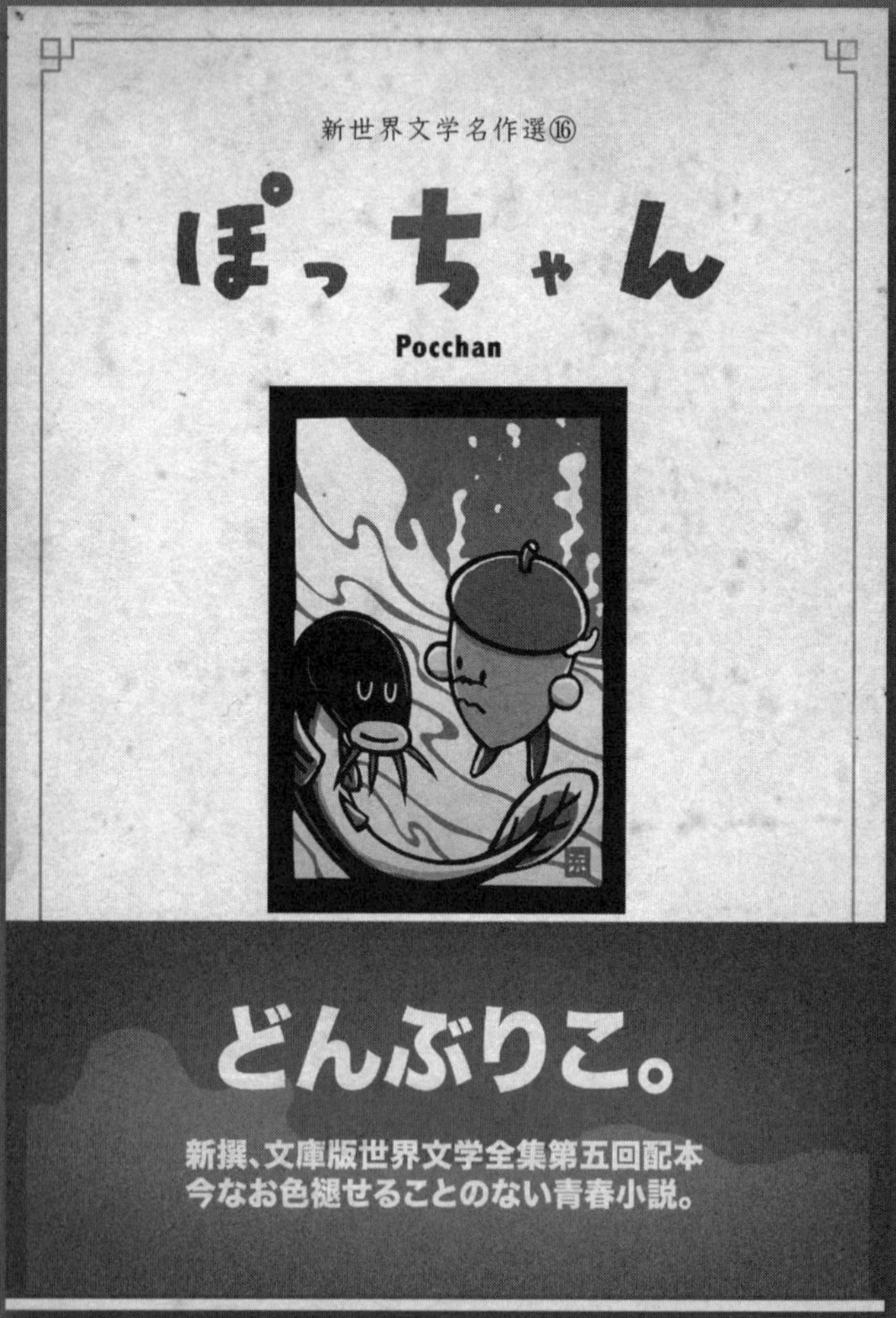

新世界文学名作選⑯
ぽっちゃん
Pocchan
どんぶりこ。
新撰、文庫版世界文学全集第五回配本
今なお色褪せることのない青春小説。

登場人物①

ぽっちゃん…青いどんぐり。無鉄砲がたたり池の中へ落ちるも、養父となるどじょうや同士となるヤゴとともに逞しく生きる。山が恋しくなって流す涙は、池の中なので誰にも気づかれない。
清…どじょう。池に落ちたぽっちゃんを養い可愛がる。**赤シャツ**…アメリカザリガニ。舶来生物であることを鼻にかける、気障な肉食野郎。赤い者同士であるマドンナに横恋慕する。**野太鼓**…タイコウチ。赤シャツの腰巾着。英名だとウォータースコーピオンなのでかなりやばいやつっぽい。

【あらすじ】

幼い頃から無鉄砲。飛びおれまいと莫迦にされ、ええいままよと池の中。泳げぬものは上がれもしない。途方に暮れた目の前に突如現れた泥鰌一匹。後の養父との出会いは斯様なものだった——。

今なお読者を獲得し続け、「日本人にもっとも愛された小説」といわれる青春文学。

幼い頃から無鉄砲。飛びおれまいと莫迦にされ、ええいままよと池の中。泳げぬものは上がれもしない。途方に暮れた目の前に突如現れた泥鰌一匹。後の養父との出会いは斯様なものだった——。
今なお読者を獲得し続け、「日本人にもっとも愛された小説」といわれる青春文学。
初版特典：「どんぐり（ウォータープルーフ加工）」
抽選で5名様にプレゼント
※詳しくは巻末ページをご覧下さい。

書影　裏

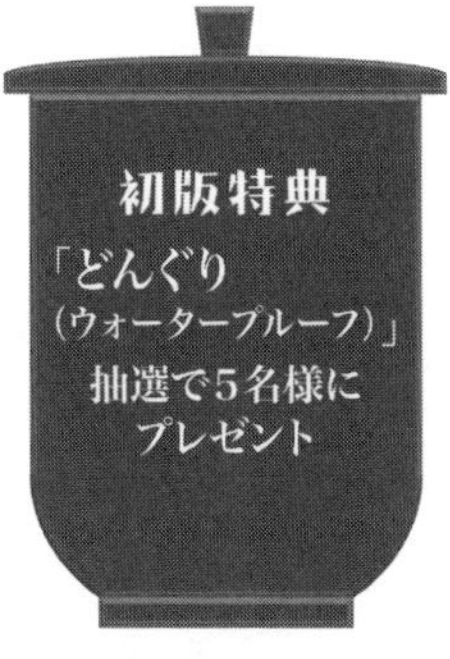
初版特典
「どんぐり
（ウォータープルーフ）」
抽選で５名様に
プレゼント

登場人物②

山嵐…ヤゴ。のちにぽっちゃんの同志となる。水中をかりそめの住処としながらも、筋は通そうと思っている。**うらなり**…プラナリア。風采の上がらない単細胞生物。なぜかマドンナの婚約者だったため、赤シャツにより用水路へ飛ばされる。実は２つに切られても再生するほど生命力が強い。**マドンナ**…金魚。美しい事以外あまり詳しい描写はない。これはあえて書かないことによる効果を狙ったものか、女性描写に興味がなかったためなのか、作者に聞かなきゃわからない。

68 野菊のばか

Hating wild chrysanthemum

のぎくのばか

好きと嫌いの二進法。
名作映画原作集成㊺
野菊のばか
Hating wild chrysanthemum
花占い百連敗。
新撰、文庫版名作映画原作集成第二十一回配本
野菊よお前はなぜにそんなにつれないか。

伝説の野菊（ネタバレ）

崖から落ちた正夫は微笑む民子の夢を見る。可憐な姿へと伸ばした手が、不意に柔らかい何かに触れる。目覚めれば、直ぐ眼の前に咲く花一輪。ついに、ついに見つけたのだ。体の痛みも忘れ夢中で花弁を摘む正夫。好き。嫌い。好き。嫌い。永遠にも思える長い時間が終わる頃、急に正夫の手が止まる。確かに旅の僧侶の話は真実であった。己が命を危険に晒し、ようやく見つけた伝説の野菊。その花弁は、村のものよりふたひら多かったのだ――。そして三十年の月日が流れた。（続く）

【あらすじ】

年上のいとこ民子にいつしか恋心を抱くようになった正夫は、元来の内気さからその思いを告げることが出来ない。切なる思いを野菊に託し、花占いをするものの、なぜか答えはいつも「きらい」。諦めきれず村中の野菊全てを占い尽くした正夫は、旅の僧侶から耳にした「村のものとは花弁の数が違う」伝説の野菊を求め遥か深山へと旅立った。自分の勇気を後押ししてくれる、「すき」で終わる野菊を求めて――。

「いいからとにかく告白しろ」と日本国中が焦らされた、淡すぎる初恋の物語。

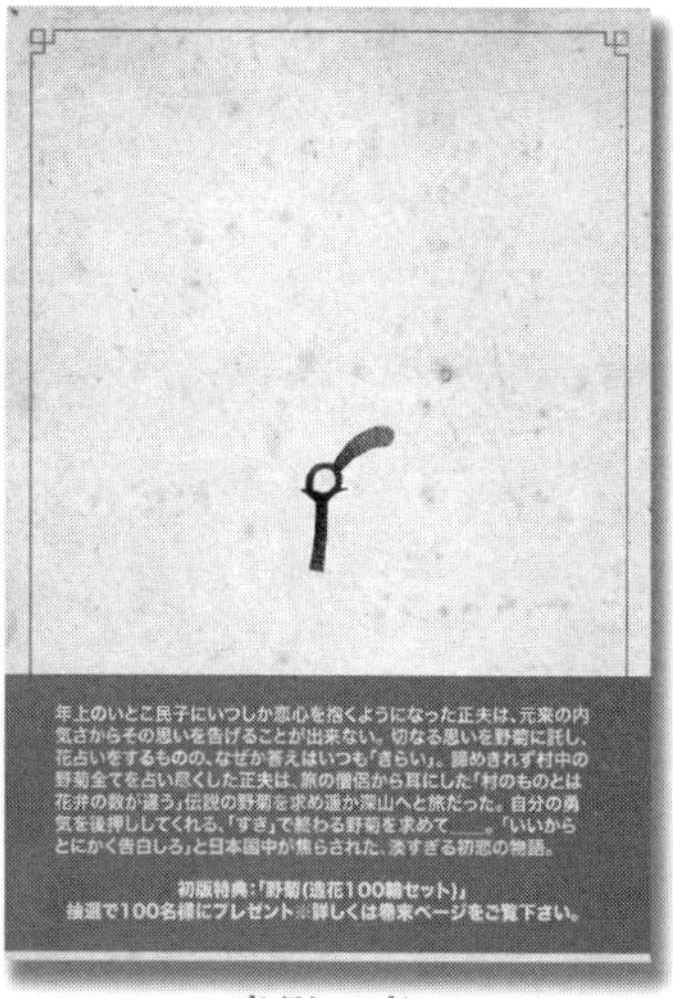
年上のいとこ民子にいつしか恋心を抱くようになった正夫は、元来の内
気さからその思いを告げることが出来ない。切なる思いを野菊に託し、
花占いをするものの、なぜか答えはいつも「きらい」。諦めきれず村中の
野菊全てを占い尽くした正夫は、旅の僧侶から耳にした「村のものとは
花弁の数が違う」伝説の野菊を求め遥か深山へと旅立った。自分の勇
気を後押ししてくれる、「すき」で終わる野菊を求めて＿＿。「いいから
とにかく告白しろ」と日本国中が焦らされた、淡すぎる初恋の物語。
初版特典：「野菊（造花100輪セット）」
抽選で100名様にプレゼント※詳しくは巻末ページをご覧下さい。

書影　裏

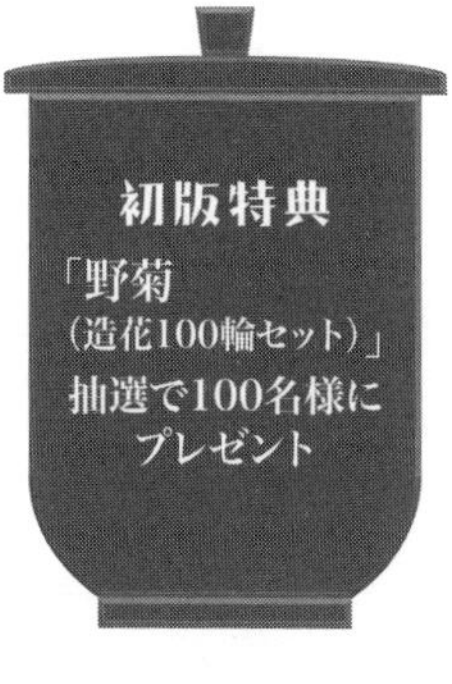
初版特典
「野菊
（造花100輪セット）」
抽選で100名様に
プレゼント

新種の野菊（ネタバレ）

あのときの悔しさが正夫を勉学の道へと駆り立てた。バイオテクノロジーの権威となった彼は、ついに長年の宿願である新種の野菊開発に成功する。震える手で花びらを摘み初めて花占いに勝利した正夫。そこでようやく彼は気づく。結果の分かった占いにときめきなどないことを。意気地がなくて目を背けていた占いよりも大切なことを。相手が自分を好きかどうかなど関係ない、まず自分の想いを伝えるべきだったのだ。研究室に辞表を残し正夫は旅立つ。離縁しひとり千葉に暮らすという民子の元へ。(完)

69 不美人そう《ふびじんそう》

She is not likely to be a beauty

偉大なる失敗作。

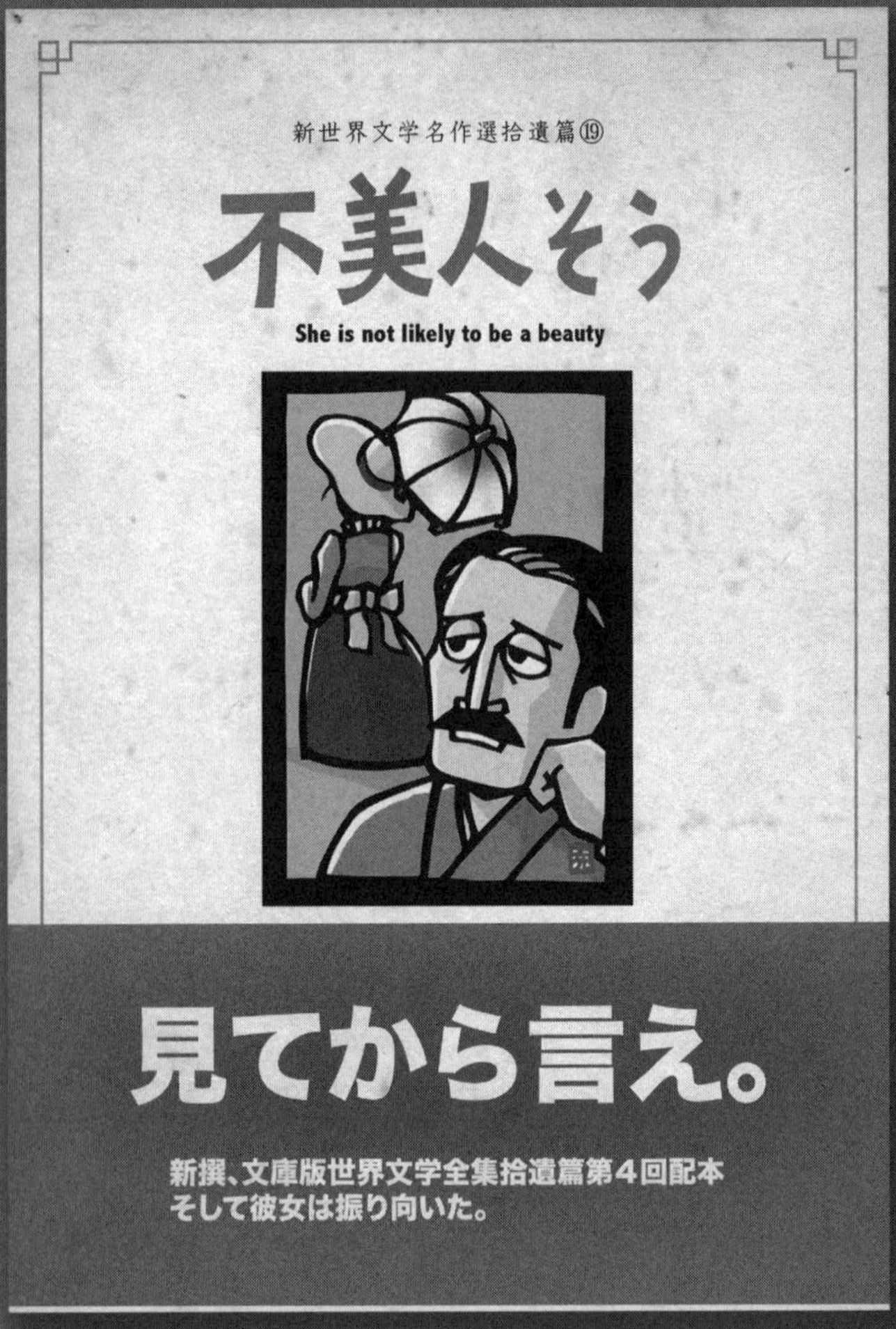
新世界文学名作選拾遺篇⑲
不美人そう
She is not likely to be a beauty
見てから言え。
新撰、文庫版世界文学全集拾遺篇第４回配本
そして彼女は振り向いた。

発禁処分を求める裁判①

タイトルからすでにルッキズム全開の本書には現在発禁処分を求める訴えが起こされている。係争中であるためここでは各代表の発言を記すに留める。**禁書運動家**…「当時の女性観が反映されているとはいえ、テーマがゲスで会話内容も失礼すぎる。教育的観点からも人の目に触れさせるべきではない」**文学者**…「文豪の傑作前夜の作品という意味で資料的価値があり、また美麗な文章は芸術性も高い。たとえ内容がゲスであろうと、日本の文化的財産であり葬り去るべきではない」

【あらすじ】

「何を躊躇してゐるのだ君は、僕に思ふところがあるのならば早く言いたまえ」

「君にはない」

「それはだういふ意味だね」

「まあ聞きたまえ。僕達の貳間先を歩いてゐるあの御婦人なんだがね。僕にはだうもその、彼女が不美人さうに思へてならない。君はだう思ふ?」

絢爛豪華な文体に彩られ描かれる下世話な話題。今なお識者の評価が分かれる作者最大の実験小説。

「何を躊躇してゐるのだ君は、僕に思ふところがあるのならば早く言いたまえ」「君にはない」「それはだういふ意味だね」「まあ聞きたまえ。僕達の貳間先を歩いてゐるあの御婦人なんだがね。僕にはだうもその、彼女が不美人さうに思へてならない。君はだう思ふ?」絢爛豪華な文体に彩られ描かれる下世話な話題。今なお識者の評価が分かれる作者最大の実験小説。
初版特典:「目隠し傘(ワンタッチ・80cm)」抽選で2名様にプレゼント

書影　裏

初版特典
「目隠し傘
(ワンタッチ・80cm)」
抽選で2名様に
プレゼント

発禁処分を求める裁判②

(続き) **禁書反対派弁護士**…「失敗作といわれる作品が、後の傑作に繋がることもある。どのような作品でさえ、それを生み出す切実な理由が作家の中には存在するのだ。「傑作以外滅ぼしてよい」との考えは、優生思想というものだ。筋から離れた一文中のたったひとつのフレーズが、読者の人生を変えることもある。その機会を奪う権利が誰にあろう。たとえその内容がどうしようもなくゲスなものであっても、本を殺していいはずがない」

70
ゴーヤいじり
Pottering about Bitter Gourd
ぶれない男。
新世界文学名作選⑫
ゴーヤいじり
Pottering about Bitter Gourd
趣味さあ
新撰、文庫版世界文学全集第二十三回配本
なにものにも惑わされずまっすぐ作物を愛で続ける男。

“甘いゴーヤ”

実はゴーヤは放っておけばいずれ完熟して甘くなる。ただし甘いのは、種周りにできる赤いゼリー状の部分であり、果肉は苦味が飛ぶだけで甘く変わるわけではない。ゴーヤに入れ込む高安がそのことを知らぬはずはなく、おそらく彼が求め続けているのは果肉自体を甘くする技術だと思われる。始めは土にサトウキビを加えるなど土壌からのアプローチを試みたが、最近では毎日三線片手に民謡を聴かせる、やさしく褒めるなど、ゴーヤのメンタルに訴える作戦に転じたようだ。

【あらすじ】

放っておけば勝手に育つゴーヤを大切に作る変わり者、比嘉高安の隣家にこの世ならぬ妖艶な女と亭主が越してきた。体を洗う美女の誘惑、辺りに立ちこめる獣の気配。

「それは宮古馬かマングースさあ」

明らかに怪しい状況にもまったく動じぬ高安。彼の関心はただ一つ、いつかこの手で甘いゴーヤを作り出すこと。それ以外にはなかった――。妖しく甘美な幻想に決して惑わされないストレートな男の姿を描いた表題作ほか、気品あふれる幻想譚四編。

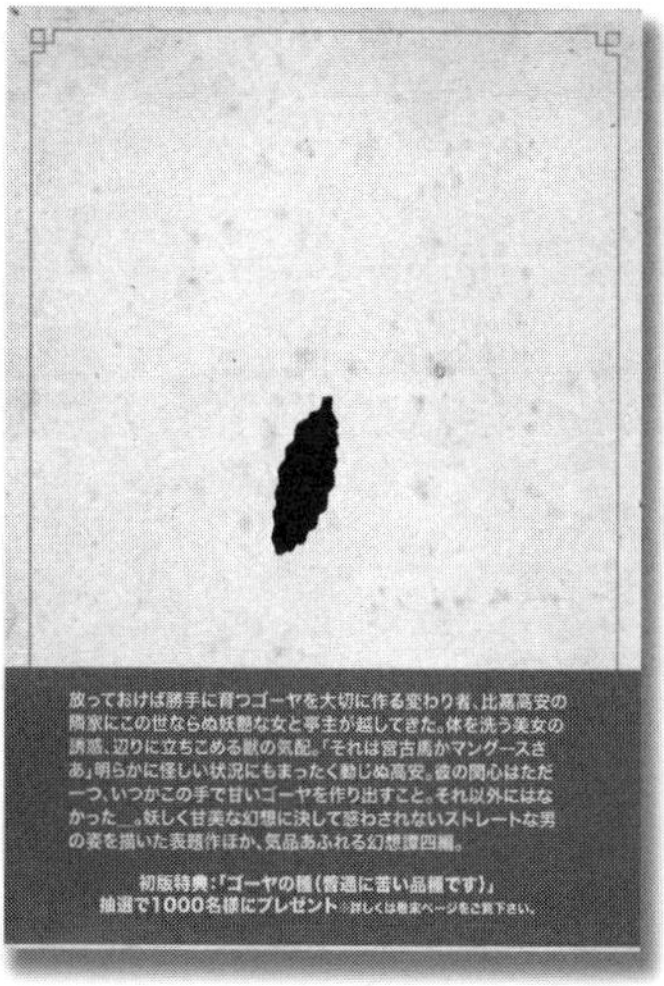
放っておけば勝手に育つゴーヤを大切に作る変わり者、比嘉高安の隣家にこの世ならぬ妖艶な女と亭主が越してきた。体を洗う美女の誘惑、辺りに立ちこめる獣の気配。「それは宮古馬かマングースさあ」明らかに怪しい状況にもまったく動じぬ高安。彼の関心はただ一つ、いつかこの手で甘いゴーヤを作り出すこと。それ以外にはなかった＿。妖しく甘美な幻想に決して惑わされないストレートな男の姿を描いた表題作ほか、気品あふれる幻想譚四編。
初版特典：「ゴーヤの種（普通に苦い品種です）」
抽選で1000名様にプレゼント

書影　裏

初版特典
「ゴーヤの種
（普通に苦い品種です）」
抽選で 1000 名様に
プレゼント

純粋性をエキゾチズムに絡める危険

田舎あるいは作者から見た「非文明国」の者を、無条件に「曇りなく純粋・純朴な人物」として描くことは、相手を自分と地続きの存在として認めない点において、「野蛮人」扱いするのと実はそう大差ない（「子供は無垢で純粋」とする考え方もそれに通ずる）。ともすればそのような「聖性を与えられた田舎者」に見える高安であるが、彼が妖女の幻惑から逃れられた理由が、純朴さよりむしろゴーヤへの度を超した熱中ぶりにあった点に、作者の芸術観が窺えるようで興味深い。

71 こ、コロ…

Oh, Coro

よりにもよって。

新世界文学名作選⑯
こ、コロ…
Oh, Coro
なんてことを…
新撰、文庫版世界文学全集第二十五回配本
新時代に浮かれる者達の足下に目を向けさせるマーキング

「犬も歩け」（犬にまつわる諺）

い

〈解説〉

かわいいのは分かる。重荷がある方が運動になることも、冬には暖が取れるのも分かる。だから抱えるあなたには何も言うまい。

しかし、抱かれるままにけだものの本分を忘れた君たちにはあえて言おう。「犬も、歩け」（「きりえやかるた」より）

【あらすじ】

犬を連れ避暑に赴いた鎌倉で出会ったマフィアのボス「先生」ことホーとその用心棒マーク。犬のコロを通じ次第にうち解けてゆく私と「先生」。私は親愛の情から自分の秘密を彼に打ち明ける。それに答え「先生」は自身の秘密を告白することと引き替えにコロを一日貸すことを私に要求した。

「先生」の秘密とは。我が駄犬コロと「先生」の間にいったい何が。時代の転換期、新しい価値観に乗り切れなかった男達の悲しみ。男は新興ヤクザとの対立の中、自分達を含めた旧時代の幕引きを、何も考えない駄犬に託す。

犬を連れ避暑に赴いた鎌倉で出会ったマフィアのボス「先生」ことホーとその用心棒マーク。犬のコロを通じ次第にうち解けてゆく私と「先生」、私は親愛の情から自分の秘密を彼に打ち明ける。それに答え「先生」は自身の秘密を告白することと引き替えにコロを一日貸すことを私に要求した。「先生」の秘密とは。我が駄犬コロと「先生」の間にいったい何が。時代の転換期、新しい価値観に乗り切れなかった男達の悲しみ。男は新興ヤクザとの対立の中、自分達を含めた旧時代の幕引きを、何も考えない駄犬に託す。
初版特典：「首輪（すぐ外れるよう調整済み）」
抽選で50名様にプレゼント ※詳しくは巻末ページをご覧下さい。

書影　裏

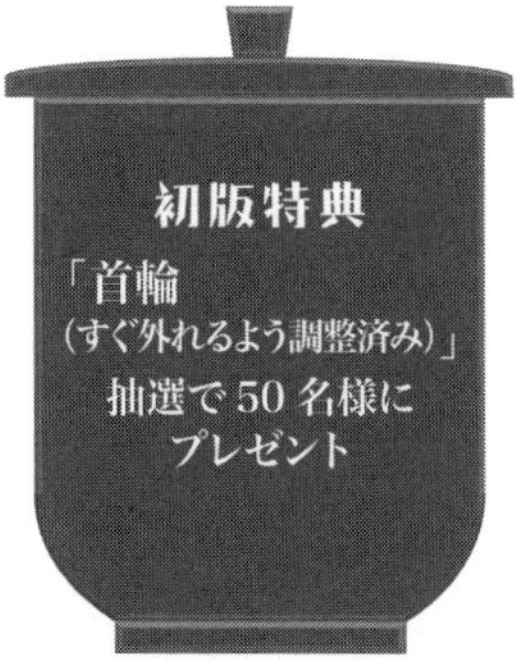
初版特典
「首輪
（すぐ外れるよう調整済み）」
抽選で50名様に
プレゼント

先生の過去（ネタバレ）

チンピラ時代、なついた野良犬を仕方なく飼うことになった先生。親友は「死ねば犬がかわいそうだ」と彼の代わりに鉄砲玉を志願、襲撃成功後その場で撃ち殺される。「俺は誰も幸せにできなかった。お前はその犬を幸せにしてやれ」親友の遺言を守るためには犬より先に死ぬ訳にはいかない。そしてヤクザが死なずにすむには、のし上がってゆく道のほかにない。頂上まで上った先生はボスと呼ばれるようになり、年老いた犬を看取った後、もう誰も愛さぬことを誓うのであった。

72 父、かえる

Frog, My Father

ちち、かえる

乗り越えるべき湿った背中。

新世界文学名作選⑮
父、かえる
Frog, My Father
自分の足で、歩きたい
新撰、文庫版世界文学全集第二十五回配本
生まれた池に帰ってきた蛙。その背を見つめる玉杓子。

大人になる＝変態

思春期とは、体の成長に心が追いつかず、戸惑いや恐れを感じる状態だといえる。本書において作者は、物語を蛙の世界に設定することで、その変化をより鮮明に描こうとする。両生類、特に無尾類である蛙は、幼少期えら呼吸で水中生活を行う形態から、肺呼吸をし手足が生え陸上移動をする形態へ、まるで別の生物かと見紛うばかりの変化を遂げる。大人になると消えてしまう尻尾に含まれていたもの、それは何か。読者は誰もが僅かな切なさとともに胸に手を当て想像する。

【あらすじ】

交尾以来我が家を捨て家である池を去った父が、憔悴しきった姿で帰ってきた。

足の生えた大人の男、母から聞いた父は僕たち兄弟のあこがれだった。なのに目の前にいるくたびれて背を丸めたこの両生類の姿はどうだ。この男の不在のせいで、僕と母は三百匹いる兄弟の命を守るため、日夜タガメと戦い続けてきたのだ。僕は、僕だけはあの男を許すことはできない。しかしほどなく僕の体にも、あいつと同じ足が生えてきた——。

井の中の玉杓子と父との不器用な交流を通し、現代の家族の有り様に疑問を投げかける傑作戯曲。

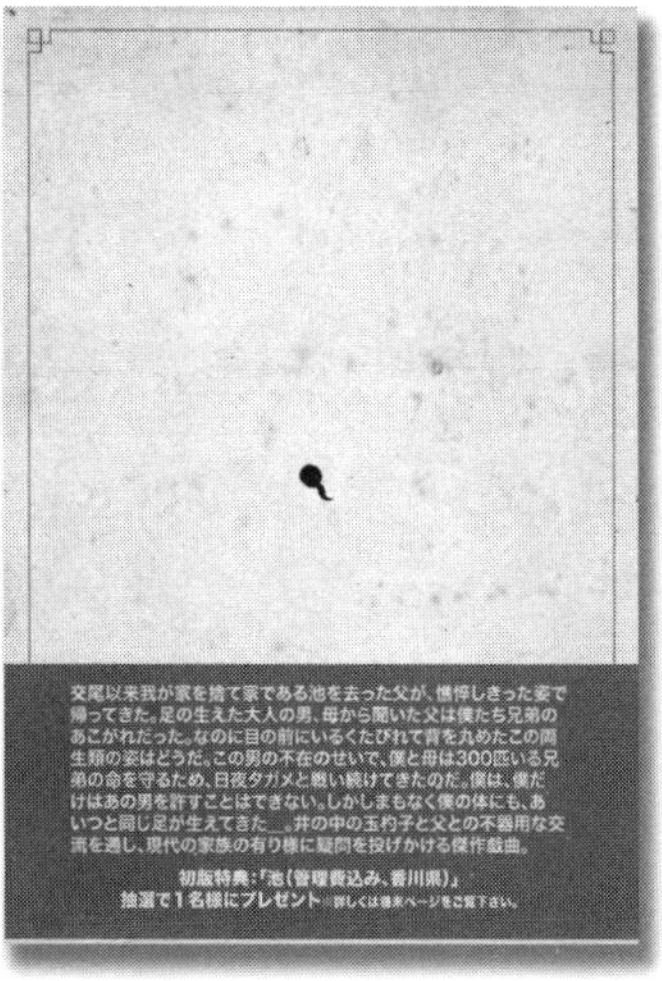
交尾以来我が家を捨て家である池を去った父が、憔悴しきった姿で帰ってきた。足の生えた大人の男、母から聞いた父は僕たち兄弟のあこがれだった。なのに目の前にいるくたびれて背を丸めたこの両生類の姿はどうだ。この男の不在のせいで、僕と母は300匹いる兄弟の命を守るため、日夜タガメと戦い続けてきたのだ。僕は、僕だけはあの男を許すことはできない。しかしまもなく僕の体にも、あいつと同じ足が生えてきた＿。井の中の玉杓子と父との不器用な交流を通し、現代の家族の有り様に疑問を投げかける傑作戯曲。
初版特典：「池（管理費込み、香川県）」
抽選で１名様にプレゼント ※詳しくは巻末ページをご覧下さい。

書影　裏

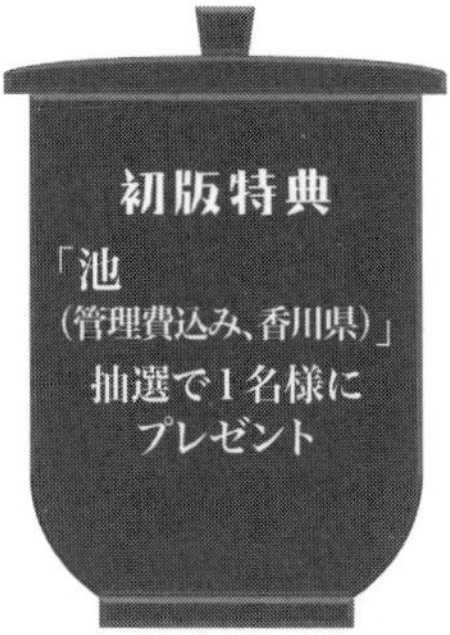
初版特典
「池
（管理費込み、香川県）」
抽選で１名様に
プレゼント

タガメの恐怖（ほぼ本当）

タガメは、池における食物連鎖ピラミッドの上位に位置する生物である。強力な前足で捕食対象を捕らえるや、管状の「口」を差し込み、溶かした中身をちゅうちゅうと吸う。僕など図鑑にあったフナを捕らえた瞬間の絵が頭から離れず、大人になるまでは怖くて素足で田んぼに入れなかったほどだ。人間でさえそうなのだから、同じ池に同居するオタマジャクシの恐怖たるやいかほどのものであろう。「そんな状況の子らを放っておくとはなんて親だ」書いておきながら自分で思う。

73 赤い盗賊と人魚

The Red thief and the mermaid

あかいとうぞくとにんぎょ

君を不幸にはさせない。
新世界文学名作選⑪
赤い盗賊と人魚
The Red thief and the Marmaid
赤いにもほどがある!!
新撰、文庫版世界文学全集第六回配本
冒険小説の金字塔、待望の復刻。

元祖“ツンデレ”ヒーロー（ネタバレ）

神出鬼没のヒーロー・赤い盗賊。その正体は、人魚の母が娘を守るため力を授けた蝋燭であり、命の炎を燃やしつくせば消えてなくなる運命にあった。誰かに愛されることで彼は人間に生まれ変わることができるが、その代償として神通力も失ってしまう。盗賊は彼女を守り切るため、決して愛されぬよう、そして悪を倒し自分が消えたあとでも一人で強く生きられるよう、わざと人魚に冷たく当たる。その厳しくも切ない姿に、多くの少年少女が頁をめくりながら身悶えしたという。

【あらすじ】

欲に目のくらんだ養父母の手により人買いに売られた人魚。全ての望みを失った乙女の眼前に突如現れ出でたのは、全身赤ずくめの謎の盗賊だった！

北の海を舞台に繰り広げられる冒険、裏切り、そして愛——。

当時の少年少女を熱狂させた伝説の海洋冒険譚、満を持しての復刻。口絵は初版時の色合いを忠実に再現した、赤さ際だつ二色刷り。

欲に目のくらんだ養父母の手により人買いに売られた人魚。全ての望みを失った乙女の眼前に突如現れ出でたのは、全身赤ずくめの謎の盗賊だった！ 北の海を舞台に繰り広げられる冒険、裏切り、そして愛＿。当時の少年少女を熱狂させた伝説の海洋冒険譚、満を持しての復刻。口絵は初版時の色合いを忠実に再現した、赤さ際だつ2色刷り。
初版特典：「人魚の鱗(レプリカ・FRP製)」
抽選で5名様にプレゼント
※詳しくは巻末ページをご覧下さい。

書影　裏

初版特典
「人魚の鱗
（レプリカ・FRP製）」
抽選で5名様に
プレゼント

後世のヒーロー物に与えた影響

異形の外見、神出鬼没、ピンチにさっそうと現れるなど、日本独自のヒーロー文化にこの作品が与えた影響は大きい。特に当時二色刷りされた挿絵のインパクトは絶大で、その影響か今も集団ヒーローのリーダーは必ず赤が担当することになっている。もっとも赤については本書の影響ではなく国旗由来とする説もある。国旗配色ヒーローは、特にアメリカに多く見られ、そのほとんどが単体ヒーローであるのに対し、日本では必ず集団の一員となる点が国民性を表すようで面白い。

原作本紹介

65

『金色夜叉』

尾崎紅葉

第一高等中学生の秀才、間貫一は婚約者のお宮が資産家の富山との結婚を決めたことに激昂する。金銭の鬼と化した貫一は帝国大学への進学を放棄し高利貸しとなり、金の力でお宮や世間への復讐を謀る。1897年から1902年まで『読売新聞』に連載され大評判を得た。著者の死去により、未完。

当時の社会矛盾を強く反映したストーリーは広く読者の共感を獲得し、空前の売れゆきとなった。

新潮文庫

66

『吾輩は猫である』

夏目漱石

「吾輩は猫である。名前はまだ無い」で始まる夏目漱石のデビュー作。頑固な中学教師「先生」と人間たちの生態を、饒舌な飼い猫の視点から描く。

1905から06年にかけて『ホトトギス』に連載された。

猫を主人公にしたドイツの作家E・T・A・ホフマンの著作『牡猫ムルの人生観』との類似がドイツ文学者の藤代素人によって指摘されたが、漱石自身は気がついていなかったとされている。

新潮文庫

67

『坊っちゃん』

夏目漱石

親譲りの無鉄砲。「そこから飛び降りる事は出来まい。弱虫やーい」と囃されて、学校の二階から飛び降りた。

子供の頃から直情型の主人公「坊っちゃん」は、四国の中学校に数学教師として赴任し、生徒たちのいたずらや、教頭の「赤シャツ」一派と数学教師「山嵐」との内紛に巻き込まれる。

1906年『ホトトギス』に発表。

四国松山の中学校在任時代の体験をもとに書かれた中編小説。

新潮文庫

文責：現代書館編集部

原作本紹介

68

『野菊の墓』

伊藤左千夫

病弱な母の世話に来ている二つ年上のいとこの民子と十五歳の政夫は、嫂たちにその仲のよさをさかんにからかわれていた。母親の言いつけで距離を置いたことで、かえって自分の想いに気がついた二人はぎこちなく恋を育ててゆく。二人で山畑の綿を採りに行く道中で政夫は野菊を摘み、民子に贈る。帰りが遅くなった彼らに家の者たちは冷たく当たり、政夫は中学へ予定より早く行くこととなった。その後無理やり嫁がされた民子は……。

1906年雑誌『ホトトギス』に発表。

新潮文庫

69

『虞美人草』

夏目漱石

京都観光中の四角ばった男、宗近一と痩身の哲学者、甲野欽吾。東京の甲野宅に集う、気位の高い甲野の妹の藤尾、宗近の妹の糸子、優柔不断な詩人、小野清三。そして小野の恩師の孤堂先生と、娘の小夜子。

縁談が交差する中で煮詰まってゆく人間関係。彼らが選択するのは、恩師への義理か、今は亡き父の約束か、はたまた自分の気持ちか——。

初出は1907年、『東京朝日新聞』『大阪朝日新聞』。漱石が朝日新聞社に入社後、初めて紙上で連載された作品である。

新潮文庫

70

『高野聖』

泉鏡花

若狭へ帰省する途中の「私」は一宿を共にした旅僧、宋朝から、彼が若かりし頃に体験した怪異譚を聞く。薬売りを探して山に入った宋朝は、蛇をまたぎ蛭に襲われ、坂を下ると馬の声が。一軒の家にたどり着いた彼は、白痴の男と妖艶な女に出会う。彼らの家に泊めてもらうことになった宋朝は、女とともに谷川で行水をする。翌日女に焦がれ、彼女のもとへ戻ろうとした彼は、思わぬ人物に遭遇する。

初出は1900年、『新小説』。

『歌行燈・高野聖』
新潮文庫

原作本紹介

71

『こころ』

夏目漱石

暑中休暇を利用して鎌倉へ赴いた書生の「私」は、海岸の掛茶屋で「先生」に出逢う。薄暗い過去を引きずる先生は私と交流を深めていく中で、いつか自分の過去を彼に話すと約束する。

病床の父を見舞うため帰省した私のもとに届いた先生からの手紙には「この手紙があなたの手に落ちる頃には、私はもうこの世にはいないでしょう」と書かれていた。

１９１４年に『朝日新聞』連載。「先生と私」「両親と私」「先生と遺書」の三部からなる晩年の傑作。

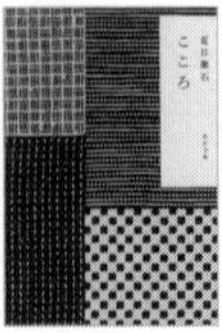

『こゝろ』
角川文庫
※カバーの絵柄は(株)かまわぬの風呂敷柄を使用しています。

72

『父帰る』

菊池寛

かつて家族を顧みずに家を去った父が、二十年ぶりに憔悴しきった姿で帰ってきた。母と次男と娘は温かく迎えるが、貧困の中で一家を支え養ってきた長男・賢一郎は父に厳しい言葉を浴びせる。弱々しく家を去る父。哀訴する母の叫びに賢一郎は翻意し父を追うが……。

１９１７年に発表された戯曲。

石割透 編
『父帰る・藤十郎の恋—菊池寛戯曲集』
岩波文庫

73

『赤い蝋燭と人魚』

小川未明

蝋燭つくりの老夫婦に拾われた人魚。美しく成長した彼女は、香具師にそそのかされ大金に目がくらんだ夫婦の手によって無慈悲にも見世物に売り飛ばされてしまう。哀れな娘が残した赤い蝋燭を買っていった人魚の母親は……。

１９２１年発表。

『小川未明童話集』
新潮文庫

見合わせたのには訳がある※

幻の不採用作品2

※注：不採用理由に該当していても採用した作品はあります。（だって面白かったんだもん）不採用理由④と⑥については、多くの人にパロディが伝わるかどうかの問題で、原作の文学的価値とはなんら関係ありません。

おーい成井さん
Hey! Mr.Narui
はーい。

（『大いなる遺産』）
理由 -②⑤

黄金球
The Golden Ball
魔球か!?

（『黄金虫』）
理由 -②③

ロビンソン恐竜記
Adventures of Robinson in the Lost World
生き延びてやる！

（『ロビンソン漂流記』）
理由 -⑤

少年探偵ダン
Boy Detective Dan
えっへん。

（『少年探偵団』）
理由 -①⑤

アルジャーノンにはなたを
Hatchet for Algernon
忘れるな。これがお前の武器だ。

（『アルジャーノンに花束を』）
理由 -③

ブリキの舞子
The Tin Maiko
やわらかく、なりたい

（『ブリキの太鼓』）
理由 -③④

風林花果山
Fu-Rin-Mt.Kaka
岩猿にござる

（『風林火山』）
理由 -①②③

全ての美しい熊
All the Beautiful Bear
す
サーモンは最高の美容食

（『全ての美しい馬』）
理由 -②④⑥

すごい空
Uncanny sky
なんだかすごい

（『恋空』）
理由 - 完全に⑥

#『金色打者』の前編

#フライデー＝始祖島

#少年探偵も複数回登場を逃す

#アルジャーノンはわりとすき

①「**ツッコミいまいち**」…帯コピーの冴えが足りないもの。
②「**原作とかけ離れすぎ**」…コンセプト、内容があまりに原作無視なもの。
③「**ひねりすぎ**」…ちょっとこねくりすぎて伝わりにくいかも、なもの。
④「**知名度**」…原作作品の知名度が若干低いもの。
⑤「**平凡**」…他と比べてインパクト不足。たくさん作ってるとそんなのもあるさ。
⑥「**旬を逃した**」…流行に乗って制作したものの、原作作品の知名度が当時より低くなったもの。

Making of Nisebon 2 作品のできるまで

オリジナルの「偽本ブックカバー」が生まれる過程をご紹介。

①ネタ～帯コピー（ツッコミ）

ネタは風呂場や寝る前に思いつくことが多く、帯コピーはだいたいタイトルのあと即座に出てきます。もうひとりの自分が浮かんだネタに向かって「なにそれ」とツッコミを入れるイメージ。よさげなものもほどほどのものもとりあえずメモしておきます。

②表紙絵・タイトル他きりえ

主に黒い紙に直接アタリを描いて切る、即興的なやり方で作ります。わざわざ切るのはきりえ画家だから。でもバカバカしいことにわざと手間隙かけることで生まれるおかしみも少し狙っています。

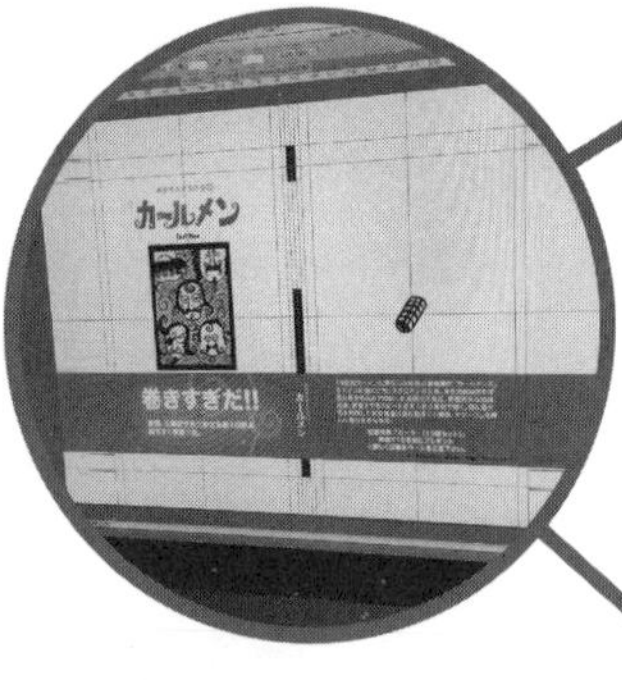

③あらすじ

切った②に色付け後、版下制作。あらすじもその時書きます。読んだり調べたりした原作内容を踏まえたり全然踏まえなかったり。かわいそうな物語は意図的にひっくり返すことが多いです。

④初版特典～完成

仕上げに書くのが初版特典プレゼント。ほぼどれも瞬間的な思いつきなので何を書いたか忘れていることが多く、「え、こんなの付くんだ」とあとで新鮮に感じたりします（笑）

版下完成後、書店カバーによくあるクラフト紙に印刷して販売。

買ってくださった方が作品を好きな本に装着し、電車の中でガバっと広げた時点で真の完成となります。

日本文学 その3

昭和

- # 戦中・戦後
- # 「ビームが来るぞ」
- # 海洋プロレタリア文学
- # 熱血スポ根時代小説
- # 幻の検閲版
- # はじめてのおつかい
- # 呪われた舞台
- # いいから帰ってこい！
- # ダメ人間文学

74 蟹光線《かにこうせん》

The Crab Beam

「ビームが来るぞ」

新世界文学名作選⑫
蟹光線
The Crab Beam
団結せよ!!
新撰、文庫版世界文学全集第六回配本
生存をかけた戦いを描く海洋プロレタリア文学。

原始共産主義者（ネタバレ）

母国を愛するが故、国を追われた科学者がいた。「勃興する資本主義はやがて人々を喰らう怪物になる」と主張し、資本家の怒りを買ったのだ。隠遁した島でも彼は国を、世界を怪物から救う方法を考え続け、ついにその答えである巨大蟹を自らの手で生み出した。男は言う「蟹は文明の破壊者、資本家と労働者が手を組まねば斃せない巨大な外敵となろう。斃せば肉は大量でしかも美味。労使問題の根幹にある貧困の解消にも役立つ。これより世界の時計の針は原始の頃に戻るのだ」。

【あらすじ】

労働争議の最中嵐に巻き込まれ難破した缶詰加工船。生き残った乗組員が漂着したのは、目から謎の怪光線を放つ巨大ガニが跋扈する未開の島だった。

遭難は仕組まれたものなのか？　影でカニたちを操る真の支配者とは誰なのか？　今、労使の垣根を越えた生存をめぐる闘いが幕を開ける。

近年再評価が高まる海洋プロレタリア文学の記念碑的傑作、堂々の完全復刊。

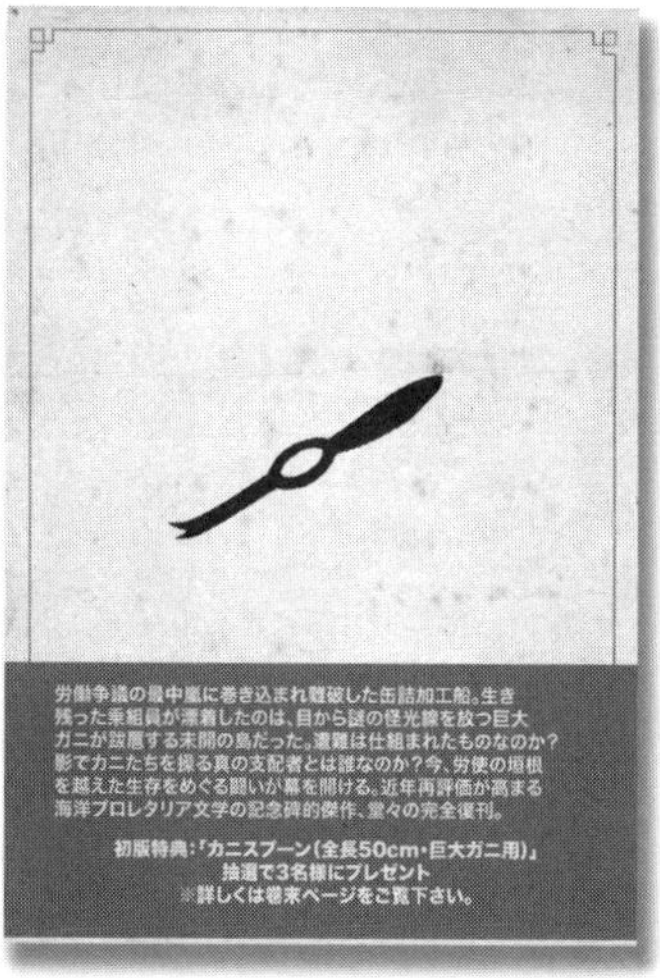
労働争議の最中嵐に巻き込まれ難破した缶詰加工船。生き
残った乗組員が漂着したのは、目から謎の怪光線を放つ巨大
ガニが跋扈する未開の島だった。遭難は仕組まれたものなのか？
影でカニたちを操る真の支配者とは誰なのか？今、労使の垣根
を越えた生存をめぐる闘いが幕を開ける。近年再評価が高まる
海洋プロレタリア文学の記念碑的傑作、堂々の完全復刊。
初版特典：「カニスプーン（全長50cm・巨大ガニ用）」
抽選で3名様にプレゼント
※詳しくは巻末ページをご覧下さい。

書影　裏

初版特典
「カニスプーン
（全長50cm・巨大ガニ用）」
抽選で3名様に
プレゼント

「ファイト・クラブ」（1999年の映画）

日本の小説『蟹光線』を原作としながら「巨大ガニが襲ってくる」点以外の要素を大胆に削除。監督の趣味嗜好を前面に打ち出す形で作られたパニックSF 超大作。物語展開上重要なシーンを省く一方、蟹泡に溶かされる人間の描写には尺を惜しまない本末転倒な編集が特徴で、興行的には失敗したが、「最も予算をかけた前衛映画」として今もカルト的人気を誇る。

75 よたかの星

The Star of Streetwalkers

よたかのほし

思い込んだら紅蓮の道を。
新世界文学名作選㊼
よたかの星
The Star of Streetwalkers
星になるのだっ!!
新撰、文庫版世界文学全集第十六回配本
大ブームを巻き起こした熱血大河時代小説。

一徹による特訓

「勘違いしちゃなんねえ。遊女は客に夢を見させる商売だ」「体はすり減るが、夢はすり減らん」「どどいつ千本ノック」、「相槌矯正ギブス」、「指で障子に開けた穴に流し目を通す特訓」など、“伝説の女衒” 一徹は、ほしに一流の遊女とは何かを説き、数々の試練を与える。それはどれも客の心を摑み、慰めるためのものだった。真綿が水を吸うように技術を習得し才能を開花させてゆくほし。やがてその評判は江戸中に広まり、舞台は名もない辻から吉原大店へと移る。(続く)

【あらすじ】

悪い男に欺されて夜鷹にまで身をやつした、ほしという名の不幸な女。

そんなほしの目前に現れた仁王立ちの男。男は云う。

「何を項垂れる事がある。お前は星だ。夜鷹の星になるのだ」

その男こそ不幸な事故で吉原を放逐された伝説の女衒、一徹であった。

自らの価値を知り、生まれ変わってゆく女。ふたりは蒼い炎を上げながらただまっすぐに夜空に輝く星を目指し駆け上がってゆく。

悪い男に欺されて夜鷹にまで身をやつした、ほしという名の不幸な女。そんなほしの目前に現れた仁王立ちの男。男は云う。「何を項垂れる事がある。お前は星だ。夜鷹の星になるのだ」その男こそ不幸な事故で吉原を放逐された伝説の女衒、一徹であった。自らの価値を知り、生まれ変わってゆく女。ふたりは蒼い炎を上げながらただまっすぐに夜空に輝く星を目指し駆け上がってゆく。
初版特典：「ムシロ（年代物）」抽選で５名様にプレゼント
※詳しくは巻末ページをご覧下さい。

書影　裏

初版特典
「ムシロ（年代物）」
抽選で５名様に
プレゼント

尾妻《オズマ》との最終決戦（ネタバレ）

ほしは「吉原一の花魁」の座と花形の旦那が買い取った店の権利をかけ、一徹が鍛えた吉原初の外国人花魁・尾妻（オズマ）と対決する。勝負は、自分の身の上話に涙するほしを見た尾妻が戦意喪失、自ら敗北を認めるという意外な結果に終わる。ほしは手にした店を不幸な女の駆け込み寺にすることを誓い、尾妻はともに働く同志となった。「すべての人を慰める、大きな星になりおった……我が娘よ」見返り柳の袂で滂沱の涙を流す一徹。その後の彼の行方を知るものはいない。

76

だいだ赤おに

The Pinch Hitter Red Orge

だいだあかおに

平和への祈りを込めた児童文学。

新世界文学名作選㉔
だいだ赤おに
The Pinch Hitter Red Orge
だ
たのむぞ！
新撰、文庫版世界文学全集第二十八回配本
児童文学の古典。ともだちがほしい赤鬼の大活躍。

幻の検閲版

戦時中の短期間のみ出版された検閲版では、「鬼と人とが仲良くするなどもってのほか」と赤鬼は誰からも相手にされない。物語はその後一人河原で寂しくボールをいじっている赤鬼のもとに青鬼が現れ、はにかみながら「人間じゃなくても、いいかい？」と聞くところで終わる——。
一説によれば、遊び友達のいなかった検閲官が赤鬼に激しく感情移入。結果このような救いあるラストになってしまったとのことである。検閲も人が行ってる限り、きっとどこかに血が通う。

【あらすじ】

「こころのやさしい鬼です。一緒に野球をしませんか。球もあります。バットもあります。ずっと河原でまってます」人間と友達になりたい鬼が書いた立て札の募集を見て、子供達が殺到。あまりの人数にチームを分けリーグ戦をすることに。ピンチヒッターの赤鬼は金棒バットで大活躍。たまらず相手チームは青鬼をピッチャーとしてスカウトし――。

戦前の不穏な空気の中、鬼と人とのほがらかな交流に平和への願いを託して描かれた傑作児童文学。参考資料として戦中の検閲版も併せて収録。

「こころのやさしい鬼です。一緒に野球をしませんか。球もあります。バットもあります。ずっと河原でまってます」人間と友達になりたい鬼が書いた立て札の募集を見て、子供達が殺到。あまりの人数にチームを分けリーグ戦をすることに。ピンチヒッターの赤鬼は金棒バットで大活躍。たまらず相手チームは青鬼をピッチャーとしてスカウトし――。戦前の不穏な空気の中、鬼と人とのほがらかな交流に平和への願いを託して描かれた傑作児童文学。参考資料として戦中の検閲版も併せて収録。
初版特典：「金棒バット（重量60kg）」
抽選で2名様にプレゼント※詳しくは巻末ページをご覧下さい。

書影　裏

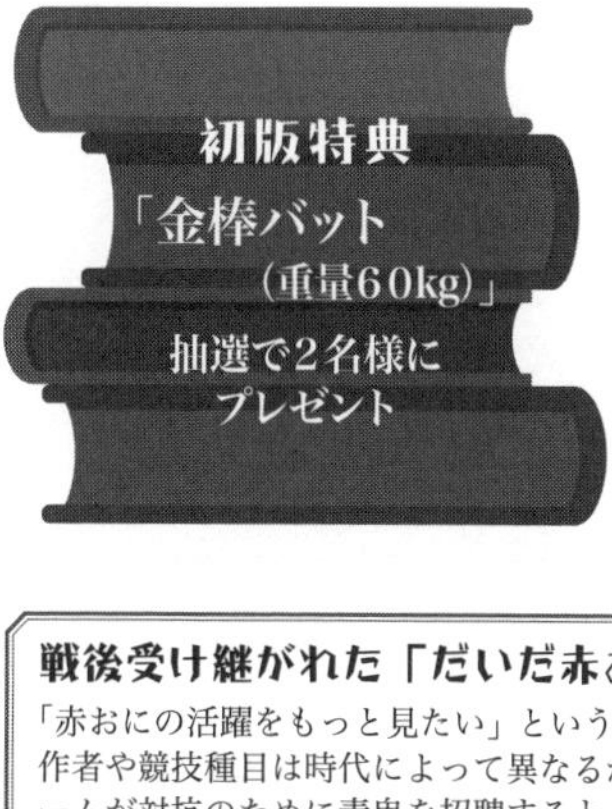
初版特典
「金棒バット
（重量60kg）」
抽選で2名様に
プレゼント

戦後受け継がれた「だいだ赤おに」シリーズ

「赤おにの活躍をもっと見たい」という読者の声に、出版社は戦後「だいだ赤おに」をシリーズ化。作者や競技種目は時代によって異なるが、どの作品も代役として呼ばれた赤鬼が大活躍、相手チームが対抗のために青鬼を招聘するところまでは同じ展開となっている。それに対し「マンネリだ」との批判もあるが、楽しいならばマンネリのどこが悪いというのだろう。批判が力を持たないことは部数が証明してくれる。最新作は「eスポーツ編」。今後も赤おにの活躍から目が離せない。

77

ぱしれメロス

Go shopping Melos!

ぱしれめろす

希望あふれるおつかい讃歌。

新世界文学名作選54
ぱしれメロス
Go shopping Melos!
がってんだっ!!
新撰、文庫版世界文学全集第二十回配本
今なお若者たちに夢と希望をもたらし続ける、
「はじめてのおつかい」の物語。

山賊（隣中学のヤンキー）との対決

一分も無駄にはできない。日は傾き、正午を少し回っている。荒い息で坂を上りきると、急に目の前に、隣中学のヤンキーが現れた。「金貸せよ」「だ、だめです。僕は昼休みが終わるまでにアンパンを買って帰らなきゃならないんです。離してください」「だめだ」「こ、このお金は僕んじゃない。ディオニス先輩のなんだっ」「何。ディオニスだと……。今日のところは許してやる。行け」半べそで坂を駆け下りながらメロスは思った。「やっぱりすごいや。ディオニス先輩！」

【あらすじ】

メロスは歓喜した。あこがれの先輩ディオニスが他ならぬ自分に買い物を命じたことに。

先輩は云う。「こいつが戻るまで一年全員の食事もおあずけだ」

メロスは震え、そして走った。自らの責務の重さを期待と受け止め、メロスはぱしる。行く手に立ち塞がる踏切、道路工事、羊の群れらをやり過ごし、ただひたすらにメロスはぱしる。行く手に待つ希望に向かって――。

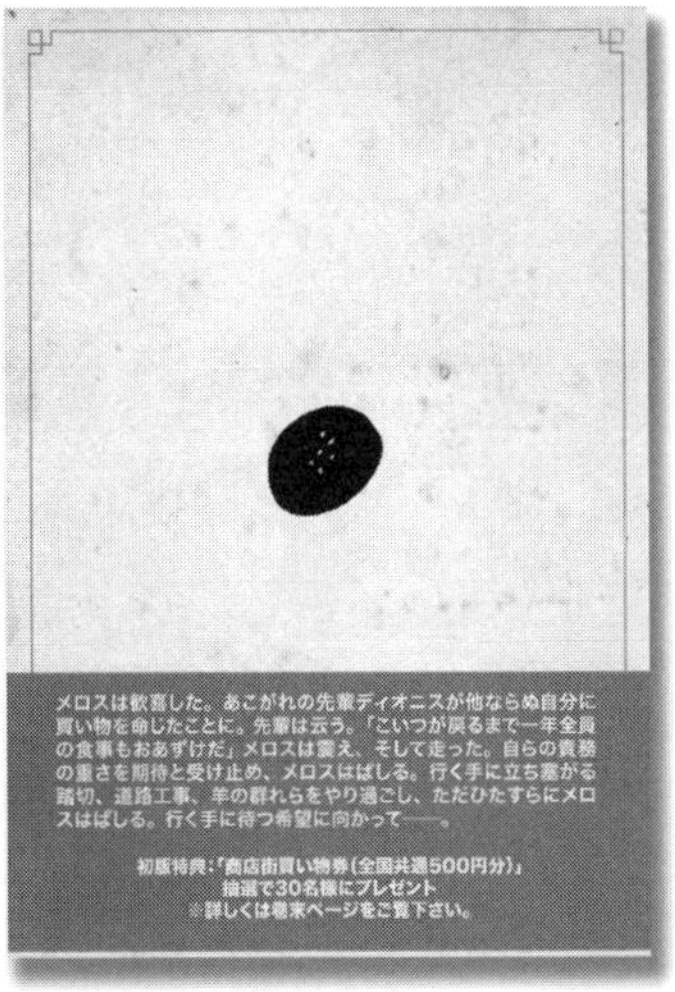
メロスは歓喜した。あこがれの先輩ディオニスが他ならぬ自分に買い物を命じたことに。先輩は云う。「こいつが戻るまで一年全員の食事もおあずけだ」メロスは震え、そして走った。自らの責務の重さを期待と受け止め、メロスはぱしる。行く手に立ち塞がる踏切、道路工事、羊の群れらをやり過ごし、ただひたすらにメロスはぱしる。行く手に待つ希望に向かって――。
初版特典：「商店街買い物券（全国共通500円分）」
抽選で30名様にプレゼント
※詳しくは巻末ページをご覧下さい。

書影　裏

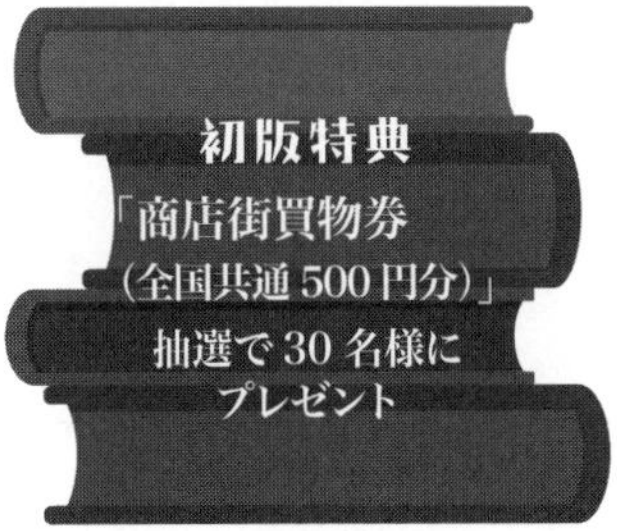
初版特典
「商店街買物券
（全国共通 500 円分）」
抽選で 30 名様に
プレゼント

ゴール（ネタバレ）

待たされていた一年から安堵のすすり泣きが聞こえた。ディオニスは息の上がったメロスを見つめ、ぶっきらぼうにこう言った。「お前ら、これ飲め」 渡された２リットルペットボトルに、一年からどっと歓声が起こった。ディオニスが予めそれをおごるつもりで買わせたのか、自分で飲む気だったのか。メロスにとってはどうでもよかった。メロスは約束を守りぱしり抜いた。元気よく振った手に握られていたファンタグレープは、いわばその勲章なのである。

78

踊りだしたら止まらない。

新世界文学名作選⑮
おじいさんのランプ
Intense Dance of the Old Man
ドントストップザミュージック!
新撰、文庫版世界文学全集第二十一回配本
老人と若者、踊りを通じた魂の再生。

おじいさんのランプ

Intense Dance of the Old Man

おじいさんのらんぷ

「呪われた舞台」（1960年代）

本作の舞台化作品は「呪われた舞台」として演劇史に名を残す。リハーサル中、老人役の主演俳優が踊りを止められず足を挫いて降板。その代役もまた本番中踊りが止まらなくなり舞台から落ちて骨折し公演は即刻中止。後日、舞台片づけ中何かにつまずいた大道具が急に踊りだしたことにより、一連の事件の犯人は、新聞が騒いだ「巳之助の呪い」などではなく、舞台衣装の赤い靴であったことが判明。靴はお祓い後、神社に奉納されたが、その後煙のように姿を消したという。

【あらすじ】

怪我で夢を絶たれ、しがない町のダンス教師に甘んじている俺。校長のじいさんはそんな俺の踊りの、細かい足の角度や首の向きまでいちいち文句をつける。頭にきて見本を見せてくれと言ってやれば「古いものはいざというとき役に立たねえ」と答えながらも脱いだ背広の下にはレオタード。おもむろに始めた踊りは次第に激しさを増し――。

俺は知らなかった。彼こそが自分の踊りを止められず公演を台無しにし失踪、その後行方知れずとなった伝説の天才ダンサー、東巳之助だったのだ。

怪我で夢を絶たれ、しがない町のダンス教師に甘んじている俺。校長のじいさんはそんな俺の踊りの、細かい足の角度や首の向きまでいちいち文句をつける。頭にきて見本を見せてくれと言ってやれば「古いものはいざというとき役に立たねえ」と答えながらも脱いだ背広の下にはレオタード。おもむろに始めた踊りは次第に激しさを増し――。俺は知らなかった。彼こそが自分の踊りを止められず公演を台無しにし失踪、その後行方知れずとなった伝説の天才ダンサー、東巳之助だったのだ。
初版特典:「トゥシューズ(片足、使用感あり)」
抽選で1名様にプレゼント

書影　裏

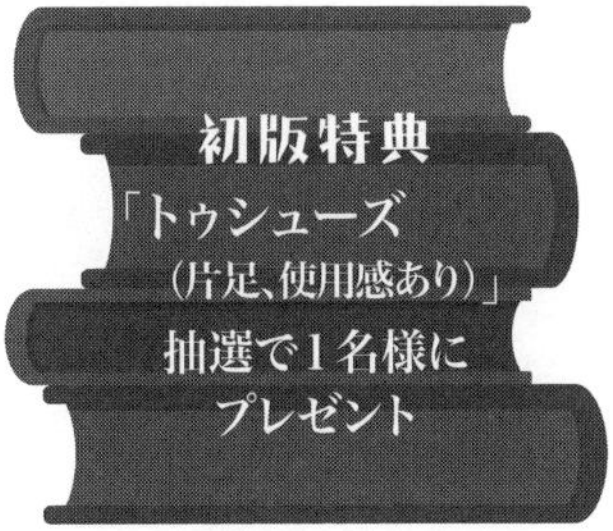
初版特典
「トゥシューズ
（片足、使用感あり）」
抽選で1名様に
プレゼント

映画化作品（1980年代）

80年代を代表するダンス映画と評される映画化作品。当時爆発的に流行したミュージックビデオと映画が接近、数々のヒットソングが場面を彩る、新しい形の音楽映画として一世を風靡した。もう一つ大きな話題となったのは、主演俳優が吹き替えなしでこなす、激しいダンスシーンである。ただし、映画を象徴する、逆光の中巳之助が椅子に座り、真上から水を浴びるシーンだけ「年寄りに冷水を浴びせるのは危険」との判断で、似た体型のスタントが務めたのは有名な話である。

79

ヒルマの賭事

The Gamble in the Daytime

ひるまのかけごと

インコが見つめる涙と手札。

新世界文学名作選⑤
ヒルマの賭事
The Gamble in the Daytime
いいから帰ってこい！
新撰、文庫版世界文学全集第五回配本
搦め手から語る、戦争と平和。

感動のラストシーン①（ネタバレ）

道で出会った肩にインコを乗せた僧形の男こそ、行方をくらませた水島だと確信した部隊の仲間は、あるセリフを覚え込ませたインコをあの僧に渡すよう物売りの老婆に託す。帰国の日、ついに姿を現す僧形の男。肩の上にはインコがダブルで乗っている。水島なら分かるはずと「埴生の宿」を歌う仲間。男は耐えきれず手にした竪琴で伴奏を始めるが、右肩のインコが微妙に音を外して歌うため旋律がもつれる。仲間もまたその伴奏につられ、歌はどんどん原曲から遠ざかってゆく。

【あらすじ】

南方戦線で抗戦中友軍とはぐれてしまった私は、仲間を求めさまよう内に奇妙なその村へとたどり着く。

戦争の影などまるでない、夢じみたその村で私は時間を忘れ、気がつくと住民に勧められるまま賭事に興じていた。

仲間への罪悪感を感じながらも、身ぐるみはがされる度にあらゆるものから解き放たれ自在になってゆく私の心。もう、部隊へは帰れない――。

南方戦線で抗戦中友軍とはぐれてしまった私は、仲間を求めさま
よう内に奇妙なその村へとたどり着く。戦争の影などまるでない、
夢じみたその村で私は時間を忘れ、気がつくと住民に勧められる
まま賭事に興じていた。仲間への罪悪感を感じながらも、身ぐる
みはがされる度にあらゆるものから解き放たれ自在になってゆく
私の心。もう、部隊へは帰れない――。
初版特典：「インコ（肩に留まるしつけ済み）」
抽選で3名様にプレゼント
※詳しくは巻末ページをご覧下さい。

書影　裏

初版特典
「インコ
（肩に留まるしつけ済み）」
抽選で３名様に
プレゼント

感動のラストシーン②（ネタバレ）

ようやく歌が終わって仲間は叫ぶ「水島。一緒に帰ろう」。震える男の右肩でインコも叫ぶ「ミズシマ、ウチヘカエロウ」。それを聞いて村で懐いた左肩のインコも叫ぶ「シャッキンカエセ」。鳴き続ける２羽。「カエロウ」と「カエセ」を両耳からステレオで聞かされた男は、どうしていいのかわからなくなり、さめざめと泣きながら森の奥へと走って消えた。あとには竪琴だけが残されていた。「戦争は終わったんだ。どう生きようがあいつの自由だ」遠い目をして隊長が呟いた。

80 人間ひっかく

A Scratch on a Man

にんげんひっかく

読者の心に残る爪あと。
新世界文学名作選㊽
人間ひっかく
A Scratch on a Man
いてえ！
新撰、文庫版世界文学全集第十回配本
都市化した人間に向け穿たれた野生からの一撃。

ネコヅメの構造（だいたい本当）

本書で最も重要な役割を果たすのが愛猫クロの爪である。玉葱やロケット鉛筆のような多層構造になっている猫の爪は、古い層を剝がし続けることでその切れ味を保つため、日々の爪とぎが欠かせない。つまり猫爪の類まれなる鋭さは、日々育まれる営みの上に成り立つものであり、クロが打ち込んだ爪は、浮足立った主人が終始疎かにしていた「日常」側からの手痛いしっぺ返しである、そう考えることも可能であろう。

【あらすじ】

観念ばかりで、女中を心中に誘っては生きた心地を確かめようとする、そんな主人に嫌気が差しついに爪を立てたクロ。痛みと血、あまりに動物的なその感覚はデカダンな主人に何をもたらしたのか――。

全ての読者に「ひっかかれたのは自分」と思わせる魔術的名文。日本文学史上に燦然と輝く一里塚。

注釈増量、作者詳細年譜付き愛蔵版で登場。

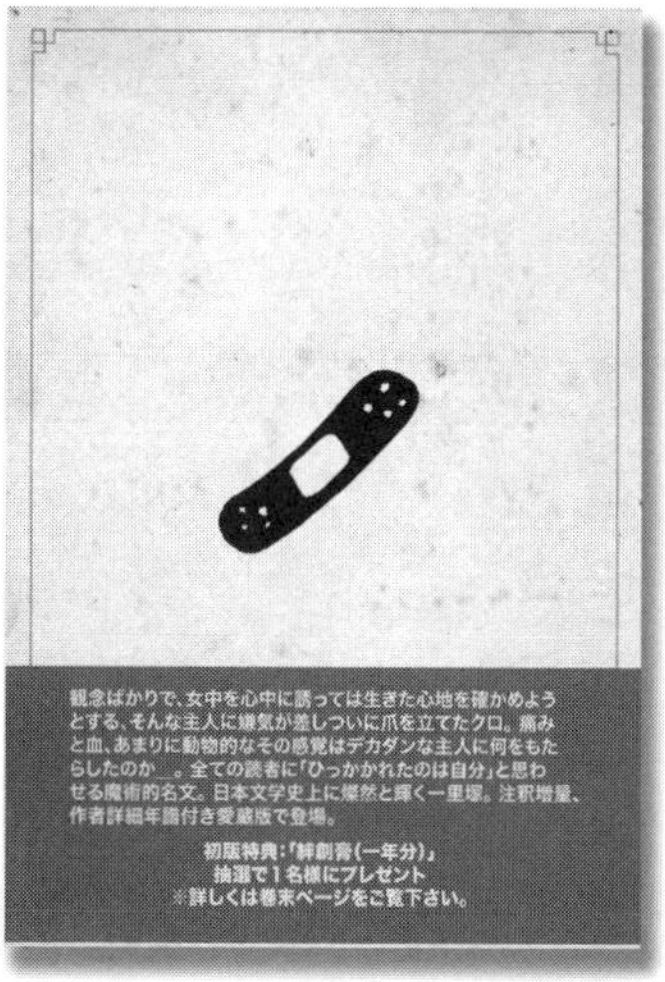
観念ばかりで、女中を心中に誘っては生きた心地を確かめようとする、そんな主人に嫌気が差しついに爪を立てたクロ。痛みと血、あまりに動物的なその感覚はデカダンな主人に何をもたらしたのか＿。全ての読者に「ひっかかれたのは自分」と思わせる魔術的名文。日本文学史上に燦然と輝く一里塚。注釈増量、作者詳細年譜付き愛蔵版で登場。
初版特典：「絆創膏（一年分）」
抽選で1名様にプレゼント
※詳しくは巻末ページをご覧下さい。
書影　裏

初版特典
「絆創膏（1年分）」
抽選で1名様に
プレゼント

ダメ人間文学（もらい事故含む）

文学における登場人物と読者の目線との関係は、乱暴にいえば「上・中・下」に分けられる。行動や考え、セリフに憧れるのが「上」。我が事のように共感するのが「中」。そして途中まで共感しながらも「自分はここまでひどくはない」と安心するのが「下」、俗にいう「ダメ人間文学」である。「ダメ人間文学」は「希望の文学」ともいわれ、これまで多くの読者の心を救ってきた。かくいう僕も落ち込んだときにはゴーギャンのクズエピソードに随分と救われた。ありがとうゴーギャン。

原作本紹介

74

『蟹工船』

小林多喜二

「おい、地獄さ行ぐんだで！」

海軍の保護のもとオホーツク海で操業する蟹工船は、乗員たちに過酷な労働を強いて暴利を貪っていた。〈国策〉の名のもとに非人間的な扱いを受け、虐使される労働者たちは、ついに監督に対するストライキを起こす。

29歳の若さで虐殺された著者による、日本プロレタリア文学を代表する名作。

１９２９年刊。

『蟹工船・党生活者』
新潮文庫

75

『よだかの星』

宮沢賢治

容姿が醜く不格好なゆえに鳥の仲間から嫌われているよだか。生きるために他の生命を奪うことに嫌気が差した彼は、「灼け死んでもかまわないから私を連れていってほしい」と太陽に頼む。しかし太陽からは星に頼むように言われ、星には相手にしてもらえない。まっすぐに空へのぼっていったよだかは――。

著者の死後、１９３４年に刊行。

中村 道雄 絵
『よだかの星
日本の童話名作選』
偕成社

76

『泣いた赤おに』

浜田廣介

「心のやさしい鬼のうちです。どなたでもおいでください。おいしいお菓子がございます。お茶も沸かしてございます」。人間と友だちになりたい赤おには立て札を書くが、鬼を疑う村人たちは誰も遊びには来てくれない。悲嘆に暮れる赤おにを不憫に思った青おには、彼のために一計を案じる。

初出の表題は『おにのさうだん』（１９３３年『カシコイ小学二年生』連載）、初版は１９３５年に刊行された『ひろすけひらかな童話』に所収。

梶山俊夫 絵
『泣いた赤おに
日本の童話名作選』
偕成社

文責：現代書館編集部

原作本紹介

77

『走れメロス』

太宰治

メロスは激怒した。人間不信の暴君ディオニス王が民の忠誠を疑い、罪なき人々を殺すことに。

彼は親友のセリヌンティウスを人質に差し出し、処刑までに三日間の猶予を得る。妹の結婚を祝った彼は、雨の中を走りだす。森をくぐり、濁流を渡り、山賊と戦い、メロスは走る。王に、人の信実の存するところを見せるために。

１９４０年刊。

新潮文庫

78

『おじいさんのランプ』

新美南吉

かくれんぼをしていた東一が倉のすみで見つけた、珍しい形のランプ。夕ご飯のあと、東一のおじいさんはおもむろにランプにまつわる昔話を語り始める。みなしごだった巳之助という少年がランプ売りとして身を立て、やがて文明の急流に翻弄されていく物語を。

時代の移ろいとそれに巻き込まれた二人の人間の生き様を豊かに描いた短編小説。

１９４２年刊。

ポプラポケット文庫

類書案内

よく見りゃ似てる表紙絵あれこれ

「無生物にも心はある」

→ 14p

→ 76p

原作本紹介

『ビルマの竪琴』

竹山道雄

ビルマに駐屯していた歌好きな部隊。その中に、竪琴の名手でビルマ人に似た容姿を持つ水島という兵士がいた。音楽の力と彼の機転で何度も窮地を脱した部隊だったが、ついにイギリス軍の捕虜となってしまう。山の上で別の部隊が玉砕しようとしていることを聞いた隊長は、降伏するようその軍を説得する任を水島に与えたが、彼は帰ってこなかった。彼の生存を信じて粘り強く彼の捜索を続ける仲間たちの前に、ある日水島そっくりの、肩に青いインコを乗せたビルマ僧が現れる。

1948年刊。

新潮文庫

『人間失格』

太宰治

「恥の多い生涯を送ってきました」胸底の陰惨な心をひた隠しにして道化を演じる主人公は、クラスの少年竹一にわざとだと見破られ戦慄する。

高校進学のため上京したものの堀木正雄という悪友に酒と煙草と淫売婦と質屋と左翼思想を教えられ、自分に好意を寄せている女性たちと関係を持ち、やがて酒と薬物に依存するようになった彼は……。

太宰の遺書ともいうべき自伝小説。

1948年刊。

新潮文庫

私だって「クズ」だった
書評『人間ひっかく』

評：つる・るるる
猫好きの会社員。人間らしい生活を取り戻すべく、最近ぬか床を始めた。

実家の猫も、クロと同じように私に呆れていたらどうしよう。本を閉じて、胸を押さえた。

刊行当初から「ひっかかれたのは自分だと思った」と読者からの便りが絶えないという本書、『人間ひっかく』。主人公のどうしようもない性格や態度はなぜか読者の共感を呼び、今では世代を超えて読み継がれる名作となっている。

本書は「生活」をおろそかにして女に溺れ、思想にハマり、酒に落ちた男の半生記である。自らの美貌と調子のよさを活かし、女中を心中に誘って生の実感を得ようとした主人公は、最終的に飼い猫クロの一閃を食らう。

あらすじだけ見れば、クズが飼い猫に報いを受ける、勧善懲悪小説という言い方もできる。未読の方は、こんな最低な主人公に自分を重ねる余地などないとお思いだろう。

ところが私たち読者は、「こんな最低な主人公」にいつのまにか深く共感し、爪あとを押さえる彼と共に涙を流してしまうのだ。彼の軽薄な態度の裏側に潜む、虚栄心や孤独感。読み進めるにつれて露わになる、彼の心の弱さ。私たちが日ごろ隠しておきたいと胸の奥にきっちりと秘めているものが、本書では痛ましいほど克明に綴られている。そこにうっかり引き込まれてしまえば、いつしか彼の痛みは自分の痛みとなり、爪を研ぎ澄ませたクロの渾身の一撃は容赦なく私たちにも突き刺さるのである。

本書の中でとりわけ印象に残っているのは、主人公が畳の上で丸くなっているクロに「人間様は考えることが多くて大変だ」と嘯く場面だ。このシーンを読んだ時、私の脳裏にある日の実家での出来事が蘇った。その日恋文を書きあぐねていた私は、座布団に座りうとうとしている猫に「いいよなあ、猫は呑気で」と軽口を叩いた。猫は不満げに鼻を鳴らし、ジロリとこちらを睨んできた。

彼はあの時、香箱座りを崩さなかったけれど。もしかしたら、私に鉄拳を食らわせたかったかもしれない。元ノラ猫だった彼の目には私こそが呑気な甘ったれに映っていたのではないかと、今更ながら気がついた。そんな自分の愚かさと、主人公とクロのやり取りが重なる。

阿呆な飼い主を持った猫は、不幸である。しかし、人間はそう簡単には変われない。主人公の悲劇を繰り返したくない気持ちは山々だが、私も彼も、これからも猫の不興は買い続けてしまうような気がしている。ああ、猫よ。クズな飼い主で、すみません。

読者アンケート「私の推し作品」〈越境文学編 日本〉

注：本当に集計しました。ご回答下さいました皆様、ありがとうございました。

51 星の叔父さま

「ぼくのおじさんシリーズ」毎回しれっとしたおじさんの表情が憎らしくもありニヤリとしてしまう。世界名作紀行（北欧編）でもしれっと再登場。（青嵐堂／織り人）

54 タイ人20連勝

忘れもしない、ひるねこブックスで、2017年6月、タイ産の男ポンチャックに一目惚れ。更なる活躍に期待！（駄々猫／猫屋号店主）

58 伊豆のホドリゴ

「伊豆のォ〜、ホオドオリイゴオォォーーー」語感が良くて大好きです。声に出して読みたい題名。（矢部公美子／ジュンク堂書店池袋本店）

60 草食五人女

「二兎物語」と迷いました。とにかくうさぎが可愛い！　もぐもぐぽろぽろ。のコピーもクスッと笑えて大好き！（まり／きりえやさんファン）

どの女も魅力的だから。可愛くて、思わず四つ這いで追いかけたくなる。たとえ足ダンされても。（ちーちー／うさぎファン）

61 ぼくの細道

ワクワク感満載の細道紀行なんだろうなぁ、と見るものに期待させるお茶目な表情が良いです。一緒に歩きたくなります。（はしらいんはると／きりえやファン）

62 ももかろう

岡山出身なので。特典「巨大桃」ゲットしたいー（白桃／ジュンク堂書店）

50キロを3日以内に消化は難易度高いw　全国3ヵ所で桃パーティが開催されそう（かず／ジュンク堂書店池袋本店）

64 三倍のお札

助かりたくて使ったお札の力。でもそのせいで始まる永遠の鬼ごっこ。どんな結末になるのか気になります。（れんげ／わこうっちサークル）

65 金色打者

タイトルと連動する帯のキャッチが絶妙。野球好きなので、場面が思い浮かんでしまう（笑）。（所長のお友だち／きりえやファン）

71 コ、コロ…

ワンコは空気を読んだりせず、素直に生きている。それだけで本当に尊い存在。こんな行動に救われたことがあったよなぁ…と思って選びました。（わさび／猫好き）

72 父、かえる

カエル好きなので、いえ、カエル好きならずとも愛くるしさに痺れました！　どストレートな掛詞ながらイ

ンパクト大です。（いちこ／カエル好き）

73 赤い盗賊と人魚

人魚が好きだから。（ゆうこ／東京）

74 蟹光線

誰もが1度は考えたパロディーの具現化。見た瞬間「私の読みたい本はこれだ！」と心の中で叫んだ。（晃／会社員）

『蟹工船』と初めて聞いて、想像したのは巨大な蟹が目からビームを出すところ。この絵がまさにそれ。（関ことね／ペンギンのなかま）

たぶん多くの人が「かにこうせん」と聞けばカニからビーム！　って思うはず。ぜひ映像化をお願いします。（カニカニ格違い／へそ天好き）

76 だいだ赤おに

見るたびに贔屓チームの助っ人に赤おにをスカウトしたくなる。成績に加え人柄も重視する球団なので即合格かと。（こけし）

77 ぱしれメロス

走れメロスという物語は、小学生のころに教科書に載っていました。本をあまり読まない私にとっても、身近な作品です。ぱしれメロスを見て、もう一度、走れメロスを読んでみようかなと思いました！（まるっち／切り絵ファンです。）

一文字変えるだけでかなり意味が変わるという偽本ならではの作品だと思います。メロスがめっちゃ素直でいい子で嫌がらずにぱしってるのが最高に好き。ありがとうメロス がんばれメロス明日も元気に ぱしるんだ！（Kay ya／やっぱり ばくちくんが好き）

私もメロスをぱしりたい。（ゾネス／ジュンク堂書店池袋本店）

涙なくしては読めない物語になりそうです。別の意味で。買い物券はメロスにあげます！（まゆ／本をあつかう所）

78 おじいさんのランプ

踊る！　舞う！　ダンシングマシーンと化したおじいさんのトリコになってしまった。推しメンに年齢はいらない。（通りすがりのライダー／パンダ同好会）

79 ヒルマの賭事

初版特典の肩に乗るオウムが欲しいので。（ルドルフ好き／蕨）

80 人間ひっかく

「何だか深いこと言ってる」ようなあらすじも相まって、印象深い作品です。（ひっかき傷は勲章です／ネコ好き）

『ぱしれメロス』抜粋

メロスの行く手から地面が消え、深々とした谷が口を開いた。崖を境に道は途切れ、いつ崩れ落ちるともわからぬ足場が点々と向こう岸まで浮かんでいる。ゆくべきか。だか試練は渡るだけで終わらぬようメロスには見える。渡り切る先の足場を埋める羊の群れ、更にその奥には武器を携え餡パンを狙う山賊の姿も認められる。どうするか。額の汗が唇に届く頃、メロスの耳に昼食を待たされた同輩の声が響いた。「ぱしれ、ぱしるんだメロス——」。

（本文６８ページ）

おまけ

偽本以外の書皮《ブックカバー》作品
派生作品「長靴をかいだ猫」「人間ひっかく」

#～な人のための書皮
作家限定書皮
ミステリーを貸す時用書皮
怪人百面相
偉人の言葉を胸に生きる人用
りんごの木は僕が切りました
リスクを取る猫
今日も誰かがひっかかれてる

偽本以外の書皮《ブックカバー》作品

個展「きりえや書皮展」(オリオン書房ノルテ店他)で発表した作品たち。
ここから偽本シリーズも生まれました。

【〜な人のための書皮】

まっすぐ進みたい人のための書皮

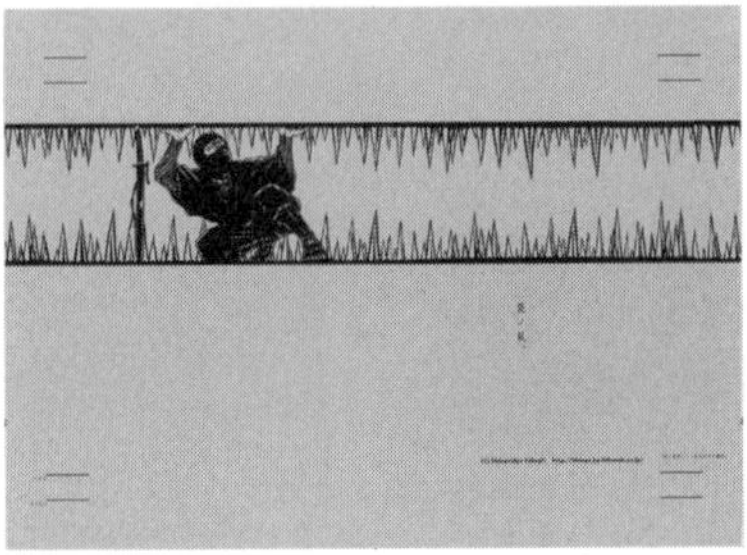

出口を探している人のための書皮

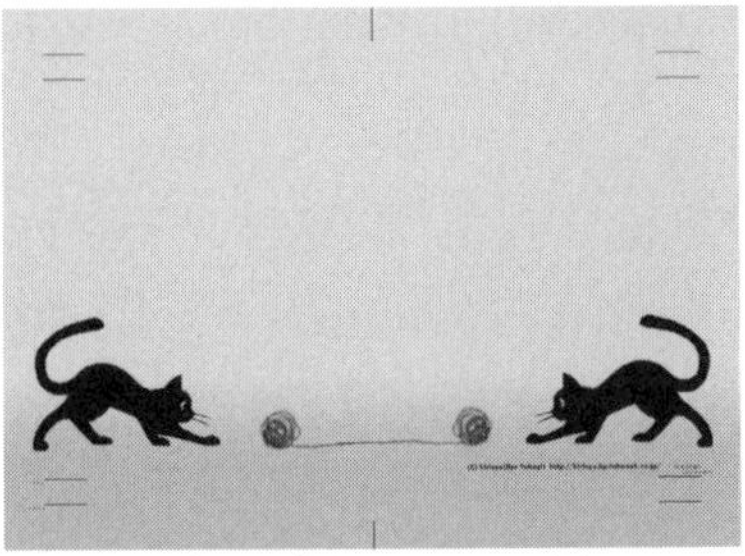

好奇心旺盛な人のための書皮

【作家を限定する書皮】

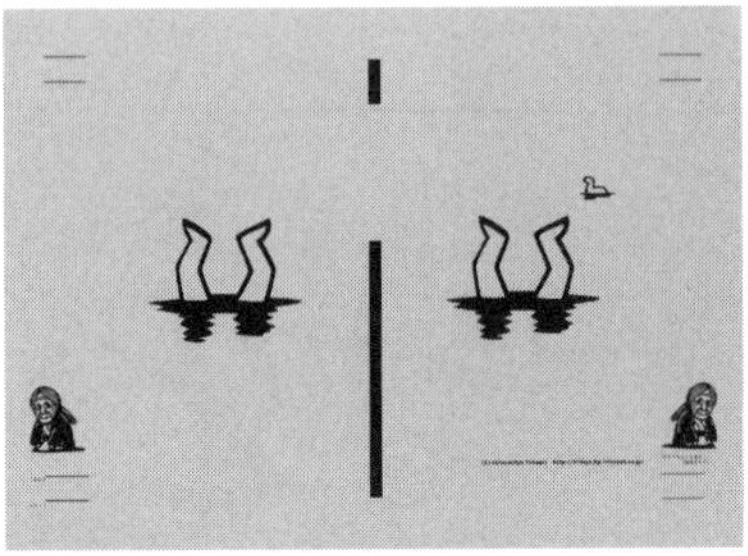

横溝正史専用書皮

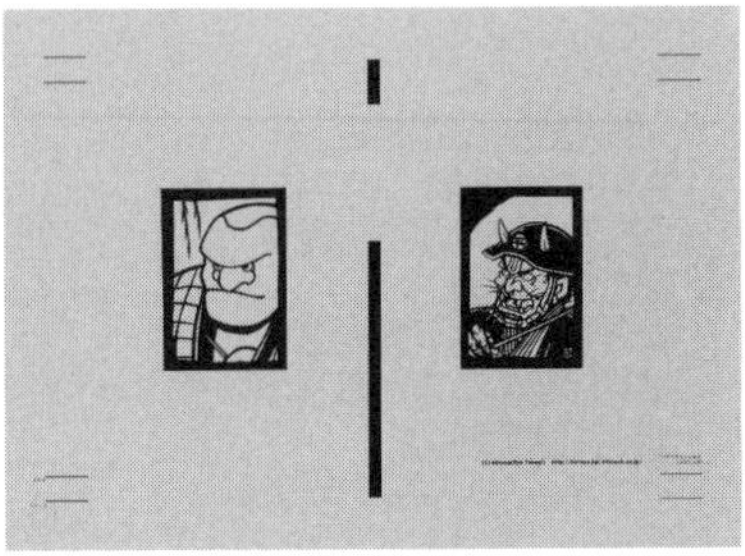

池波正太郎専用書皮

【ミステリーを友達に貸すときのための書皮】

カバー折り返し部分に書いちゃいけない書き込み欄を付けた仕様で、偽本『カラマーゾフの正体』（p16）の原型。駄犬もすでに登場しています。

犯人は　だ！

トリックは　だ！

黒幕は　だ！

　は伏線だ！

【偉人の言葉を胸に生きる人のための書皮】

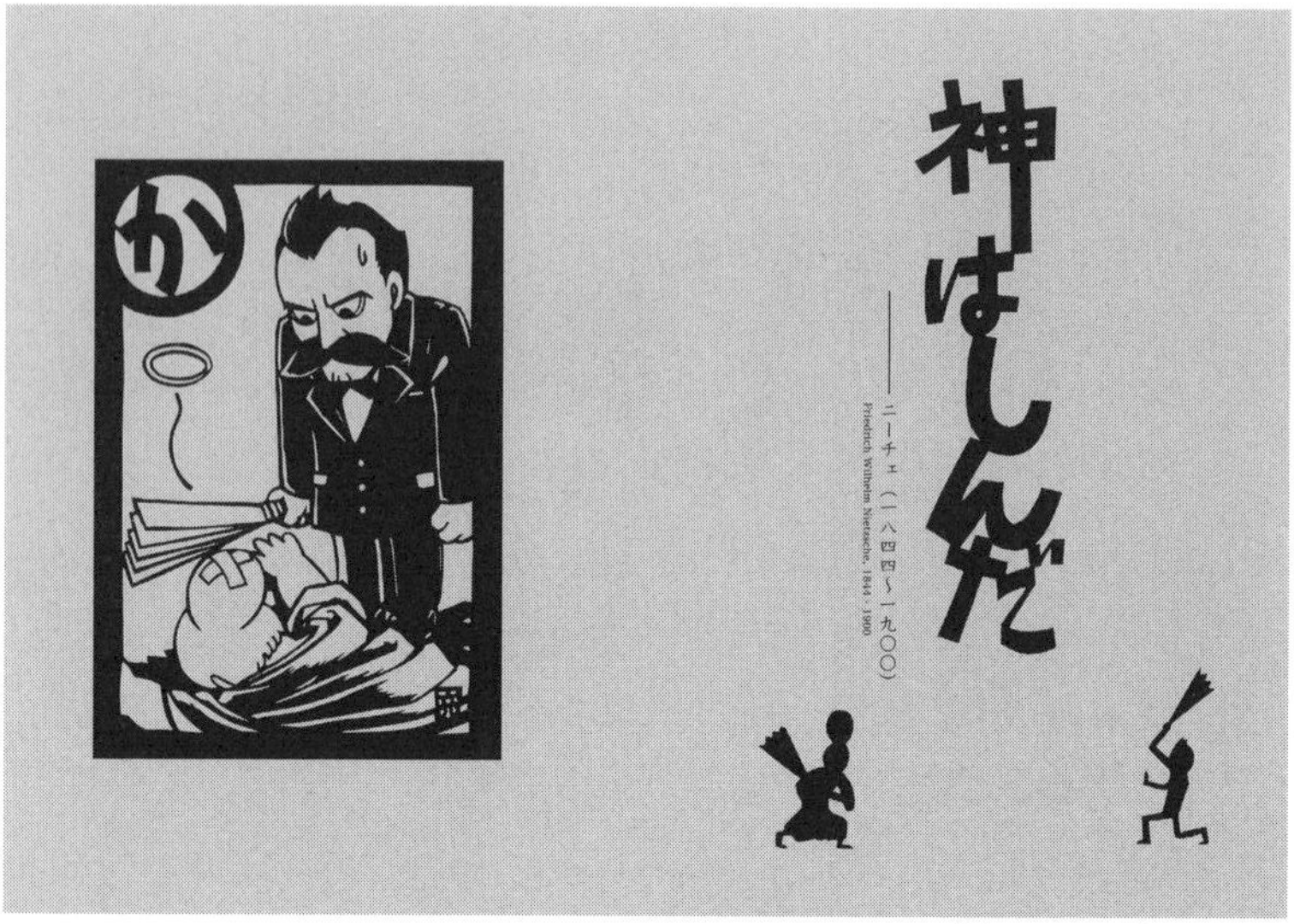

「神はしんだ」（ニーチェ）

「それでも地球はまわる」（ガリレオ・ガリレイ）

「ユリイカ！」（アルキメデス）

「リンゴのきはぼくがきりました」（ジョージ・ワシントン）

「サイはなげられた」（ユリウス・カエサル）

派生作品
「長靴をかいだ猫」
『ねこにまつわる10のはなし』（私家版）より

ショコラは好奇心の強いタイプだった。猫はだいたい好奇心が強いとおっしゃるならば、リスクを取る性格だと言い直そう。

　何故かその日ショコラは玄関に脱ぎ捨てられた長靴が気になった。鼻先まで毛糸のように細く伸びてきた匂いをたどり、よせばいいのにその根元にある長靴にまっすぐ頭を突っ込んだ。

　目から火花が出て走って逃げたその様子を、飼い主に見られた。ショコラにはその顔はいたずらに怒っているのでも、どじな行動に笑っているのでもなく、なんというか驚愕しているように見えた。

　鏡を見て気づいたが、どうやら自分は二本足で走っていたようだ。重ねて気づけば鏡がどういうものか猫のくせに理解している。自分は賢くなったらしい。ショコラは腕組みをした。

　賢くなって分かったことだが、飼い主の彼女は恋をしているようだ。こっちの去勢をしておいて、勝手なもんだという気もするが、養ってもらっている恩もあるのでショコラは手を貸すことにした。

　近所の仲間にリサーチすれば、相手の男はなかなか正義感の強いたちらしい。そしてカナヅチじゃない。ここが重要だ。ある日ショコラは男の前で川に落ち、救った男に自分を飼い主のところまで届けさせた。会話のきっかけを作る作戦としてはずいぶん乱暴なものだったが、ショコラはリスクを取る猫だった。

　作戦が功を奏し、ニンゲン二人は共に暮らすことになった。古い靴がまとめて捨てられるのを見て、ショコラはうちを出ることに決めた。

　「彼女はもうきっと自分なしでも大丈夫だろう」とはきれいごと。困ったことに長靴には少し中毒作用があるらしい。こうしてショコラは新たな刺激を求め、二本足で次の町へと向かった。

宣伝（本当）
私家版きりえ画文集
『ねこにまつわる10のはなし』
きりえやホームページにてひっそり販売中

派生作品

「人間ひっかく」

『ねこにまつわる10のはなし』（私家版）より

〈観念ばかりにとらわれて、女中を心中に誘っては生きた心地を確かめようとする小説家。そんな主人に嫌気が差した飼猫クロは、なでてやろうと伸びてきた、つい今しがたまで女をまさぐっていたであろうその手に向かい、伸ばした爪を叩き込む。痛みと血、あまりに動物的なその感覚はデカダンな主人に何をもたらしたのか——。全ての読者に「ひっかかれたのは自分」と思わせる魔術的名文。日本文学史上に燦然と輝く一里塚。「人間ひっかく」新装版本日発売——。〉

「また同じような本を買ってきた」

クロは聞こえぬように舌打ちをする。

本の積み重なる部屋に十年も暮らせば、埃の匂いでどんな中身かだいたい分かる。いうなれば中心だけが熟れ進んだような果実の匂い。間違いなく主が心酔する作家のものだ。この匂いに主はやられてる。主人公は俺だ。思いのままに生きられず、自堕落でいるこの俺だ。

それは違うとクロは思う。主が酔ったデカダンは、上《じょう》だったものが落ちてこそ生まれる悲哀や美学なわけで、六畳一間の主ではこれから落ちる先がない。つまり退廃を身に纏うにはある種の資格が必要で、どれだけ本を読み込んでにわか文士を気取ろうが、身から漂うは古本の埃がせいぜい。あこがれの作者が持っていたであろう崩れた香気のごときものなど出せるはずもない。だから女も寄ってこない。

いったい何度目か、先刻から主が泣きながら写真を燃やしてる。おおかたまたカフェの女給にでも自分の理想をおっかぶせた挙句、真実の彼女を知り勝手に裏切られたと傷ついたのだろう。いつまで経っても相手のことを見ているようで見ていない。まったく猫より目が悪い。

そろそろ本にまで火がつきそうだ。仕方ない。まず爪を立て目を覚まさせて、それからすこし慰めてやろう。

世の中にはどうしようもない男しか愛せぬ女もいるという。いつか出会えればいいな。猫以外のそういう相手に。

背中を撫でさせてやりながらクロは目を閉じそう思った。

あとがきに寄せた謝辞

十年来作り続けている偽本シリーズ文学編の作品を、この度ようやく一つにまとめることができました。

お礼を言いたい人が沢山います。

熱意と粘り強さで数々の困難を突破し、よそでなかなか通らなかったこの企画を実現まで運んでくれた、現代書館の担当編集雨宮由李子さん、原作紹介など紙面サポートでも、たいへん頼もしい相棒でした。

誰も振らない首を縦に振って下さった現代書館の菊地泰博社長。

この本に「素敵なよそ行きの服」を着せて下さった、デザイナーの大森裕二さん。

こちらのホラに乗っかった素敵なレビュー・書評を書いて下さった、エム・クリエイト村上あきさん、つる・るるるさん。

読者アンケート「私の推し作品」にご投稿下さったみなさん。

大いに怪しまれてもおかしくないこのような本に、快く原作本の書影掲載許可を下さいました各出版社のみなさん。

オリオン書房ノルテ店大木幸二さん、ジュンク堂書店池袋本店小林ゆかりさん、明治大学図書館のみなさんほか偽本シリーズの展示会場をこれまでご提供下さったみなさん。誰かに見てもらう場があることで、僕はこれまで「作る人」

として生きてこられました。

三重博一編集長（当時）はじめ『新潮45』歴代担当のみなさん。連載を続けた自信が今もシリーズを作り続ける原動力となっています。

そして忘れてならない原作本作者のみなさま。当然ながらこの本が成り立ったのは、原作本の持つ豊かで色褪せない決定的なイメージがあればこそです。遊ばせてもらってすみません。

各地の展示やイベントでお会いする偽本シリーズファンのみなさん。オリジナルのきりえ作品、パロディ作品を問わずいつもきりえやを気にかけて下さっているみなさん。この本ではじめて僕の作品を目にしたみなさん。全方位的にウケてもらえるよう、粘ってありったけのものを詰め込みました。楽しんでもらえたら嬉しいです。

最後に、見捨てず共に生きてくれ、たまにぺしゃんこになるぐらい誰より鋭く厳しいアドバイスをくれる「きりえや2号」こと妻。先代ナナさん、二代目まる、生きることが嬉しいと気づかせてくれた二羽のうさぎ。

すべての人に感謝。そして幸せを願います（本当です）。

またどこかでお会いできますように。

きりえや　高木　亮

【初出】

『長靴をかいだ猫』、『ヒルマの賭事』、『老人と久美』、『アーム状』
『リチャードさんせい』、『からしがおおか』、『ファースト』、『オリバーツイスト』
『ジキル博士と毎年』、『シャリの下』、『エデンの干菓子』、『だいだ赤おに』
『オペラ座のタイ人』、『夜間尾行』、『アンナ、カレーにな…』、『イワンのはか』
『母をたずねて三千人』、『赤影のアン』、『ゴーヤいじり』、『はしたない物語』
『やもめのジョナさん』

「切り絵パロディ・新世界名作文学選」
(『新潮45』2011.11月号〜2013.10月号 全24回)

『ジャングル・フック』、『最低２万はいる』、『野菊のばか』

「切り絵パロディ・贋作名画大全」
(『新潮45』2013.11月号〜2016.12月号 全38回)

【書影画像の提供にご協力いただいた版元】

岩波書店　KADOKAWA　偕成社
講談社　光文社　彩流社
新潮社　中央公論新社
早川書房　白水社　評論社
福音館書店　フレーベル館　ポプラ社

【ご協力いただいたみなさま】

オリオン書房ノルテ店
ジュンク堂書店池袋店
ひるねこBOOKS
日本ユニ著作権センター
浜田吾愛様
村上あき様　つる・るるる様
読者アンケート「私の推し作品」ご参加のみなさま

高木 亮（たかぎ・りょう）

きりえ画家。一九七一年香川県生まれ。大学在学中独学にてきりえ制作を開始。のち「きりえや」を名乗る。

叙情的風景画からパロディ作品まで、多岐にわたる作品中に通底するのは「かわいくて、おかしくて、少しだけ寂しい」世界。

単著として『ねこ切り絵』『12か月のねこ切り絵』（誠文堂新光社）などがある他、満寿屋ノート「MONOKAKI」デザインや音楽教科書（令和2年度版・小学3年生）に作品が掲載される等、幅広く活躍中。

二〇〇八年から「偽本シリーズ」制作開始、大学図書館や書店でおこなってきた「偽本展」は十回に及ぶ。

きりえや偽本大全《にせぼんたいぜん》 名作文学《めいさくぶんがく》パロディの世界《せかい》

二〇二一年八月十五日　第一版第一刷発行

著者　高木 亮
発行者　菊地泰博
発行所　株式会社 現代書館
東京都千代田区飯田橋三-二-五
郵便番号　102-0072
電話　03(3221)1321
FAX　03(3262)5906
振替　00120-3-83725

装幀　大森裕二
組版　高木 亮
校正協力　高梨恵一
編集協力　吉屋大樹（駿台予備学校世界史科講師）

印刷所　平河工業社（本文・口絵）
東光印刷所（カバー・表紙・帯）

製本所　積信堂

©TAKAGI Ryo Printed in Japan ISBN978-4-7684-5903-4
定価はカバーに表示してあります。乱丁・落丁本はお取り替えいたします。
http://www.gendaishokan.co.jp/

本書の一部あるいは全部を無断で利用（コピー等）することは、著作権法上の例外を除き禁じられています。